高等院校重点规划教材·公共课系列
精品工程项目教材

大学生军事理论教程

汤 涛 潘成清 陈 进 主编

科 学 出 版 社
北 京

内 容 简 介

本书是按照 2007 年《普通高等学校军事课教学大纲》的要求,由江苏理工学院军事理论教研室教师在总结多年普通高等学校国防教育工作的实践经验基础上编写而成的。本书共八章,分别对中国国防、战略环境、军事高技术、信息化战争、条令教育与队列训练、轻武器射击、军事地形学和救护常识作了较详细的阐述,较好地体现了军事理论、知识与技能的结合,内容十分丰富,对学生树立国防意识、增强保卫祖国的使命感和责任感具有很大帮助。

本书可供地方高校军事课教学使用,也可供广大军事爱好者参考阅读。

图书在版编目(CIP)数据

大学生军事理论教程/汤涛,潘成清,陈进主编. —北京:科学出版社,2017.9

高等院校重点规划教材. 公共课系列

ISBN 978-7-03-054698-2

Ⅰ. ①大… Ⅱ. ①汤… ②潘… ③陈… Ⅲ. ①军事理论-高等学校-教材 Ⅳ. ①E0

中国版本图书馆 CIP 数据核字(2017)第 238874 号

责任编辑:胡云志 南一荻/责任校对:桂伟利
责任印制:徐晓晨/封面设计:华路天然工作室

科 学 出 版 社 出版
北京东黄城根北街 16 号
邮政编码:100717
http://www.sciencep.com

北京京华虎彩印刷有限公司 印刷
科学出版社发行 各地新华书店经销

*

2017 年 9 月第 一 版 开本:720×1000 1/16
2018 年 3 月第二次印刷 印张:13
字数:270 000
定价:38.50 元
(如有印装质量问题,我社负责调换)

前 言

根据《中华人民共和国国防法》(简称《国防法》)、《中华人民共和国兵役法》(简称《兵役法》)、《中华人民共和国国防教育法》(简称《国防教育法》)的要求,普通高等学校学生必须参加军事训练,这是我国一项重大战略决策。军事理论课程也是本科、专科学生的必修课程。军训和军事理论知识的学习是培养学生社会主义核心价值观、激发学生爱国热情、增强学生国防观念和国家安全意识的主要载体;是全面贯彻党的教育方针,提高学生综合素质和实现国家人才培养战略的有效途径;是促使学生掌握基本军事知识和军事技能,加强国家国防后备力量建设的重要举措。根据《全民国防教育大纲》《关于在普通高等学校和高级中学开展学生军事训练工作的意见》(国办发〔2001〕48号),以及教育部、总参谋部、总政治部2007年1月修订的《普通高等学校军事课教学大纲》和江苏省教育厅发布的《江苏省普通高等学校军事理论教学基本规范(试行)》要求,并结合党的十八大后全面实施改革强军战略以来国家国防和军队改革的实际情况,我们编写了《大学生军事理论教程》。

本书较好地体现了军事理论、知识与技能的结合,内容丰富、结构合理、重点突出,紧随时代发展和军事理论的变化,涵盖大学生最关心的热点问题、最新的科技信息、军事科技新动向和新发展。本书还注重结合地方特色和学生实际,增加了延伸知识阅读和影视作品推荐欣赏等内容,不仅增强了知识性,还增添了趣味性,从而拓宽了学生在军事领域的视野。

由于编者水平所限,书中难免存在不妥之处,恳请各位读者批评指正。在编写过程中参阅了部分学者的著作、文献及相关网页的内容,在此一并表示感谢。

编 者
2017年6月

目　　录

第一章　中国国防 ·· 1
　第一节　国防概述 ·· 1
　第二节　中国国防的历史 ·· 5
　第三节　国防建设 ·· 8
　第四节　国防法规 ··· 21
　第五节　国防动员 ··· 34

第二章　战略环境 ·· 44
　第一节　战略环境概述 ··· 44
　第二节　国际战略格局 ··· 51
　第三节　中国周边安全环境 ·· 62

第三章　军事高技术 ··· 68
　第一节　军事高技术概述 ·· 68
　第二节　侦察监视技术 ··· 76
　第三节　伪装隐身技术 ··· 80
　第四节　精确制导技术 ··· 87
　第五节　电子对抗技术 ··· 92
　第六节　军事航天技术 ··· 97
　第七节　军队指挥自动化 ·· 100
　第八节　新概念武器 ·· 104

第四章　信息化战争 ··· 111
　第一节　信息化战争概述 ·· 111
　第二节　信息化战争的特征 ··· 124
　第三节　信息化战争与国防建设 ·· 130

第五章　条令教育与队列训练 ·· 137
　第一节　三大条令 ··· 137

第二节　队列动作 ·· 141
　　第三节　阅兵 ·· 149
第六章　轻武器射击 ·· 154
　　第一节　轻武器的基本常识 ··· 154
　　第二节　简易射击学理 ·· 159
　　第三节　射击动作与方法 ·· 167
第七章　军事地形学 ·· 170
　　第一节　地形对作战行动的影响 ·· 170
　　第二节　地形图基本知识 ·· 176
　　第三节　现地使用地形图 ·· 187
第八章　救护常识 ··· 192
　　第一节　小伤痛的基本救护 ··· 192
　　第二节　重伤急救法 ··· 196
　　第三节　其他急救法 ··· 198
参考文献 ·· 201

第一章 中国国防

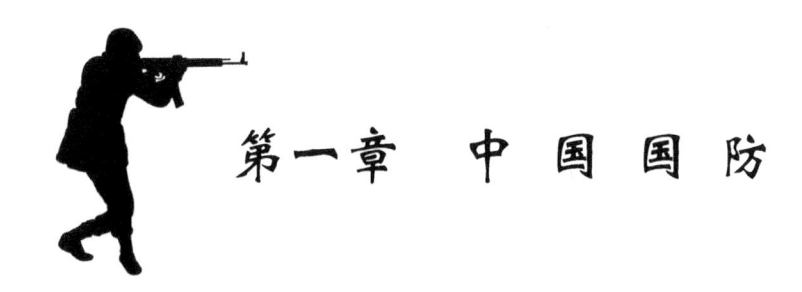

"国无防则不立",自古以来,有国就有防。国防是国家生存与发展的重要保证。任何一个国家,如果没有一个强大的国防,国家就不可能发展强大;如果没有一个巩固的国防,国家的安全和社会的发展就没有保障。强大的现代国防是关系国家安危、经济发展和外交政策的大事。作为中华民族的一员,关注国防、建设国防、保卫国防是我们义不容辞的使命。

第一节 国防概述

根据《国防法》的规定,国防是指国家为防备和抵抗侵略,制止武装颠覆,保卫国家的主权与统一、领土的完整与安全所进行的军事活动,以及与军事有关的政治、经济、外交、科技、教育等方面的活动。国家是人类社会发展到一定历史阶段的产物。只要有国家存在,就会有国防,国防是国家的重要职能之一。

一、国防的主体

国防的主体是国防活动的实行者,通常为国家。任何国家从诞生之日起,都要防备和抵御各种外来侵略,以保障国家安全,维系国家生存。国防必然随着国家的产生而产生,随着国家的发展而发展,最终随着国家的消亡而消亡。

国家的本质是阶级专政的工具,是统治阶级利益与意志的体现,实现这种利益与意志,必须通过国家权力来实现。国防维护国家的这种权力,同时也只有依靠国家的这种权力才能得以运转,只有国家才能领导和组织国防事业。国防是国家的防务,是全民族的防务,与国家的各个部门、各种组织及全体公民都息息相关。加强国防建设,进行国防斗争,必须依靠国家各个方面的综合力量。

二、国防的对象

国防的对象是指国防所要防备、抵抗和制止的行为，这是一个涉及国家在何种情况下可以使用国防力量的重大问题。根据《国防法》的界定，国防的对象：一是侵略；二是武装颠覆。

（一）国防要防备和抵抗的是"侵略"

《国防法》对国防对象的这一法律界定，既有国际法理依据，又符合国防的实际需要，与国家安全所面临的威胁相一致，不仅表述方法合理恰当，而且意义深远。其理由是：①与国际条约相衔接。联合国1974年通过了《关于侵略定义的决议》，对"侵略"作了非常详尽的界定。凡属于决议所指的侵略，均属于运用国防力量防备和抵抗的对象。②与我国的根本大法——《宪法》的提法相一致。我国《宪法》第二十九条规定武装力量的任务和第五十五条规定公民的国防义务，都采用了"抵抗侵略"的提法。③与国防活动的客观实际相适应。如果以法律的形式规定国防只是防备和抵抗武装侵略，那么在今后的国防建设和斗争中，就会束缚自己的手脚。

当今社会，确实存在武装侵略和非武装侵略并存的事实。因此，国防所要防备和抵抗的，是"侵略"，而不仅仅是"武装侵略"。

（二）国防应把"武装颠覆"作为制止的对象

颠覆是指推翻现政府的一种叛逆行为，包括武装暴力颠覆与非武装暴力颠覆两种形式。对于非武装暴力颠覆的形式，由国家安全部门去解决和处理，不需要动用国防力量；只有属于武装性质的颠覆活动，如武装叛乱、武装暴乱，才需要动用国防力量。《国防法》规定，"武装颠覆"是国防的对象，把"制止武装颠覆"作为国防的一项重要职能，具有特殊意义。

三、国防的目的

国防的目的主要是捍卫国家的主权与统一、领土的完整与安全。

（一）捍卫国家的主权

国家和主权不可分割，主权是国家存在的根本标志。如果一个国家的主权被剥夺，其他的一切包括国家的独立、领土的完整、传统的生活方式、基本的政治制度、社会的准则、国家的荣誉和尊严等都将不复存在。因此，捍卫国家的主权始终是国防中首位的、根本的目的和任务（图1-1）。

图 1-1　戍边战士

（二）保卫国家的统一

国家的统一是指国家由一个中央政府对领土内一切居民和事务行使完整的管辖权，不允许另立政府或分割国家的管辖权。从国际法的角度来说，保卫国家统一、反对分裂，历来是一个国家的内部事务，绝不允许别国干涉。这是一个原则性问题，不能有丝毫的含糊。因此，保卫国家统一历来是国防的重要任务。当别国敌对势力插手国家的民族事务、破坏国家的民族团结、危及国家的统一和完整时，国防力量必须予以坚决打击，发挥其维护国家统一和领土完整的职能作用。

（三）捍卫国家的领土完整

领土是指位于国家主权支配下的地球表面的特定部分，包括陆地、河流、湖泊、内海、领海及它们的底床、底土和上空（领空）。领土是国家存在和发展的自然物质前提，是构成国家的基本要素之一。国家主权与国家领土具有密切的联系，领土既是国家行使其主权的空间，也是国家主权行使的对象。没有领土，主权就失去了存在的空间和行使的对象。任何国家不得破坏别国的领土完整，任何集团或个人不得进行旨在分裂本国或别国领土完整的活动。国家的领土被侵占，主权必然要遭到侵犯。国防捍卫国家主权的独立，必然要保卫国家领土的完整。

（四）维护国家的安全

国家要正常地生存和发展，必须要有一个安全的内外部环境。一个国家如果没有和平、稳定的状态，不仅难以建设和发展，而且生存也会受到威胁。因此，维护国家的安全，也是国防的主要目的之一。一旦国家遭到外来侵略和颠覆，安全受到威胁，国防就必须履行自己的职能，抵御外来的侵略和颠覆，确保国家的和平、稳定状态；当内部敌对分子勾结外国敌对势力进行武装暴乱，危及国家的安全时，国防力量就要采取措施，防备和平息这种内外部敌对势力勾结所发动的暴乱，以保卫国家安全。

四、国防的手段

国防的手段是指为达到国防目的而采取的方法和措施。根据《国防法》的规定，我国国防的手段包括军事活动及与军事有关的政治、经济、外交、科技、教育等方面的活动。

（一）军事

国防的主要手段是军事手段。国防的根本职能是捍卫国家利益，防备和抵御外来的各种形式和不同程度的侵犯；防备和平息内外部敌对势力相互勾结所发动的武装暴乱。在对国家利益各种形式的侵犯中，其威胁和危害最大的是武装侵犯，包括军事威胁、恫吓、军事干预、占据部分领土、武装掠夺经济资源、发动侵略战争等。上述活动及内外部敌对势力相互勾结发动的武装暴乱，不仅使国家主权和人民生命财产遭受损失，而且直接危及国家民族的生存和发展。防御武装入侵和武装暴乱，最根本和最有效的手段就是军事手段（图1-2）。

图1-2 现代化的强大国防力量

（二）政治

政治手段作为国防手段之一，指的是与军事有关的政治活动，而不是政治本身的全部含义。

政治与国防关系密切。一方面，国防直接保卫的国家主权，是政治的第一需要；国防直接保卫的国家领土，是政治的物质前提；国防直接保卫的国家安全利益与发展利益，是政治的根本追求。国家政权、政治制度也要靠国防力量来捍卫。另一方面，政治对国防起着决定性的支配作用：国家的政治需要决定国防的根本性质和基本类型；国家的政治指导思想和路线决定国防的方向、方针和原则；国家的政治制度决定国防的根本体制；国家的政治素质制约国防的客观效应。其中，构成国防手段的政治活动主要是政治制度、思想政治工作和政治宣传等。

（三）经济

经济是国防的基础，社会经济制度决定国防活动的性质，社会经济状况决定国防建设的水平。现代条件下，无论是国防建设还是国防斗争，都要广泛采用经济手段，包括国防经济活动、国民经济动员、经济战、经济制裁等。国防经济活动是为国防而进行的生产、分配、交换、消费及其管理的实践活动，其目的是保持一定的军事实力与潜力，从而有效地保障国家安全。

（四）外交

国防外交活动主要是指国家与国家之间为了国防目的而开展的外交活动。由于这种外交主要涉及军事领域，所以又称军事外交。它既有通常意义上外交的一般特征，又具有区别于其他外交工作的特殊规律，是集外交与军事于一体的活动。它的范围很广、领域很多，活动的内容也十分丰富。从总体上讲，国防外交主要涉及国家与国家之间、军事集团与军事集团之间的军事政治关系、军队关系、军事战略关系、军事科技关系和军事经济关系等。其具体可以划分为：军事双边往来、多边军事交往、非官方军事交往、军事科技交流和军工合作、军事结盟、军事援助、军事经济合作及边防管理等。国防外交涉及的各个方面的活动都不是孤立的，而是有机联系的。从事国防外交活动的主体也不单纯是武装力量，还包括国家机关与民间的一些部门。

除上述因素外，与军事有关的科技、教育等，也是国防的重要手段。

第二节　中国国防的历史

我国国防的历史源远流长。公元前21世纪，伴随着奴隶制国家的出现，作为抵御外来入侵和讨伐他国的工具——国防便产生了。在人类社会的历史长河中，中华大地先后经历了奴隶社会、封建社会、半殖民地半封建社会和社会主义社会，国防也经历了无数个强盛与衰落的交替，从而给我们留下了宝贵的遗产和深刻的历史教训。

一、古代国防

我国古代国防从公元前21世纪夏王朝的建立到1840年鸦片战争，共经历了近4000年的漫长历史。其间,中华民族经历了无数次战争的锤炼,形成强大的民族凝聚力,培育出自强不息、前仆后继、不畏强暴、卫国御敌的尚武精神,最终成为一个多民族的大疆域国家。

(一)古代的国防政策和国防理论

大约公元前21世纪,中国古代社会开始由原始氏族公社制社会进入奴隶制社会,出现了国家。从此,作为抵御外来入侵和征伐别国的装备——国防的雏形便产生了。随后在几千年的征战中,为保家卫国,逐渐形成了我国古代的国防政策和国防理论。

从总体上来说,我国古代国防理论主要有"以民为体""居安思危"的国防指导思想;"富国强兵""寓兵于农"的国防建设思想;"爱国教战""崇尚武德"的国防教育思想;"不战而胜""安国全军"的国防斗争策略等。在这些思想和策略的指导下,华夏大地消除了无数次外敌入侵带来的战祸,为中华民族的繁衍生息,国家的发展提供了基本的生存条件,甚至出现过"中国既安,四夷自服"的辉煌。

(二)古代的国防工程建设

我国古代为抵御外敌的侵犯,巩固边海防,修筑了数量众多、规模庞大的国防工程,如城池、长城、京杭大运河及海防要塞等。

我国古代国防工程建设中,城池的建设时间最早、数量最多。城池建筑最早始于商代,随后城池建设规模不断扩大,结构日益完善,一直延续到近代。因此,在我国古代战争中,城池的攻守作战成为主要样式之一。

长城是城池建设的延伸和发展。春秋战国时期长城的修筑已经开始,秦始皇统一六国之后,为了巩固国防,防御北方匈奴的南侵,于公元前214年开始将秦、赵、燕三国北部的长城连为一个整体,形成西起临洮(今甘肃岷县),北傍阴山,东至辽东的宏伟工程。后经各朝代多次修建连接,至明代形成了西起嘉峪关,东至山海关,全长6300余千米的万里长城。

京杭大运河是我国古代兴建的伟大水利工程。隋炀帝时期,征调大量人力物力,将原有的旧河道拓宽和连贯,形成北起通州(今北京通州区),南至杭州,全长1794千米的大运河,把南北许多州县连成一线,成为军事交通和"南粮北运"的大动脉,具有重大的军事和经济作用。

古代海防建设是从明朝开始的。14世纪,倭寇频繁袭扰我国沿海地区,明朝在沿海的重要地段陆续修建以卫城、新城为骨干,水陆寨、营堡、墩、台、烽堠等相结合的海防工程体系,为抗击倭寇的入侵起到了重要的作用。

历史名人堂

戚 继 光

戚继光（1528—1588），字元敬，号南塘，晚号孟诸，卒谥武毅。汉族，安徽定远人，生于山东微山。明朝杰出的军事家、民族英雄。

戚继光于闽、浙、粤沿海诸地抗击来犯倭寇，历10余年，大小80余战，扫平了多年为虐沿海的倭患，确保了沿海人民的生命财产安全。后又在北方抗击蒙古部族内犯10余年，保卫了北部疆域的安全，促进了蒙汉民族的和平发展。写下了18卷本《纪效新书》和14卷本《练兵实纪》等著名兵书。同时，戚继光又是一位杰出的兵器专家和军事工程家，他改造、发明了各种火攻武器；他建造的大小战船、战车，使明军水路装备优于敌人；他富有创造性地在长城上修建了空心敌台，进可攻退可守，是极具特色的军事工程。

资料来源：王威，杨德宇，张亚利. 大学军事教程——知军事 观天下[M]. 北京：国防大学出版社，2016.

二、中国近代国防

我国近代的国防是屡弱、衰败和屈辱的。1840年，西方殖民主义者凭借船坚炮利的优势，攻破清王朝紧锁的厚重国门，对中华民族实行残酷的殖民统治。在西方殖民主义的侵略面前，腐朽的统治者奉行的国防指导思想却是"居安思奢""卖国求荣"；执行的国防建设思想是"以军压民""贫国臃兵"；倡导的国防教育思想是"愚兵牧民""莫谈国事"；制定的国防斗争策略是"不战而败""攘外必先安内"。其结果是有国无防，国家沦为半封建半殖民地社会，人民惨遭践踏和屠杀（图1-3）。

图1-3 甲午战争画面

1911年爆发的辛亥革命，虽然推翻了清朝的统治，彻底废除了封建君主专制制度，建立了中华民国，但并没有改变中国任人宰割的历史。帝国主义通过扶植各派军阀作为自己的代理人，加紧对中国的控制与掠夺。各派军阀争权夺利，混战不已，中国依然是有边不固，有海无防，人民有家难安。

1931年9月18日，日本发动了"九一八事变"。面对日本帝国主义的野蛮侵略，蒋介石却奉行"攘外必先安内"的方针，一味奉行不抵抗政策，使东北大片国土迅速沦陷。1937年7月7日，日本发动"卢沟桥事变"，进一步扩大了对中国的侵略，中华民族到了生死存亡的紧要关头。中国共产党高举团结抗日的旗帜，肩负起救民族于危难的神圣使命，领导全国各族人民进行艰苦卓绝的十四年抗战，终于取得了我国近现代历史上第一次抗击外敌侵略的完全胜利。

抗日战争胜利后，中国人民迫切需要一个和平安全、休养生息的环境，中国共产党顺民心、从民愿，不计前嫌，准备与国民党第三次携手，合作建国。但蒋介石背信弃义，妄图消灭中国共产党及其所领导的军队，经过三年的解放战争，中国人民终于推翻了国民党统治，结束了一百多年来中华民族有国无防的屈辱历史。

第三节 国 防 建 设

国防建设是指为国家安全利益需要，提高国防能力而进行的各方面建设。它是国家建设的重要组成部分，包括精神和物质两个方面。中华人民共和国成立后，国家把国防建设摆在十分重要的位置，取得了举世瞩目的成就，赢得了国际社会的普遍尊重。

一、国防领导体制和国防政策

（一）国防领导体制

国防领导体制指国防领导的组织体系及相应制度。它包括国防领导机构的设置、职权划分、相互关系等。它是国家政权组织形式和机构的重要组成部分。一般设有最高统帅、最高国防决策机构、国家行政机关中管理国防事务的部门、武装力量领导指挥系统等。根据《宪法》和《国防法》规定，中华人民共和国的国防领导职权由以下机构行使。

1. 中国共产党中央委员会的国防领导职权

中国共产党作为执政党，是领导中国社会主义事业的核心力量。中国共产党在国家生活包括国防事务中发挥着决定性的领导作用。有关国防、战争和军队建设的重大问题都是由中国共产党中央委员会、中央军事委员会（简称中央军委）、中央政治局及其常务委员会做出决策并通过必要的法定程序，作为党和国家的统一决策贯彻执行。《中国人民解放军政治工作条例》规定："中国人民解放军必须置于中国共产党的绝对领导之下,其最高领导权和指挥权属于中国共产党中央委员会和中央军事委员会。"

2. 全国人民代表大会及其常务委员会的国防职权

中华人民共和国全国人民代表大会是最高国家权力机关。它在国防方面的职权主要有:决定战争与和平的问题;制定有关国防方面的基本法律;选举中央军事委员会主席,根据中央军事委员会主席的提名,决定中央军事委员会其他组成人员,并有权罢免以上人员;审查和批准包括国防建设计划在内的国民经济和社会发展计划和计划执行情况的报告;审查和批准包括国防经费预算在内的国家预算和预算执行情况的报告;改变或者撤销全国人民代表大会常务委员会在国防方面不适当的决定;应当由全国人民代表大会行使的国防方面的其他职权。

全国人民代表大会常务委员会在国防方面的职权主要有:在全国人民代表大会闭会期间,如果遇到国家遭受武装侵犯或者必须履行国际共同防止侵略的条约的情况,决定战争状态的宣布;决定全国总动员或者局部动员;制定有关国防方面的法律;在全国人民代表大会闭会期间,审查和批准包括国防建设计划在内的国民经济和社会发展计划,包括国防经费预算在内的国家预算在执行过程中所必须做的部分调整方案;监督中央军事委员会的工作;在全国人民代表大会闭会期间,根据中央军事委员会主席的提名,决定中央军事委员会其他组成人员的人选;根据最高人民法院院长和最高人民检察院检察长的提请,任免军事法院院长和军事检察院检察长;决定同外国缔结的有关国防方面的条约和重要协定的批准和废除;规定军人的衔级制度;规定和决定授予在国防方面国家的勋章和荣誉称号;全国人民代表大会授予的国防方面的其他职权。

3. 国家主席在国防方面的职权

中华人民共和国主席在国防方面的职权主要有:根据全国人民代表大会的决定和全国人民代表大会常务委员会的决定,宣布战争状态;发布动员令;授予在国防方面国家的勋章和荣誉称号;批准和废除同外国缔结的有关国防方面的条约和重要协定,公布全国人民代表大会及其常务委员会制定的有关国防方面的法律。

4. 国务院在国防方面的职权

中华人民共和国国务院是最高国家权力机关的执行机关,是最高国家行政机关。它在国防方面的职权是领导和管理国防建设事业,包括编制国防建设发展规划和计划;制定国防建设方面的方针、政策和行政法规;领导和管理国防科研生产;管理国防经费和国防资产;领导和管理国民经济动员工作和人民武装动员、人民防空、国防交通等方面的有关工作;领导和管理拥军优属工作和退出现役军人的安置工作;领导国防教育工作;与中央军事委员会共同领导中国人民武装警察部队、民兵的建设和征兵、预备役工作及边防、海防、空防的管理工作;法律规定的与国防建设事业有关的其他职权。

5. 中央军委在国防方面的职权

中央军委是最高国家军事机关，负责领导全国武装力量。其职权主要包括：统一指挥全国武装力量；决定军事战略和武装力量的作战方针；领导和管理中国人民解放军的建设，制定规划、计划并组织实施；向全国人民代表大会或者全国人民代表大会常务委员会提出议案；根据宪法和法律，制定军事法规，发布决定和命令；决定中国人民解放军的体制和编制，规定总部及军区、军兵种和其他军区级单位的任务和职责；依照法律、军事法规的规定，任免、培训、考核和奖惩武装力量成员；批准武装力量的武器装备体制和武器装备发展规划、计划，协同国务院领导和管理国防科研生产；会同国务院管理国防经费和国防资产；法律规定的其他职权。

中央军委实行主席负责制，中央军委主席为全国武装力量的统帅。中央军委组成人员为：中央军委主席，副主席若干人，委员若干人。2016年1月，组建中国共产党中央军事委员会改革和编制办公室，按照军委管总、战区主战、军种主建的总原则，把总部制改为多部门制，由原来的总参谋部、总政治部、总后勤部、总装备部4个总部，改为军委办公厅、军委联合参谋部、军委政治工作部、军委后勤保障部、军委装备发展部、军委训练管理部、军委国防动员部、军委纪律检查委员会、军委政法委员会、军委科学技术委员会、军委战略规划办公室、军委改革和编制办公室、军委国际军事合作办公室、军委审计署、军委机关事务管理总局15个职能部门（图1-4）。军委机关15个职能部门臂章如图1-5所示。

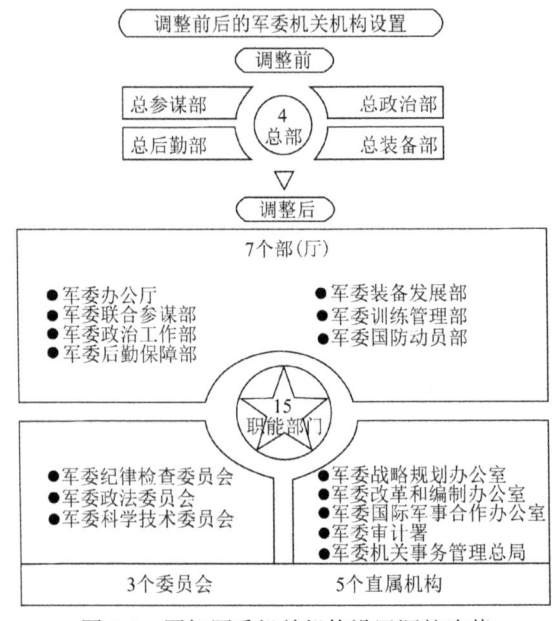

图1-4 图解军委机关机构设置调整改革

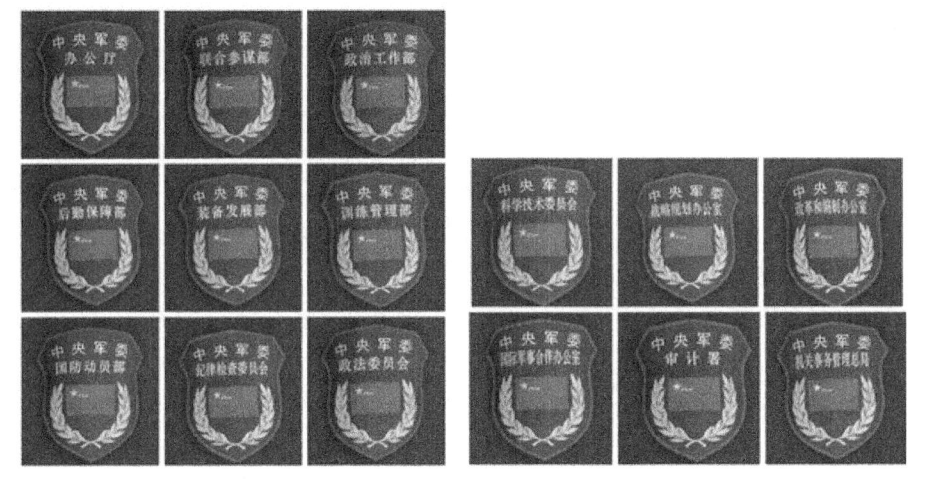

图 1-5 军委机关 15 个职能部门臂章

为了加强国防领导的协调，国务院和中央军委还建立了协调会议的制度。《国防法》规定，国务院和中央军委可以根据情况召开协调会议，解决国防事务的有关问题。会议议定的事项，由国务院和中央军委在各自的职权范围内组织实施。国家还建立了国防动员委员会，它是国务院、中央军委领导下主管全国国防动员工作的议事协调机构。国家国防动员委员会主任、副主任由国务院、中央军委领导兼任，委员由国务院有关部委、军队总部有关领导组成。国家国防动员委员会下设国家人民武装动员、国家经济动员、国家人民防空、国家交通战备、国家国防教育等五个办公室。

2016 年 2 月 1 日，习近平同志向各战区授予军旗并发布训令，宣布建立中国人民解放军东部战区、南部战区、西部战区、北部战区和中部战区，五大战区臂章如图 1-6 所示。建立五大战区，组建战区联合作战指挥机构，是党中央和中央军委着眼于实现中国梦、强军梦做出的战略决策，是全面实施改革强军战略的标志性举措，是构建我军联合作战体系的历史性进展，对确保我军能打仗、打胜仗，有效维护国家安全，具有重大而深远的意义。

图 1-6 中国人民解放军五大战区臂章

视野拓展

中国人民解放军五大战区

中国人民解放军五大战区，指的是东部战区、南部战区、西部战区、北部战区和中部战区，为正大军区级，归中共中央军委建制领导。建立五大战区，组建战区联合作战指挥机构，是党中央和中央军委着眼实现中国梦、强军梦做出的战略决策。2016年2月1日，中国人民解放军五大战区成立大会在北京举行，以前的七大军区正式调整为五大战区，习近平向五大战区授予军旗并发布训令。

五大战区管辖的地区及指挥的武装力量如下。

东部战区：战区范围包括江苏、浙江、安徽、福建、江西五省和上海市。领导和指挥战区内的三个陆军集团军、东海舰队、空军、火箭军、武警及其他武装力量。司令部驻南京。

南部战区：战区范围包括湖南、广东、广西壮族自治区、海南、云南、贵州。领导和指挥战区内的三个陆军集团军、南海舰队、空军、火箭军、武警及其他武装力量。司令部驻广州。

西部战区：战区范围包括四川、西藏自治区、甘肃、宁夏回族自治区、青海、新疆维吾尔自治区和重庆市。领导和指挥战区内的三个陆军集团军、空军、火箭军、武警及其他武装力量。司令部驻兰州。

北部战区：战区范围包括辽宁、吉林、黑龙江和内蒙古自治区。领导和指挥战区内的四个陆军集团军、空军、火箭军、武警及其他武装力量。司令部驻沈阳。

中部战区：战区范围包括河北、山西、山东、河南、湖北、陕西和北京、天津。领导和指挥战区内的五个陆军集团军、北海舰队、空军、火箭军、武警及其他武装力量。司令部驻北京。

（二）国防政策

中国奉行防御性的国防政策。中国的国防，是维护国家安全统一、确保实现全面建成小康社会目标的重要保障。建立强大巩固的国防是中国现代化建设的战略任务。

依据国家总体规划，国防和军队现代化建设实行"三步走"的发展战略：在2010年前打下坚实基础；2020年前后有一个较大的发展；到21世纪中叶基本实现建设信息化军队、打赢信息化战争的战略目标。

21世纪新阶段，中国的国防政策主要包括以下几方面的内容。

1. 维护国家安全统一,保障国家发展利益

防备和抵抗侵略,确保国家领海、领空和边境不受侵犯。反对和遏制"台独"分裂势力及其活动,防范和打击一切形式的恐怖主义、分裂主义和极端主义。人民解放军坚决履行21世纪新阶段的历史使命,为中国共产党巩固执政地位提供重要的力量保证,为维护国家发展的重要战略机遇期提供坚强的安全保障,为维护国家利益提供有力的战略支撑,为维护世界和平与促进共同发展发挥重要的作用,不断提高应对多种安全威胁、完成多样化军事任务的能力,确保能够在各种复杂形势下有效应对危机、维护和平,遏制战争、打赢战争。

2. 实现国防和军队建设全面协调可持续发展

坚持国防建设与经济建设协调发展的方针,把国防和军队现代化建设融入经济社会发展的体系之中,使国防和军队现代化进程与国家现代化进程相一致。全面加强军队的革命化、现代化、正规化建设,科学统筹中国特色军事改革与军事斗争准备、机械化建设与信息化建设、诸军兵种作战力量建设、当前建设与长远发展、主要战略方向建设与其他战略方向建设。深化体制编制和政策制度调整改革,注重解决体制机制上制约军队发展的深层次矛盾和问题,着力推进军事组织体制创新和军事管理创新,提高军队现代化建设的效益。

3. 加强以信息化为主要标志的军队质量建设

坚持以机械化为基础、以信息化为主导,推进信息化和机械化复合发展,实现军队火力、突击力、机动能力、防护能力和信息能力的整体提高。实施科技强军战略,依靠科技进步加快战斗力生成模式的转变。提高武器装备和国防科技的自主创新能力,力争在一些基础性、前沿性、战略性技术领域取得重大突破。加紧构建适应信息化战争需要的联合作战指挥体制、训练体制和保障体制,加强诸军兵种的综合集成建设。实施人才战略工程,培养大批适应军队信息化建设、胜任信息化条件下作战任务的高素质新型军事人才。提高训练的科技含量,创新训练内容、方式和手段。

4. 贯彻积极防御的军事战略方针

立足于打赢信息化条件下的局部战争,着眼于维护国家主权、安全和发展利益的需要,做好军事斗争准备。创新发展人民战争的战略思想,坚持军事斗争与政治、经济、外交、文化、法律等各领域的斗争密切配合,综合运用各种手段和策略,主动预防、化解危机,遏制冲突和战争的爆发,逐步建立集中统一、结构合理、反应迅速、权威高效的现代国防动员体系。以联合作战为基本作战形式,发挥诸军兵种作战优势。陆军逐步推进由区域防卫型向全域机动型转变,提高空地一体、远程机动、快速突击和特种作战能力;海军逐步增大近海防御的战略纵

深,提高海上综合作战能力和核反击能力;空军加快由国土防空型向攻防兼备型转变,提高空中打击、防空反导、预警侦察和战略投送能力;第二炮兵逐步完善核常兼备的力量体系,提高信息化条件下的战略威慑和常规打击能力。

5. 坚持自卫防御的核战略

中国的核战略贯彻国家的核政策和军事战略,根本目标是遏制他国对中国使用或威胁使用核武器。中国始终奉行在任何时候、任何情况下都不首先使用核武器的政策,无条件地承诺不对无核武器国家和无核武器区域使用或威胁使用核武器,主张全面禁止和彻底销毁核武器。中国坚持自卫反击和有限发展的原则,着眼于建设一支满足国家安全需要的、精干有效的核力量,确保核武器的安全性、可靠性,保持核力量的战略威慑作用。中国的核力量由中央军委直接指挥。中国发展核力量是极为克制的,过去没有、将来也不会与任何国家进行核军备竞赛。

6. 营造有利于国家和平发展的安全环境

中国按照和平共处五项原则开展对外军事交往,发展不结盟、不对抗、不针对第三方的军事合作关系。参与国际安全合作,加强与主要大国和周边国家的战略协作和磋商,开展双边或多边联合军事演习,推动建立公平、有效的集体安全机制和军事互信机制,共同防止冲突和战争。支持按照公正、合理、全面、均衡的原则,实现有效裁军和军备控制,反对核扩散,推进国际核裁军进程。遵守《联合国宪章》的宗旨和原则,履行国际义务,参加联合国维和行动、国际反恐合作和救灾行动,为维护世界和地区的和平与稳定发挥积极的作用。

二、国防建设成就

中国共产党历来重视国防建设。中华人民共和国成立以来,在党中央、中央军委领导下,依靠自力更生,我国的国防建设取得了很大成就,逐步建立起有中国特色的现代化国防体系。

(一)建立一支现代的合成军队

军队是国防力量的主体,我国根据国防的实际需要和国家的基本承受能力,建设了一支诸军种、兵种相结合的具有现代化作战能力的革命化、现代化、正规化的军队。

我国在陆军的基础上,先后建立了空军、海军、火箭军和战略支援部队。

中国人民解放军陆军在步兵的基础上,相继建立了炮兵、装甲兵、工程兵、通信兵、防化兵等兵种。全军形成了诸军种、兵种结合的合成体系。现在,陆军在加强原有特种兵的同时,又增加了陆军航空兵、电子对抗兵、气象兵和山地作战部队等兵种。近年来,陆军中特种兵的数量已经超过了步兵,实现了建军史上的重大转变,大大加强了陆军的火力、突击力、机动力和快速反应能力,增强了现代化国防的威力。陆军既能独立作战,又能与海军、空军联合协同作战。1985年,陆军改编为合成集团军,使诸兵种协同作战能力和整体作战效能又有了新的增强。

中国人民解放军海军以舰艇部队为主体,由水面舰艇部队、潜艇部队、海军航空兵部队和海军陆战队等兵种组成。舰艇部队日趋导弹化、电子化、自动化。目前,在海军部队服役的各类主要作战舰艇的数量比初创阶段的1950年增加了近10倍。舰艇普遍采用卫星导航技术,过去的小炮舰和鱼雷艇已被国产的导弹驱逐舰、导弹护卫舰、导弹快艇和各类潜艇所代替。训练舰、大型补给船、科研实验船和核动力潜艇等新型舰艇开始服役。整个海军具有在水下、水面、空中和岸上实施作战的立体攻防能力,还可协同其他军种进行海上作战。

中国人民解放军空军以航空兵为主体,由航空兵和地空导弹兵、高射炮兵、空降兵、雷达兵、通信兵等兵种组成,拥有的作战飞机数量居世界前列。其中,有高空高速重型歼击机,有具有世界先进水平的轻型歼击机,有具备一定突防攻击轰炸能力的轻型强击机和中程亚声速轰炸机,还有布雷飞机、电子干扰飞机。在全国范围内,构成了以航空兵为主体和地面诸兵种合成的完整的防空体系。

中国人民解放军火箭军的前身第二炮兵,成立于1966年7月1日,由毛泽东批准,周恩来亲自命名,始终由中央军委直接掌握,是中国实施战略威慑的核心力量,主要担负遏制他国对中国使用核武器、遂行核反击和常规导弹精确打击任务。现装备多种型号战略导弹,射程从数百千米至一万多千米,威力从几十万吨到数百万吨TNT当量。可实施固定发射,也可机动发射,建有与之相配套的作战、防护工程和各种设施,具有较强的生存能力。

中国人民解放军战略支援部队是维护国家安全的新型作战力量,是我军新质作战能力的重要增长点,主要是将战略性、基础性、支撑性都很强的各类保障力量进行功能整合后组建而成的。成立战略支援部队,有利于优化军事力量结构、提高综合保障能力。

(二)进一步完善国防动员体制

完善国防动员体制,其主要目的就是要建立一支雄厚的国防后备力量。为战时能有效而迅速地展开动员,我国在完善国防动员体制方面做了大量的工作。

1. 建立国防动员机构

中央军委下设有人民武装委员会,负责指导协调全国的后备力量建设和动员工作。国务院各部委设有动员机构。平时本着"平战结合"的原则,积极做好人力、物力、财力、资源的开发和储备;战时按照"军民结合"的原则,采取有效措施，将各种资源的潜力迅速转变为实力。军队从总部机关到各军区、集团军、师（旅）均设有动员机构或动员军官。省军区、军分区、人民武装部，既是同级党委的军事部门，又是政府的兵役机关，是兼后备力量建设与动员工作于一体的机构。所有这些动员机构的建立，为战时动员的顺利开展奠定了良好的基础。

2. 建立雄厚的国防后备力量

全国实行民兵制度，明确规定了社会主义革命和建设时期民兵工作的方针和任务，自上而下建立人民武装的领导机构，加强民兵工作的领导。党的十一届三中全会以来，国家颁布新的《兵役法》，重新恢复预备役，实行民兵和预备役相结合的制度。这对建立雄厚的国防后备力量、进一步完善动员体制，具有重要的战略意义。现在，全国的民兵组织已由单一的步兵发展成为包括高炮、地炮、通信、工兵、防化、侦察及海、空军等专业技术在内的强大的群众武装力量。自1985年以来，全国又在普通高校和高级中学开展学生军训，为国防培养了一批文武兼备的后备力量。

3. 依托地方高校培养国防优秀人才

为了进一步适应高新技术在军事领域广泛运用的新形势，拓宽选拔培养高素质军队建设人才的途径，培养和造就大批军政兼优、掌握现代科学文化知识的新型军事人才，2000年5月，国务院与中央军委颁布了《关于建立依托普通高等教育培养军队干部制度的决定》。其主要方式有：①军队从普通高等学校低年级在校生中确定培养对象，毕业后选拔担任军队干部；②军队从普通高等学校的应届毕业生（含研究生）中，择优挑选热爱国防事业、全面素质高的学生，直接接收入伍担任军队干部；③普通高等学校按照国家和军队有关部门下达的招生计划，招收品学兼优的高中生，毕业后定向分配到军队工作；④采取军地院校联合培养人才，选送现役干部到普通高等学校学习深造。军队在普通高等学校设立国防奖学金，享受国防奖学金的学生，毕业后应到军队工作。

（三）形成综合的国防工业和国防科研体系

国防科技是衡量一个国家综合国防实力的重要标志之一，也是国防现代化建设的一个重要方面。中华人民共和国成立以来，在党中央、国务院、中央军委的领导下，经过60多年的建设和发展，我国的国防科技工业从无到有、从小到大、从落后到先进，逐步建立起包括电子、船舶、兵器、航空、航天和核能等门类齐全、综合配套的科研实验生产体系，取得了一大批具有国内或国际先进水平的科研成果，为加强我军的现代化建设、增强我国的综合国防实力做出重要贡献。

在军事电子方面，逐步发展具有相当规模、门类齐全的新兴工业部门。特别是在指挥自动化、情报侦察、预警探测、电子对抗和通信等方面，为我军提供各种新式装备和产品，进一步增强部队的侦察、通信、指挥和作战能力。

在船舶工业方面，自行研制建造核动力舰艇、常规舰艇、导弹驱逐舰、导弹护卫舰、导弹快艇等作战舰艇及各种辅助船舶和新型鱼雷、水雷、反水雷系统等新型装备。

在兵器工业方面，研制生产了一大批具有先进性能的坦克、装甲车辆、火炮、弹药、轻武器、军用光电器材和综合火控、指挥系统等新型武器装备，为我军现代化做出重要贡献。

在航空工业方面，已能够生产歼击机、轰炸机、直升机、运输机、教练机等，基本能够满足海军、空军作战和飞行训练的需要。

在航天科技工业方面，已拥有地地、地空、海空和空空导弹武器系统，运载火箭、各种应用卫星的研制和实验能力及各种应用卫星的发射能力，在世界高新技术领域占有自己的一席之地。

在核工业方面，我国不仅可以生产制造原子弹、氢弹、中子弹，还掌握了核潜艇技术，形成了有效的核威慑力量。另外，在和平利用核能方面，我国已取得了突破性进展。

三、中国武装力量

在新的历史时期，中国武装力量体制不仅发展为人民解放军、人民武装警察和民兵三结合的体制，而且坚持和发展了这一体制。这一体制，既可在平时满足维护国内安全的需要，又能在战时充分发挥解放军、武装警察部队和民兵三结合武装力量体制的优点，并使之更有力量。这一体制符合中国国情、军情，符合中国武装力量的性质和特点，是新形势下完成国防使命的客观要求。

（一）中国人民解放军

中国人民解放军是中华人民共和国武装力量的骨干，是抵抗侵略、保卫祖国、维护国家主权和安全的主要力量。中国人民解放军由现役部队和预备役部队组成。

1. 现役部队

现役部队由陆军、海军、空军、火箭军和战略支援部队组成。

1）陆军

中国人民解放军陆军是中国人民解放军的主体力量，共有13个集团军的机动作战部队，分布于五大战区，是目前世界上兵力最为庞大的陆军。中国陆军将朝精兵、军民合成、快速机动、反恐作战、边境防卫、灾害救助等方向发展，以量换质已成为陆军的新趋势。2015年12月31日，中国人民解放军陆军领导机构在北京成立。

2）海军

中国人民解放军海军是中国人民解放军的海上武装力量，是中国人民解放军的五大军兵种之一，下设海军司令部、海军政治部、海军后勤部、海军装备部、南海舰队、东海舰队、北海舰队、海军航空兵、海军陆战队、试验训练基地、海军各院校等。中国海军拥有总排水量位居世界第二的庞大舰队。

3）空军

中国人民解放军空军是中国人民解放军的空中武装力量，是中国人民解放军的五大军兵种之一。时至今日，中国空军已逐渐发展为拥有第五代战斗机、远程轰炸机、运输机等先进装备的现代化武装力量。

4）火箭军

中国人民解放军火箭军，原名"中国人民解放军第二炮兵部队"（简称二炮），曾是一支由中央军委直接领导指挥、以地对地战略导弹为主要装备、担负核反击战略作战任务的战略性独立兵种。2015年12月31日，中国人民解放军第二炮兵部队改名为中国人民解放军火箭军，由陆军附属兵种变为与陆军、海军、空军三军并列的第四个独立军种。

5）战略支援部队

中国人民解放军战略支援部队是中国人民解放军于2015年12月31日成立的军种。战略支援部队是将战略性、基础性、支撑性都很强的各类保障力量进行功能整合后组建而成的。战略支援部队的任务包括对目标的探测、侦察和目标信息的回传；承担日常的导航行动，以及北斗卫星和太空侦察手段的管理工作；承担电磁空间和网络空间的防御任务。

2. 预备役部队

中国人民解放军预备役部队组建于1983年，是以现役军人为骨干，以预备役军官、士兵为基础，按统一编制为战时实施成建制快速动员而组建起来的部队。其师、团纳入军队建制序列，授有番号、军旗。预备役部队平时隶属于省军区，战时动员后归指定的现役部队指挥。预备役军官中，有些是地方党政领导干部。预备役部队的基本任务是：努力提高部队的军政素质，不断增强现代条件下的快速动员和作战能力；切实做好战时动员的各项准备工作，随时准备转为现役部队，执行作战任务；积极参加社会主义建设，在物质文明和精神文明建设中发挥模范带头作用。预备役部队的军事训练按照训练大纲的规定进行。根据部队担负任务的需要，每年在完成军官、士兵基本训练的基础上，安排一些应用科目训练。通过训练，使预备役军官和士兵掌握必备的技术、战术技能，提高部队快速动员和整体遂行任务的能力，做到一声令下，能收得拢、拉得出、会打仗。组建预备役部队具有重要意义，它是实施成建制快速动员的好形式，是提高储备的好办法，是节约军费开支、加强国防建设的好措施。

（二）中国人民武装警察部队

中国人民武装警察部队，是以武装的形式执行国内安全保卫任务的现役部队，是中华人民共和国武装力量的重要组成部分，是保卫社会主义现代化建设的一支重要力量。

1. 中国人民武装警察部队的组成

中国人民武装警察部队组建于1982年6月19日，由内卫、边防、消防、警卫部队，以及黄金、水电、交通、森林部队组成。

中国人民武装警察部队按其任务不同分为以下三类。

1）内卫部队

内卫部队由各省总队和机动师组成，是武警部队的主要组成部分，受武警总部的直接领导管理。其主要任务是：①承担固定目标执勤和城市武装巡逻任务，保障国家重要目标的安全；②处置各种突发事件，维护国家安全与社会稳定；③支援国家经济建设和执行抢险救灾任务。

2）边防、消防和警卫部队

边防、消防和警卫部队是列入武警序列由公安部门管理的部队。其中，边防部队主要担负边境检查、管理和部分地段的边界巡逻及海上缉私；消防部队主要担负防火灭火任务；警卫部队主要担负党和国家领导人、省市主要领导及重要来访外宾的警卫任务。

3）黄金、水电、交通和森林部队

黄金、水电、交通部队和森林部队是列入武警序列，受国务院有关业务部门和武警双重领导的部队。这些部队既担负经济建设的任务，同时又负有维护国家安全和社会稳定的任务。其中，黄金部队主要担负黄金地质勘查、黄金生产任务；水电部队主要承担国家能源重点建设项目，包括大中型水利、水电工程及其他建设任务；交通部队主要担负公路、港口及城建等施工任务；森林部队主要担负东北、内蒙古自治区、云南森林的防火灭火及维护林区治安、保护森林资源的任务。

中国人民武装警察部队属于国务院编制序列，受国务院、中央军委双重领导，实行统一领导管理与分级指挥相结合的体制。中国人民武装警察部队设总部、总队（师）、支队（团）三级领导机关。武警总部直辖若干师和大专院校。省级设武警总队，地市级设武警支队，县级设武警中队。

2. 中国人民武装警察部队的任务

《国防法》规定，中国人民武装警察部队担负国家赋予的安全保卫任务，维护社会秩序。它是维护人民民主专政的重要工具之一。

中国人民武装警察部队的主要任务是：①维护国家主权和尊严；②维护社会治安；③保卫党政领导机关、重要目标和人民生命财产的安全。

3. 中国人民武装警察部队的武器装备

中国人民武装警察部队的武器装备，以步兵轻武器为主，兼有少量重型武器和特种武器。中国人民武装警察部队有自己的军装式样、识别标志和军衔等级。该部队自重新组建以来，在巩固和加强人民民主专政、维护社会治安、维护国家主权和尊严、参加社会主义现代化建设等各项任务中，发挥了重要作用。中国人民武装警察部队是国家必不可少的人民武装力量。它的存在，直接关系国家和社会的稳定，关系人民生命财产的安全和人民民主专政的巩固。

（三）中国民兵

中国民兵初建于第一次国内革命战争时期。革命战争年代，民兵为民族的解放和中华人民共和国的建立做出了巨大的贡献。中华人民共和国成立后，中国民兵在建设祖国、保卫祖国中发挥了重大的作用。

民兵是国家的后备武装力量。《国防法》规定："民兵在军事机关的指挥下，担负战备勤务、防卫作战任务，协助维护社会治安。"为确保完成这一任务，必须确立有关的各项基本制度。新时期以法律的形式确立在国务院、中央军委领导下的民兵组织领导体制。各大军区按照上级赋予的任务，负责本区域的民兵工作；省军区、军分区和县（市）人民武装部是本地区的民兵领导指挥机关；乡、镇、部分街道和企事业单位人民武装部负责民兵和兵役工作。地方各级人民政府，对民兵工作实施原则领导，对民兵工作实施组织和监督。中国民兵的任务主要表现在三个方面：①积极参加社会主义现代化建设，带头完成生产和各项任务；②担负战备勤务，保卫边疆，维护社会治安；③随时准备参军参战，抵抗侵略，保卫祖国。

视野拓展

国家力量所达　人民利益保障

2011年2月16日，数百名利比亚民众在该国第二大城市班加西举行抗议活动，与当地警方和政府支持者发生冲突。2月24日，利比亚骚乱已造成300人遇难。由于骚乱的影响，中方驻利比亚的企业基本都停止了施工。我国政府随时准备进入利比亚，分批组织我国包括港澳台同胞在内的驻利比亚人员安全有序撤离。

2011年2月，中国政府通过海、陆、空三种方式从利比亚撤离我国

第一章 中国国防

驻利比亚人员；"徐州"号护卫舰赴利比亚执行保护任务，中国首次动用军事力量撤侨。空军派出4架伊尔-76飞机，于2月28日飞赴利比亚执行接运中国在利比亚人员的任务。这是我国空军首次海外撤侨（图1-7）。

中国国际问题研究所非洲中东问题专家汪巍认为，中国政府在此次利比亚撤侨事件中的表现是非常优秀的，赢得了世界各国的广泛好评和支持。撤侨行动让身在海外的中国公民感受到祖国就是靠山，有需要时，祖国会全力以赴，不惜采取各种方式来保障人民生命财产的安全。

图1-7　中国空军伊尔-76运输机

资料来源：http://www.shengda.edu.cn/news/xml/279/624201191828.html.

第四节　国防法规

国防法规是国家法律体系的重要组成部分，是国防建设和国防斗争的重要保障。在我国社会主义市场经济体制下，在依法治国的大环境中，健全的国防法规是加强国防和武装力量建设，实现国防现代化目标的客观要求。同时，对于调整和发展国防机制，做好新时期军事斗争准备，发挥国防威力与活力有着十分重要的意义，也是一个国家国防现代化的重要标志之一。

一、国防法规概述

（一）国防法规的基本含义

国防法规有广义和狭义之分。广义的国防法规，是指为调整国防领域中一定社会关系而由国家制定或认可的法律规范的总称。它又称国防法律（广义）、国防法律规范或国防法律制度。但无论称谓如何，其本质含义都是一样的。狭义的国防法规，是广义的国防法规中的一部分，即中央军委和国务院制定的国防法律规范。

（二）国防法规的本质

国防法规的本质，是指国防法律规范固有的、内在的根本属性。它包括以下两点。

（1）国防法规是统治阶级意志外化在国防领域的社会关系中的行为规则。它包括三层含义：①国防法规是统治阶级意志的体现；②国防法规所体现的统治阶级意志与国防领域中的社会关系相联系；③国防法规是统治阶级意志外化的行为规则。

（2）国防法规是统治阶级用以调整国防领域中的社会关系，维护其统治的工具。它包括三层含义：①统治阶级的统治，离不开国防力量特别是军事力量的使用；②统治阶级开展国防活动，是通过调整国防领域中的社会关系来实现的；③统治阶级调整国防领域中的社会关系必然要借助国防法规这一重要工具。

二、国防法规体系

国防法规体系，是指由各个层次和各个方面内容的国防法律规范组成的有机整体。不同的层次表征着国防法律规范之间的纵向关系，不同方面的内容表征着国防法律规范之间的横向关系。

在纵向关系上，依据宪法规定和立法权力及立法原则，我国现行的国防法规可划分为四个层次：第一个层次是法律，由全国人民代表大会及其常务委员会制定关于国防和武装力量建设的法律；第二个层次是法规，由中央军事委员会制定的为军事法规，由国务院制定或国务院与中央军事委员会联合制定的为军事行政法规；第三个层次是规章，由军事委员会各总部、各军兵种、各军区制定的为军事规章，由国务院有关部委与军事委员会有关总部联合制定的为军事行政规章；第四个层次是地方性法规，主要是指由省、自治区、直辖市人民代表大会及其常务委员会制定的贯彻执行国家国防法规的实施办法、实施细则、补充规定等。

在横向关系上，依据国防活动的领域，可以将国防法律规范划分为 16 个门类：国防基本法类、国防组织法类、兵役法类、军事管理法类、军事刑法类、军事诉讼法类、国防经济法类、国防科技工业法类、国防动员法类、国防教育法类、军人权益保护法类、军事设施保护法类、特别行政区驻军法类、紧急状态法类、战争法类和对外军事关系法类。

下面着重介绍两个与公民密切相关的国防法规：《国防法》和《兵役法》。

（一）《国防法》

1997 年 3 月 14 日由第八届全国人民代表大会第五次会议通过并公布施行的

《国防法》(图1-8),是根据宪法的有关条款制定的我国第一部规范国防活动的基本法律,是依据宪法而制定的一部综合性的调整和规范国防与武装力量建设的基本法,是指导和规范国防和军队建设的基本依据,在国防法规系统中居统帅地位。

1. 制定《国防法》的意义

国防关系国家的存亡、经济的发展、社会的稳定、人民的安宁,国防利益是国家和人民的根本利益。巩固国防和保护国防利益的最好方式,就是把国家和人民对国防的愿望上升为法律,用法律的强制力来保障国防建设。国防法的制定与颁布,正顺应了历史发展的客观要求和人民群众的主观愿望,具有重要的现实意义和深远的历史意义。

图1-8 《国防法》

《国防法》是国防建设的总章程。它充分体现国家意志,反映着全国各族人民的利益。制定和颁布《国防法》,可以把党和国家在国防建设、军队建设中形成的优良传统及方针、政策,用法律的形式加以确认,上升为国家意志,确保长期稳定地付诸实施。制定与颁布《国防法》,可以充分发挥法律机制在国防建设中的规范、约束、保障和引导作用,使国防建设适应社会主义市场经济的要求,保证国防建设与经济建设的协调发展。制定与颁布《国防法》,以法律的形式向国际社会表明我国国防的基本原则和防务政策,有利于树立和维护我国爱好和平的国际形象,为我国深化改革开放创造良好的外部环境。制定与颁布《国防法》,还为进一步完善国防法制提供了基本的法律依据。

2. 《国防法》的主要内容

《国防法》分为总则,国家机构的国防职权,武装力量,边防、海防和空防,国防科研生产和军事订货,国防经费和国防资产,国防教育,国防动员和战争状态,公民、组织的国防义务和权利,军人的义务和权益,对外军事关系,附则等共12章70条,主要有以下七个方面的基本内容。

(1) 关于《国防法》的适用范围和调整对象。其主要规定立法的目的与依据、调整范围、国防的地位、国防建设的任务和基本方针、国防战略、国防活动的基本原则、公民的基本国防义务、双拥(拥军优属、拥政爱民)活动、对外军事关系基本原则和国防活动中的奖惩等。

(2) 关于国防行为。其主要规定国家机关的国防行为、社会组织的国防行为、公民的国防行为和武装力量的国防行为,平时的国防行为和战时的国防行为,直接的国防行为和间接的国防行为等。

(3) 关于国防活动的基本原则。其主要规定维护国家安全的原则,保证领土、领海、领空不受侵犯的原则,抵御外敌入侵的原则,防止颠覆的原则,国防建设同国民经济协调发展的原则,全民防御的原则等。

(4)关于国家机构的国防职权。其主要规定全国人民代表大会及其常务委员会在国防方面的职权,国家主席在国防方面的职权,国务院在国防方面的职权,中央军事委员会的职权,国防协调会议制度,地方各级人民代表大会和地方各级人民政府在国防方面的职责,军地联席会议制度等。

(5)关于武装力量。其主要规定武装力量的性质与任务,中国共产党对武装力量的领导,武装力量建设的目标,武装力量建设的方针和原则,武装力量的组成及各自的任务,武装力量的规模,兵役制度,禁止非法武装等。

(6)关于国防教育。其主要规定国防教育的地位和作用,国防教育的方针和原则,国防教育的组织实施,国防教育的保障等。

(7)关于公民、组织的国防义务和权利。其主要规定兵役义务,承担国防科研生产的义务,接受国家军事订货的义务,交通建设中的国防义务,接受国防教育的义务,保护国防设施的义务,保守国防秘密的义务,支持国防建设的义务,维护国防利益的权利,依法取得补偿等。

另外,《国防法》对军人的义务与权益、国防法律责任等都做了具体的规定。

(二)《兵役法》

《兵役法》(图1-9)是国家关于公民参加军队和其他武装组织或在军内外接受军事训练的法律,是依据宪法,由全国人民代表大会制定并颁布实施的,是调整各行各业与常备军和后备力量建设关系的专门法规,是制定常备军和后备力量建设法规的基本依据。《兵役法》主要规定我国的兵役制度,公民服兵役的条件、形式、期限,以及公民的兵役义务和权利等。中华人民共和国的第一部《兵役法》是1955年7月30日第一届全国人民代表大会第二次会议通过的,现行的《兵役法》是1984年5月31日第六届全国人民代表大会第二次会议通过的。1998年12月29日,第九届全国人民代表大会常务委员会第六次会议通过《中华人民共和国兵役法修正案》,对1984年颁布的《兵役法》进行修正。

图1-9 《兵役法》

1. 修改《兵役法》的重大意义

1955年《兵役法》的制定和实施对我国国防和军队建设发挥了巨大作用。1984年认真总结我国实行义务兵役制度以来的经验,吸取第一部《兵役法》的长处,充分体现我军的实际情况和现代战争的特点，借鉴国外兵役法的先进经验，制定并颁布了具有中国特色的《兵役法》。1999年，为了加强国防和军队建设，依法开展兵役工作，保障军人的合法权益，对《兵役法》中一些不适应新情况的条款进行重新修改。根据2011年10月29日第十一届全国人大常委会第二十三次会议《关于修改〈中华人民共和国兵役法〉的决定》，对《兵役法》作了第3次修正。

近年来，中国经济社会快速发展，国家对许多方面的政策制度做了重大调整，同时国防和军队现代化建设也在稳步推进，这些都对调整完善国家兵役制度提出了新的要求。2011年修改《兵役法》就是为了适应新的形势，进一步调整完善国家的兵役制度，促进国防和军队建设，鼓励和吸引广大适龄青年应征入伍，对进一步在全社会形成关心支持征兵工作的良好氛围具有重要的意义。

2. 《兵役法修正案》修改的主要内容

根据2011年10月29日第十一届全国人大常委会第二十三次会议修改《中华人民共和国兵役法》的决定，对《兵役法》作了第3次修正。修正内容如下。

（1）将第五条修改为："兵役分为现役和预备役。在中国人民解放军服现役的称现役军人；经过登记，预编到现役部队、编入预备役部队、编入民兵组织服预备役的或者以其他形式服预备役的，称预备役人员。"

（2）将第六条修改为："现役军人和预备役人员，必须遵守宪法和法律，履行公民的义务，同时享有公民的权利；由于服兵役而产生的权利和义务，由本法和其他相关法律法规规定。"

（3）将第七条第二款修改为："预备役人员必须按照规定参加军事训练、执行军事勤务，随时准备参军参战，保卫祖国。"

（4）第十一条增加一款，作为第二款："县级以上地方各级人民政府组织兵役机关和有关部门组成征集工作机构，负责组织实施征集工作。"

（5）将第十二条第一款修改为："每年十二月三十一日以前年满十八周岁的男性公民，应当被征集服现役。当年未被征集的，在二十二周岁以前仍可以被征集服现役，普通高等学校毕业生的征集年龄可以放宽至二十四周岁。"

第三款修改为："根据军队需要和本人自愿，可以征集当年十二月三十一日以前年满十七周岁未满十八周岁的公民服现役。"

（6）将第十三条修改为："国家实行兵役登记制度。每年十二月三十一日以前年满十八周岁的男性公民，都应当在当年六月三十日以前，按照县、自治县、市、市辖区的兵役机关的安排，进行兵役登记。经兵役登记并初步审查合格的，称应征公民。"

（7）增加一条，作为第十五条："在征集期间，应征公民被征集服现役，同时被机关、团体、企业事业单位招收录用或者聘用的，应当优先履行服兵役义务；

有关机关、团体、企业事业单位应当服从国防和军队建设的需要，支持兵员征集工作。"

（8）将第十五条改为第十六条，修改为："应征公民是维持家庭生活唯一劳动力的，可以缓征。"

（9）将第十六条改为第十七条，修改为："应征公民正在被依法侦查、起诉、审判的或者被判处徒刑、拘役、管制正在服刑的，不征集。"

（10）将第十七条改为第十八条，修改为："现役士兵包括义务兵役制士兵和志愿兵役制士兵，义务兵役制士兵称义务兵，志愿兵役制士兵称士官。"

（11）将第十九条改为第二十条，修改为："义务兵服现役期满，根据军队需要和本人自愿，经团级以上单位批准，可以改为士官。根据军队需要，可以直接从非军事部门具有专业技能的公民中招收士官。

"士官实行分级服现役制度。士官服现役的期限一般不超过三十年，年龄不超过五十五周岁。

"士官分级服现役的办法和直接从非军事部门招收士官的办法，由国务院、中央军事委员会规定。"

（12）将第二十条改为第二十一条，增加一款，作为第二款："士兵退出现役的时间为部队宣布退出现役命令之日。"

（13）将第二十一条改为第二十二条，第二款修改为："退出现役的士兵，由部队确定服预备役的，自退出现役之日起四十日内，到安置地的县、自治县、市、市辖区的兵役机关办理预备役登记。"

（14）将第二十二条改为第二十三条，修改为："依照本法第十三条规定经过兵役登记的应征公民，未被征集服现役的，办理士兵预备役登记。"

（15）将第二十三条改为第二十四条，修改为："士兵预备役的年龄，为十八周岁至三十五周岁，根据需要可以适当延长。具体办法由国务院、中央军事委员会规定。"

（16）将第二十四条改为第二十五条，第二款修改为："第一类士兵预备役包括下列人员：

"（一）预编到现役部队的预备役士兵；

"（二）编入预备役部队的预备役士兵；

"（三）经过预备役登记编入基干民兵组织的人员。"

第三款修改为："第二类士兵预备役包括下列人员：

"（一）经过预备役登记编入普通民兵组织的人员；

"（二）其他经过预备役登记确定服士兵预备役的人员。"

第四款修改为："预备役士兵达到服预备役最高年龄的，退出预备役。"

（17）将第二十五条改为第二十六条，修改为："现役军官由下列人员补充：

"（一）选拔优秀士兵和普通高中毕业生入军队院校学习毕业的学员；

"（二）选拔普通高等学校毕业的国防生和其他应届优秀毕业生；

"（三）直接提升具有普通高等学校本科以上学历表现优秀的士兵；

"（四）改任现役军官的文职干部；

"（五）招收军队以外的专业技术人员和其他人员。

"战时根据需要，可以从士兵、征召的预备役军官和非军事部门的人员中直接任命军官。"

（18）将第二十九条改为第三十条，第一款修改为："退出现役转入预备役的军官，退出现役确定服军官预备役的士兵，在到达安置地以后的三十日内，到当地县、自治县、市、市辖区的兵役机关办理预备役军官登记。"

第二款修改为："选拔担任预备役军官职务的专职人民武装干部、民兵干部、普通高等学校毕业生、非军事部门的人员，由工作单位或者户口所在地的县、自治县、市、市辖区的兵役机关报请上级军事机关批准并进行登记，服军官预备役。"

（19）将第三十一条改为第三十二条，修改为："学员完成学业考试合格的，由院校发给毕业证书，按照规定任命为现役军官、文职干部或者士官。"

（20）将第三十二条改为第三十三条，修改为："学员学完规定的科目，考试不合格的，由院校发给结业证书，回入学前户口所在地；就读期间其父母已办理户口迁移手续的，可以回父母现户口所在地，由县、自治县、市、市辖区的人民政府按照国家有关规定接收安置。"

（21）将第三十三条改为第三十四条，修改为："学员因患慢性病或者其他原因不宜在军队院校继续学习，经批准退学的，由院校发给肄业证书，回入学前户口所在地；就读期间其父母已办理户口迁移手续的，可以回父母现户口所在地，由县、自治县、市、市辖区的人民政府按照国家有关规定接收安置。"

（22）将第三十四条改为第三十五条，修改为："学员被开除学籍的，回入学前户口所在地；就读期间其父母已办理户口迁移手续的，可以回父母现户口所在地，由县、自治县、市、市辖区的人民政府按照国家有关规定办理。"

（23）增加一条，作为第三十六条："军队根据国防建设的需要，可以依托普通高等学校招收、选拔培养国防生。国防生在校学习期间享受国防奖学金待遇，应当参加军事训练、政治教育，履行国防生培养协议规定的其他义务；毕业后应当履行培养协议到军队服现役，按照规定办理入伍手续，任命为现役军官或者文职干部。

"国防生在校学习期间，按照有关规定不宜继续作为国防生培养，但符合所在学校普通生培养要求的，经军队有关部门批准，可以转为普通生；被开除学籍或者作退学处理的，由所在学校按照国家有关规定办理。"

（24）将第三十六条改为第三十八条，修改为："民兵是不脱产的群众武装组织，是中国人民解放军的助手和后备力量。

"民兵的任务是：

"（一）参加社会主义现代化建设；

"（二）执行战备勤务，参加防卫作战，抵抗侵略，保卫祖国；

"（三）为现役部队补充兵员；

"（四）协助维护社会秩序，参加抢险救灾。"

（25）将第三十七条改为第三十九条，修改为："乡、民族乡、镇、街道和企业事业单位建立民兵组织。凡十八周岁至三十五周岁符合服兵役条件的男性公民，经所在地人民政府兵役机关确定编入民兵组织的，应当参加民兵组织。"

"根据需要，可以吸收十八周岁以上的女性公民、三十五周岁以上的男性公民参加民兵组织。

"国家发布动员令后，动员范围内的民兵，不得脱离民兵组织；未经所在地的县、自治县、市、市辖区人民政府兵役机关批准，不得离开民兵组织所在地。"

（26）将第三十八条改为第四十条，修改为："民兵组织分为基干民兵组织和普通民兵组织。基干民兵组织是民兵组织的骨干力量，主要由退出现役的士兵以及经过军事训练和选定参加军事训练或者具有专业技术特长的未服过现役的人员组成。基干民兵组织可以在一定区域内从若干单位抽选人员编组。普通民兵组织，由符合服兵役条件未参加基干民兵组织的公民按照地域或者单位编组。"

（27）将第三十九条改为第四十一条，修改为："预备役士兵的军事训练，在现役部队、预备役部队、民兵组织中进行，或者采取其他组织形式进行。

"未服过现役预编到现役部队、编入预备役部队和编入基干民兵组织的预备役士兵，在十八周岁至二十四周岁期间，应当参加三十日至四十日的军事训练；其中专业技术兵的训练时间，按照实际需要确定。服过现役和受过军事训练的预备役士兵的复习训练，以及其他预备役士兵的军事训练，按照中央军事委员会的规定进行。"

（28）将第四十条改为第四十二条，修改为："预备役军官在服预备役期间，应当参加三个月至六个月的军事训练；预编到现役部队和在预备役部队任职的，参加军事训练的时间可以适当延长。"

（29）将第四十二条改为第四十四条，修改为："预备役人员参加军事训练、执行军事勤务的伙食、交通等补助费用按照国家有关规定执行。预备役人员是机关、团体、企业事业单位工作人员或者职工的，参加军事训练、执行军事勤务期间，其所在单位应当保持其原有的工资、奖金和福利待遇；其他预备役人员参加军事训练、执行军事勤务的误工补贴按照国家有关规定执行。"

（30）将第四十八条改为第五十条，第二项修改为："预备役人员、国防生随时准备应召服现役,在接到通知后,必须准时到指定的地点报到。"

第四项修改为:"交通运输部门应当优先运送应召的预备役人员、国防生和返回部队的现役军人。"

(31)将第四十九条改为第五十一条,修改为:"战时根据需要,国务院和中央军事委员会可以决定征召三十六周岁至四十五周岁的男性公民服现役,可以决定延长公民服现役的期限。"

(32)增加一条,作为第五十三条:"国家保障现役军人享有与其履行职责相适应的待遇。现役军人的待遇应当与国民经济发展相协调,与社会进步相适应。

"军官实行职务军衔等级工资制,士官实行军衔级别工资制,义务兵享受供给制生活待遇。现役军人享受规定的津贴、补贴和奖励工资。国家建立军人工资的正常增长机制。

"现役军人享受规定的休假、疗养、医疗、住房等福利待遇。国家根据经济社会发展水平提高现役军人的福利待遇。

"国家实行军人保险制度,与社会保险制度相衔接。军人服现役期间,享受规定的军人保险待遇。军人退出现役后,按照国家有关规定接续养老、医疗、失业等社会保险关系,享受相应的社会保险待遇。现役军人配偶随军未就业期间,按照国家有关规定享受相应的保障待遇。"

(33)增加一条,作为第五十四条:"国家建立健全以扶持就业为主,自主就业、安排工作、退休、供养以及继续完成学业等多种方式相结合的士兵退出现役安置制度。"

(34)增加一条,作为第五十五条:"现役军人入伍前已被普通高等学校录取或者是正在普通高等学校就学的学生,服役期间保留入学资格或者学籍,退出现役后两年内允许入学或者复学,并按照国家有关规定享受奖学金、助学金和减免学费等优待;入学或者复学后参加国防生选拔、参加国家组织的农村基层服务项目人选选拔,以及毕业后参加军官人选选拔的,优先录取。

"义务兵和服现役不满十二年的士官入伍前是机关、团体、企业事业单位工作人员或者职工的,服役期间保留人事关系或者劳动关系;退出现役后可以选择复职复工。

"义务兵和士官服现役期间,入伍前依法取得的农村土地承包经营权,应当保留。"

(35)将第五十一条改为第五十六条,修改为:"现役军人,残疾军人,退出现役军人,烈士、因公牺牲、病故军人遗属,现役军人家属,应当受到社会的尊重,受到国家和社会的优待。军官、士官的家属随军、就业、工作调动以及子女教育,享受国家和社会的优待。"

（36）将第五十二条、第五十三条、第五十七条改为第五十七条，修改为："现役军人因战、因公、因病致残的，按照国家规定评定残疾等级，发给残疾军人证，享受国家规定的待遇和残疾抚恤金。因工作需要继续服现役的残疾军人，由所在部队按照规定发给残疾抚恤金。

"现役军人因战、因公、因病致残的，按照国家规定的评定残疾等级采取安排工作、供养、退休等方式妥善安置。有劳动能力的退出现役的残疾军人，优先享受国家规定的残疾人就业优惠政策。

"残疾军人、患慢性病的军人退出现役后，由安置地的县级以上地方人民政府按照国务院、中央军事委员会的有关规定负责接收安置；其中，患过慢性病旧病复发需要治疗的，由当地医疗机构负责给予治疗，所需医疗和生活费用，本人经济困难的，按照国家规定给予补助。

"现役军人、残疾军人参观游览公园、博物馆、展览馆、名胜古迹享受优待；优先购票乘坐境内运行的火车、轮船、长途汽车以及民航班机；其中，残疾军人按照规定享受减收正常票价的优待，免费乘坐市内公共汽车、电车和轨道交通工具。义务兵从部队发出的平信，免费邮递。"

（37）将第五十四条改为第五十八条，修改为："义务兵服现役期间，其家庭由当地人民政府给予优待，优待标准不低于当地平均生活水平，具体办法由省、自治区、直辖市人民政府规定。"

（38）将第五十五条改为第五十九条，修改为："现役军人牺牲、病故，由国家发给其遗属一次性抚恤金；其遗属无固定收入，不能维持生活，或者符合国家规定的其他条件的，由国家另行发给定期抚恤金。"

（39）将第五十六条改为第六十条，修改为："义务兵退出现役，按照国家规定发给退役金，由安置地的县级以上地方人民政府接收，根据当地的实际情况，可以发给经济补助。

"义务兵退出现役，安置地的县级以上地方人民政府应当组织其免费参加职业教育、技能培训，经考试考核合格的，发给相应的学历证书、职业资格证书并推荐就业。退出现役义务兵就业享受国家扶持优惠政策。

"义务兵退出现役，可以免试进入中等职业学校学习；报考普通高等学校以及接受成人教育的，享受加分以及其他优惠政策；在国家规定的年限内考入普通高等学校或者进入中等职业学校学习的，享受国家发给的助学金。

"义务兵退出现役，报考公务员、应聘事业单位职位的，在军队服现役经历视为基层工作经历，同等条件下应当优先录用或者聘用。

"服现役期间平时荣获二等功以上奖励或者战时荣获三等功以上奖励以及属于烈士子女和因战致残被评定为五级至八级残疾等级的义务兵退出现役，由安置地的县级以上地方人民政府安排工作；待安排工作期间由当地人民政府按照国家有关规定发给生活补助费；本人自愿选择自主就业的，依照本条第一款至第四款规定办理。

"国家根据经济社会发展水平，适时调整退役金的标准。退出现役士兵安置所需经费，由中央和地方各级人民政府共同负担。"

（40）将第五十八条改为第六十一条，修改为："士官退出现役，服现役不满十二年的，依照本法第六十条规定的办法安置。

"士官退出现役，服现役满十二年的，由安置地的县级以上地方人民政府安排工作；待安排工作期间由当地人民政府按照国家有关规定发给生活补助费；本人自愿选择自主就业的，依照本法第六十条第一款至第四款的规定办理。

"士官服现役满三十年或者年满五十五周岁的，作退休安置。

"士官在服现役期间因战、因公、因病致残丧失工作能力的，按照国家有关规定安置。"

（41）增加一条，作为第六十二条："士兵退出现役安置的具体办法由国务院、中央军事委员会规定。"

（42）将第五十九条改为第六十三条，修改为："军官退出现役，国家采取转业、复员、退休等办法予以妥善安置。作转业安置的，按照有关规定实行计划分配和自主择业相结合的方式安置；作复员安置的，按照有关规定由安置地人民政府接收安置，享受有关就业优惠政策；符合退休条件的，退出现役后按照有关规定作退休安置。

"军官在服现役期间因战、因公、因病致残丧失工作能力的，按照国家有关规定安置。"

（43）增加一条，作为第六十四条："机关、团体、企业事业单位有接收安置退出现役军人的义务，在招收录用工作人员或者聘用职工时，同等条件下应当优先招收录用退出现役军人；对依照本法第六十条、第六十一条、第六十三条规定安排工作的退出现役军人，应当按照国家安置任务和要求做好落实工作。

"军人服现役年限计算为工龄，退出现役后与所在单位工作年限累计计算。

"国家鼓励和支持机关、团体、企业事业单位接收安置退出现役军人。接收安置单位按照国家规定享受税收优惠等政策。"

（44）将第六十条改为第六十五条，修改为："民兵、预备役人员因参战、参加军事训练、执行军事勤务牺牲、致残的，学生因参加军事训练牺牲、致残的，由当地人民政府依照军人抚恤优待条例的有关规定给予抚恤优待。"

（45）将第六十一条改为第六十六条，第一款第三项修改为："预备役人员拒绝、逃避参加军事训练、执行军事勤务和征召的。"

第二款修改为："有前款第二项行为，拒不改正的，不得录用为公务员或者参照公务员法管理的工作人员，两年内不得出国（境）或者升学。"

增加一款，作为第三款："国防生违反培养协议规定，不履行相应义务的，依法承担违约责任，根据情节，由所在学校作退学等处理；毕业后拒绝服现役的，依法承担违约责任，并依照本条第二款的规定处理。"

将第三款改为第四款，修改为："战时有本条第一款第二项、第三项或者第三款行为，构成犯罪的，依法追究刑事责任。"

（46）将第六十二条改为第六十七条，增加一款，作为第二款："现役军人有前款行为被军队除名、开除军籍或者被依法追究刑事责任的，不得录用为公务员或者参照公务员法管理的工作人员，两年内不得出国（境）或者升学。"

（47）将第六十三条改为第六十八条，修改为："机关、团体、企业事业单位拒绝完成本法规定的兵役工作任务的，阻挠公民履行兵役义务的，拒绝接收、安置退出现役军人的，或者有其他妨害兵役工作行为的，由县级以上地方人民政府责令改正，并可以处以罚款；对单位负有责任的领导人员、直接负责的主管人员和其他直接责任人员，依法予以处罚。"

（48）增加一条，作为第七十一条："县级以上地方人民政府对违反本法的单位和个人的处罚，由县级以上地方人民政府兵役机关会同行政监察、公安、民政、卫生、教育、人力资源和社会保障等部门具体办理。"

（49）将第六十七条改为第七十三条，修改为："中国人民解放军根据需要配备文职干部。本法有关军官的规定适用于文职干部。"

此外，将第五章章名修改为"军队院校从青年学生中招收的学员"；第八章章名修改为"普通高等学校和普通高中学生的军事训练"；第十章章名修改为"现役军人的待遇和退出现役的安置"；第十一章章名修改为"法律责任"；第二十六条、第四十三条、第四十四条、第四十六条中的"高等院校"修改为"普通高等学校"；第三十条中的"军事院校"修改为"军队院校"；第四十五条、第四十六条中的"高级中学"修改为"普通高中"；第四十五条中的"相当于高级中学的学校"修改为"中等职业学校"；第六十五条中的"行政处分"修改为"处分"，并对条文顺序作相应调整。

三、公民的国防义务和权利

我国《宪法》和国防法规规定的公民的国防权利和义务，充分反映了我国社会主义国家的性质。

（一）国防义务

公民的国防义务，是指公民对国防事业必须承担的责任，我国的法律赋予公民的国防义务主要有以下几点。

1. 履行兵役的义务

履行兵役的义务是公民最重要的一项国防义务。我国《宪法》第五十五条规定："保卫祖国、抵抗侵略是中华人民共和国每一个公民的神圣职责。依照法律服兵役和参加民兵组织是中华人民共和国公民的光荣义务。"根据《宪法》的这一基本指导思想，《兵役法》又进一步规定："中华人民共和国公民，不分民族、种族、职业、家庭出身、宗教信仰和教育程度，都有义务依照本法的规定服兵役。"根据我国《兵役法》，公民履行兵役义务主要有服现役、服预备役和接受军事训练三种形式。

2. 保护军事设施的义务

根据国防设施的性质、作用、安全保密的需要和使用效能的特殊要求，可将国防设施分为三类：一是需要划定军事禁区予以保护的国防设施；二是需要划定军事管理区域予以保护的国防设施；三是不便于划定保护区域，但同样需要采取有效措施加以保护的国防设施。对此，我国公民和组织对这三类国防设施要履行不同的保护义务。不履行国防设施保护义务的，将受到法律的追究。

3. 保守国家军事秘密的义务

国家军事秘密是指关系国防安全与利益，依照法定程序确定，在一定时间内或只限一定范围的人员知悉的军事或与军事有关的政治、经济、外交、科技、文化等方面的事项。对于泄露国防秘密，危害国防安全与利益者，应当承担相应的法律后果。

4. 接受国防教育的义务

接受国防教育作为公民的一项义务，是指每一个公民都要按照国家的规定，通过一定形式，接受国防教育，增强国防观念，并把它当作自己的光荣职责。具体地说，就是我国公民有义务接受国防理论、军事知识、军事法制、国防历史、国防精神、国防体育等内容的教育。对不履行受教育义务的主体，要批评教育，批评教育不改正的，要强制其接受教育或给予行政处分。

（二）国防权利

1. 对国防建设提出建议的权利

《国防法》规定："公民和组织有对国防建设提出建议的权利。"这一规定是公民依宪法享有对国家事务的建议权在国防建设方面的体现。《宪法》规定："中华人民共和国公民对于任何国家机关和国家工作人员，有提出批评和建议的权利。"公民的批评和建议权，充分体现了我国人民当家做主的社会主义性质。

2. 制止、检举危害国防行为的权利

《国防法》规定:"公民和组织有对危害国防的行为进行制止或者检举的权利。"这一规定是宪法关于公民有维护国家安全、荣誉和利益的义务及关于公民检举权规定在国防方面的体现。

3. 国防活动中经济损失补偿的权利

《国防法》规定:"公民和组织因国防建设和军事活动在经济上受到直接损失的,可以依照国家有关规定取得补偿。"这一规定体现了我国一切为了人民利益的社会主义本质,既有利于保护公民和组织经济权利,又有利于调动公民和组织依法积极参加国防建设和军事活动。但是,公民和组织在国防活动中享有的经济损失补偿,与其在民事活动中享有的损害赔偿是不同的。国防活动中经济损失的补偿,仅限于直接的经济损失,而不包括间接的经济损失和非经济损失,且对直接经济损失的偿付,视情况可以是全部的,也可以是部分的;而民事活动中损害赔偿,是以实际造成的损失为限,既包括直接经济损失,也包括间接经济损失,且对损失应当全部偿付。

第五节 国防动员

国防动员,也称战争动员,是指为捍卫国家利益,达成国家防务目的而进行的动员。国防动员从主体内容上说,就是主权国家进行防卫的战争动员,即国家或政治集团由平时状态转入战时状态时,统一调动人力、物力、财力为战争服务所采取的措施。其通常包括武装力量动员、国民经济动员、科学技术动员、人民防空动员等。动员是国防活动的重要组成部分。动员准备的完善程度,是国防强弱的标志之一。加强动员准备,已成为各国普遍重视的战略问题。

国防动员的分类方法很多,不同的分类方法可以把战争动员分为不同的类型。按规模要素来划分,可分为总体动员和局部动员;按方式要素来划分,可分为公开动员和秘密动员;按时序要素来划分,可分为应急动员和持续动员。这里根据国防动员的领域将其划分为:武装力量动员、国民经济动员、人民防空动员、国防交通动员。

一、武装力量动员

武装力量动员是国防动员的核心,是为适应战争及其他国防斗争的需要,补充、调整、部署投送武装力量并使武装力量保持高昂精神状态的一系列活动。在战争中,无论是历史战争还是现代战争,无论是全面战争还是局部战争,快速实施武装力量动员,都是极为关键的。

　　武装力量是国家各种武装组织的总称。从世界范围看,不同国家由于政治经济体制和科学技术发展水平等条件不一样,有着不同的武装力量结构体制,但一般包括现役部队、预备役部队(人员)和其他准军事力量。我国过去曾长期实行野战部队、地方部队和民兵相结合的武装力量体制。进入新的历史时期以后,我国武装力量体制进行改革调整,建立预备役制度和预备役部队,组建人民武装警察部队,形成新时期武装力量体制,即人民解放军现役部队与预备役部队、人民武装警察部队与民兵相结合的武装力量体制。根据武装力量的结构和体制,武装力量动员一般分为以下几种类型。

(一)现役部队动员

　　现役部队是武装力量的核心,是承担作战任务的主要力量。在武装力量动员中,重点是现役部队动员。现役部队动员的任务主要有:使现役部队齐装满员,进入战备状态;快速进行作战编成,根据战争的需要形成战斗序列;把快速机动部队(快速反应部队)迅速部署到位,先敌实施战略展开,并使战略部队处于战斗状态。

　　为保证现役部队动员的顺利开展,一般应采取以下几种方法。

　　一是召集、召回人员,补充武器装备物资,使参战部队齐装满员。充实参战部队是现役部队动员的首要任务,主要包括人员、武器装备和作战物资等。

　　二是密切关注战争事态发展,适时使部队进入战备状态,实施战略展开。现役部队动员除补充人员和武器装备物资外,更重要的是要根据战争威胁的严重程度,以秘密或公开的方式进入战备状态。

　　三是在出现大规模战争时,根据需要扩建现役部队。当前主要战争形式是局部战争,但局部战争也有不同的规模和时间,既有进行几天甚至几个小时的局部战争,也有长达几年的局部战争。

　　四是利用各种形式,开展战时思想政治工作,使官兵保持高昂的士气。高昂的士气是部队战斗力的重要因素。

　　五是搞好后勤动员,加强物资保障。"兵马未动,粮草先行",这条古训无论对于古代战争还是对于现代战争都是非常重要的。

(二)预备役部队(人员)动员

　　预备役制度是解决平时少养兵、战时多出兵的有效措施,是战时迅速扩编或补充军队的重要保证。在目前各国普遍裁减现役部队的情况下,为适应战争的需要,许多国家都十分重视预备役建设,把它视为战时扩充军队的基本途径。特别是发达国家,采取把预备役部队与现役部队挂钩建设、同步建设的方法,使预备役部队与现役部队有基本相当的战斗力,可以担负现役部队的各项战斗任务或战斗支援任务(图1-10)。

图1-10 西藏边防总队2012年度部队院校招生考前动员大会

预备役分为两种类型:一是编组预备役,即以现役军官为骨干、以预备役人员为基础、具有组织指挥关系和基础的部队;二是经过登记但没有编制的预备役人员。预备役部队(人员)动员基本可以分为预备役部队动员和预备役人员动员,两种形式有不同的目的和任务。

预备役部队动员的基本目的和任务是适应战争的需要,成建制地动员预备役人员,调服为现役部队,作为一个独立的战术单位执行作战任务。预备役部队调服现役的主要形式和工作是:在军事机关和当地政府的协助下,按照平时组建的预备役部队指挥体制迅速集结预任军官和士兵;通过启封库存或调剂等方法,发放武器装备和组织作战物资,建立基本的作战保障体系;开展临战教育训练,做好思想政治工作,健全指挥管理体系,成建制地转为现役部队。由于预备役部队平时实行军官预任、士兵预定、组织预编,战时与有关现役部队的指挥关系明确,武器装备和作战物资就近储存,因此动员预备役部队可以担负作战任务。

预备役人员动员的基本目的和任务是:使现役部队在战争初期迅速完成扩编动员。预备役人员动员是指将预备役人员预先编入战时服役的现役部队,使其达到战时编制员额所采取的措施,是现役部队扩编动员的一种形式,对于提高战时兵员动员的针对性和效率,使现役部队迅速达到战时编制,增强军队作战能力,使现役部队在战争初期迅速完成扩编动员,具有重要作用。实行预备役可在平时储备数量充足、训练有素、能实施快速动员的后备兵员,为战时迅速扩充军队服务。培训过后的预备役人员不一定要从事军事工作,也可从事其他行业。不过如有战时需要,要优先让这些预备役人员穿上军装上战场。

（三）民兵动员

民兵是群众武装组织,是弱国抵抗强国的重要力量。我国民兵是武装力量的组成部分,是解放军的助手和后备力量,是战时武装力量动员的基础。在过去长期的革命战争和维护社会主义祖国安全的斗争中民兵发挥了重要作用,成为人民战争的重要力量和群众组织形式。我国历来重视民兵建设和民兵动员准备。

民兵动员,首先要调整、健全、充实民兵组织。要按照战争的需要和民兵动员计划,在军事部门的指导下,把在各企业、各地方、各部门的民兵召集起来,做到民兵战时招之即来、来之能战、战之能胜。我国有数量庞大的民兵队伍,这是任何国家都无法比拟的。与此同时,要发放、配备民兵的武器装备。将民兵封存和仓库储存的武器装备启封,按民兵动员计划配发给民兵,同时组织军内外修造厂,依据民兵动员计划突击抢修和制造装备,满足民兵执行任务的需要。此外,很重要的一点是:要建立健全民兵领导指挥体制与军队领导指挥体制的关系,特别是作战行动中的指挥关系,使民兵在执行作战、支前、保卫重要目标和其他任务中,能够与军队和战争全局很好地配合。战争实力最深厚的根源存在于民众之中,这已为历次战争的实践所证明,特别是人民战争的实践,要求必须广泛动员群众武装组织。在现代技术特别是高技术条件下的战争中,民兵的地位和作用并不会有根本的改变,也必须动员广大民兵参战并完成许多其他军事、政治任务。这是人民战争的优势,是对付任何强敌的重要法宝。

视野拓展

淮海战役——小推车推出来的胜利

陈毅有句广为人知的话"淮海战役的胜利是人民群众用小推车推出来的"。淮海战役时,共组织动员江苏、山东、安徽、河南等地民工543万人。这便是陈毅所说"小推车推出来的"由来。一场巨大的战役,除了指挥得当,三军用命,还有一个关键要素是后勤保障。在解放战争中,共产党方面并没有现代化手段保障战役后勤,但把人力保障发挥到了极致。如果说刘伯承、陈毅、邓小平、粟裕、谭震林组成的总前委在战役组织指挥方面起到了重要作用,那么担负主要后勤保障工作的华东局、华东军区和华东野战军后勤部在组织后勤工作方面的成绩也不容忽视。这里面华东局书记、华东军区政委饶漱石和华野副参谋长兼后勤司令部司令员、华东野战军前委委员、豫皖苏财经办事处主任（后任第三野战军后勤司令员兼政治委员）刘瑞龙是后勤工作的主要指挥者。在战役期间，江苏、山东、安徽、河南等地的人民用极大的物力、人力支援了战争。这四省共出动民工 543 万人，其中随军常备民工 22 万人，二线民工 130 万人，后方临时民工 391 万人；担架 20.6 万副，大小车辆 88 万辆，挑子 30.5 万副，牲畜 76.7 万头，船舶 8539 艘，筹集粮食 9.6 亿斤[①]，运送到前线的粮食 4.34 亿斤。

陈毅在 1951 年 2 月 11 日会见苏联驻华大使尤金时，介绍淮海战役情况，特别强调，500 万支前民工，遍地都是运粮食、运弹药、抬伤员的群众，这才是我们真正的优势。淮海战役的胜利是人民群众用小车推出来的（图 1-11）。

（a） （b）

图 1-11 人民群众积极支援前线

资料来源：http://military.cnr.cn/jsls/jdzy/20140813/t20140813_516205774.html。

二、国民经济动员

国民经济动员是国防动员的重要领域，指国家将经济部门及其相应的机构有组织、有计划地从平时体制转入战时体制的措施和活动。其目的是充分发挥国家的经济能力，提高生产水平，扩大军品生产，保障战争和其他国防斗争的需要。在现代条件下，搞好经济动员，不仅是保障战争物资需求的基本手段，也是战时稳定社会经济秩序的必要措施，更是解决国防经济与国民经济、战时经济与平时经济矛盾的重要途径。因此，搞好国民经济动员是非常重要的。

国民经济动员，通常包括工业、农业、物资、商业贸易、邮电通信、财政金融、科学技术等方面的动员。在现代条件下，工业、财政金融和科学技术动员尤为突出。

（一）工业动员

工业动员的任务，是挖掘工业生产能力，迅速增加工业产品产量，特别是扩

---

① 1 斤=0.5 千克。

大军品生产规模,为战争和其他国防斗争提供数量充足、质量较高的武器装备及其他军用物资,并为各经济部门提供原料、燃料、动力和技术装备。工业动员是经济动员的主体。工业动员的对象包括国防工业部门和民用工业部门。国防工业又可分为担负现实军品生产任务的常备军工企业和平时处于封存状态下的后备军工生产线。常备军工企业是动员的首要对象,是后备军工和民用工业上持续动员的基础。工业动员依据国家动员法令、计划,由政府机关实施。

（二）财政金融动员

财政金融动员是筹措巨额军费保障战争需要的重要手段,也是保证国家战时经济稳定的有效措施。财政金融动员准备的主要工作有：制定完善的财政金融动员法规；加强国家财政金融储备；为增加国家战略物资和武器装备储备,对重要经济部门特别是军事工业部门和后方基地提供一定的资金；从财政上积极扶持工业企业建立动员生产线,结合战时需要增加交通、邮电和防空等建设的投资。

（三）科学技术动员

科学技术动员的主要任务是：开发应用新兴科学技术,利用科研设施和成果研制先进的武器装备,为国防斗争培养、输送专业技术人才,使军队保持科学技术和武器装备方面的优势。在现代条件下,科学技术动员的地位和作用越来越突出,其特点主要表现为：科学技术的广泛渗透性决定了科学技术动员与其他部门,特别是国民经济主要部门必须广泛结合；科学技术发展较长的周期性决定了科学技术动员必须超前进行,充分做好各项动员准备工作；科学技术投入大的高效益性决定了科学技术动员必须有足够的经费保证。科学技术动员通常包括：科学技术研究机构的动员,科学技术人员的动员,科学技术经费、设备和物资的动员,科学技术成果和科学技术情报的动员。科学技术动员准备的主要措施有：制定符合国情的科学技术发展和动员政策、计划,培养造就现代化的科学技术人才,加强科学研究基地建设,不断研制先进的武器装备,加强科学技术储备等。

三、人民防空动员

人民防空动员,国外称为民防,指组织人民群众防备敌人空袭,消除空袭后果,防护自然灾害的行动。

人民防空动员是国防动员的重要组成部分。随着现代科学技术的飞速发展,各种新式空袭兵器不断出现,空袭和反空袭已成为现代战争的重要形式。因此,做好人民防空动员,对于保护国家的基础设施、作战能力及人民群众的生命财产具有重要的战略意义。

人民防空动员的主要任务是：依据国家有关法律、法令，动员社会力量，进行防空设施建设，组织防空专业队伍，普及防空知识教育，组织隐蔽疏散，配合防空作战，消除空袭后果等。人民防空动员的目的是保护居民、经济设施及其他重要目标的安全，减少国家及人民群众生命财产的损失，保存战争潜力。人民防空动员不仅是抗敌空袭、保护战争潜力的重要手段和战时稳定社会的重要保证，也是进行人民战争的一种有效形式。人民防空动员的内容一般包括群众防护动员、人民防空专业队伍动员、人民防空工程技术保障动员和人民防空预警保障动员。

四、国防交通动员

国防交通动员是国防动员的重要内容，是国防和战争行动的重要保障条件。交通的功能在于保障人员、物资等有形物体的输送，保证军队的机动力和后勤物资补给能力，使人员、物资能够为国防和战争所用。因此，做好交通动员，对于国防活动和战争行动具有重要的意义和作用。

国防交通动员是指在全国或部分地区调集交通力量，全力保障战争需要的紧急行动。国防交通动员通常在国家动员领导机构的统一领导下，由国防交通主管机构组织，协同政府、军队有关部门共同实施。国防交通动员准备包括：在平时制定完备的国防交通动员的法规和计划，健全国防交通机构和机制，建立国防交通保障队伍，储备必要的国防交通物资和器材等。

国防交通动员的主要任务包括：根据战争规模和作战需要，有计划地将平时国防交通领导机构迅速按方案扩编为战时交通运输指挥机构，政府交通运输部门随即转入战时体制；根据作战保障需要，动员、征用社会运输力量，必要时对交通运输系统实行不同范围、不同形式的军事化管理；动员、组织各交通保障队伍和交通保障物资器材迅速到位，遂行运输、抢修、防护任务；根据统帅部的规定，做好对弃守地区的交通遮断准备，保障及时遮断。

国防交通动员平时的主要工作有：提出战时交通运输指挥机构的组成与形式的预案；制定国防交通动员法规与制度；建设、改善国防交通路网等交通基础设施；制订战时交通保障计划和方案；组织训练各类交通保障队伍；筹措、储备交通保障物资器材；开展国防交通研究，不断提供新的技术与手段；组织实施国防交通教育等。国家发布动员令后，应严格按照国家动员领导机构规定的动员范围、时机、方式，有计划、有步骤地组织实施。

五、国防教育

国防教育是国防领域里的教育现象，即按照捍卫国家主权、领土和安全，防御外来侵略和颠覆的目的和要求，对公民的品德、智力和体质等方面有计划地施以影响的活动。《中国人民解放军军语》中对国防教育是这样定义的："国防教育是国家为巩固和加强国防而对公民进行的普及性教育。主要是国防思想、军事知识等方面的教育。目的是使公民增强国防观念，掌握国防知识和必要的军事技能，发扬爱国主义精神，自觉履行国防义务。"以爱国主义为核心的国防教育，是一个国家、一个民族必不可少的基本教育，是全民教育大系统中的重要组成部分，是激发公民爱国热情、依靠全国人民建设和巩固国防的一项基础工程。

（一）国防理论教育

理论是行动的先导，从理论上搞清国防建设的必要性和国防斗争的规律性，才能引导公民树立坚固的国防意识，自觉地为国防事业献身。在国防理论教育中，要以马克思列宁主义军事理论、毛泽东军事思想、邓小平新时期军队建设思想、江泽民国防和军队建设思想、胡锦涛国防和军队建设思想及习近平国防和军队建设的重要论述为重点。此外，还包括国防斗争特别是战争的理论，国家的防卫方针、政策及其理论原则，国际形势与国际关系理论等。

（二）国防精神教育

国防教育的主要目的是增强全体公民的国防意识，而国防意识中最基本的是国防建设和国防斗争所必需的各种精神。中华民族有着光荣的历史传统，中国共产党在领导革命斗争和社会主义现代化建设中又创造了宝贵的精神财富。概括起来主要有爱国主义精神、革命英雄主义精神、自我牺牲精神、无私奉献精神、艰苦奋斗精神、爱军习武精神、民族团结和自强精神等。用这些传统和精神对全体公民尤其是对青少年进行教育，是国防教育的基本任务。

（三）国防知识教育

国防意识和国防精神是学习和掌握国防知识的动力，国防知识教育反过来又可以促进国防意识和国防精神的强化。国防知识的内容很多，一般公民主要应了解以下知识：国家领土、领海、领空和海洋权益知识，国防历史知识，现代战争及现代军事知识，国防科学技术普及知识，国防法律知识等。

（四）国防技能教育

提高公民保卫祖国的素质，也是国防教育的一项基本任务和目标。这种素质除包括道德精神素质、知识理论素质外，还包括公民的身体素质和国防技术素质。通过广泛的群众体育和国防体育活动，使公民具有强壮的身体、敏捷的反应能力，以适应保卫祖国斗争中艰苦环境的需要。通过各种国防技能的教育训练，使公民掌握现代战争条件下保卫祖国的基本技能，以适应战时部队动员扩编和开展地方武装斗争的需要。国防技能教育的具体内容包括："三防"技术，战场救护技术，单兵、分队战术技术等。

此外，国防教育的内容还有战备形势教育、国防任务教育和敌情等特定教育。这些教育相互联系、相互渗透、相互促进，其核心是爱国主义精神的教育。因为没有爱国主义精神，不仅无从为国家安全做出贡献，也无法理解国防投入的必要性。当然，爱国主义精神不仅仅体现在国防问题上，对国防的态度无疑是爱国主义精神中最突出、最集中的表现。

建设中国特色社会主义，把我国建设成为富强、民主、文明的社会主义现代化国家，是我们党和全国各族人民在现阶段的共同理想。只有确立正确的理想和信念，才能把全党和全国人民的积极性凝聚到实现社会主义现代化和建设中国特色社会主义的事业上来。国防建设是社会主义现代化建设的重要组成部分，国防斗争是为社会主义现代化建设创造有利安全环境的重要手段。为更好地进行国防教育，只有以爱国主义为核心内容，才能把握正确的方向和保持旺盛的活力。

视野拓展

为了不能忘却的纪念

抗日战争胜利纪念日：1945年9月2日，日本代表在无条件投降书上签字；中国、美国、英国、苏联等九国代表相继签字。2014年2月27日，第十二届全国人大常委会第七次会议经表决通过全国人大常委会关于确定中国人民抗日战争胜利纪念日的决定，确定每年9月3日为中国人民抗日战争胜利纪念日（图1-12）。

图1-12　中国战区受降仪式

南京大屠杀死难者国家公祭日：1937年12月13日，侵华日军在中国南京对中国同胞实施长达40多天惨绝人寰的大屠杀，30多万人惨遭杀戮，制造了震惊中外的南京大屠杀惨案。南京大屠杀是日本军国主义在南京犯下的大规模屠杀、强奸及纵火、抢劫等战争罪行与反人类罪行。2014年2月25日，第十二届全国人大常委会第七次会议审议《全国人民代表大会常务委员会关于设立南京大屠杀死难者国家公祭日的决定（草案）》。2014年2月27日，第十二届全国人大常委会第七次会议，正式设立每年12月13日为南京大屠杀死难者国家公祭日。2014年12月13日首个南京大屠杀死难者国家公祭日在南京举行（图1-13）。

图1-13　南京大屠杀纪念馆

烈士纪念日：举行隆重的公祭仪式，是为纪念我国英雄举办的。2014年8月25日，第十二届全国人大常委会第十次会议听取国务院关于提请审议《关于设立烈士纪念日的决定（草案）》的议案。该草案规定，每年9月30日为国家烈士纪念日（图1-14）。

图1-14　民众红烛纪念烈士亡灵

第二章 战略环境

战略环境是制定战略的客观基础。研究战略环境,揭示其特点和规律,可辨析影响自己生存与发展的有利条件和不利条件、积极因素和消极因素、现实威胁和潜在威胁、主要矛盾和次要矛盾,更好地把握时代主题,从维护国家安全与发展的根本利益出发,建设强大的现代化中国国防,促进世界和平。

第一节 战略环境概述

一、战略与战略环境

(一)战略的含义和特点

1. 战略的含义

战略,亦称军事战略,是对军事斗争全局的筹划和指导。其基本含义是战略指导者基于对军事斗争赖以进行的主客观条件及其发展变化的规律性认识,全面计划、部署、指导军事力量的建设和运用,以保证有效地达成既定的政治目的。

战略在军事斗争的实践中产生,并随着军事斗争实践的不断发展、深化而丰富和完善。古代早期的战争,进行的方式是两军对阵,在战场上角力斗勇,胜负主要取决于兵员的数量、勇气和体力,作战方法简单,往往一次交战就能定胜负,无战略战术之分。随着战争的发展和长期实战经验的积累,人们逐渐懂得在战争中使用谋略,并总结出指导战争的方法,于是便产生了战略。应当说,早在"战略"概念出现之前,人们就已具有一定的战略思维与战略意识,只是没有直接使用"战略"这个词语来表述。即使在"战略"这个概念出现后的相当长的时间里,人们也没有对它的内涵和外延做出明确的界定。随着社会的演变,环境的变化,以及军事斗争的不断发展,在人们运用和驾驭战略的能力不断得到提高的同时,对战略的认识也不断得到深化和完善。战略这一概念产生于军事斗争的实践,长期以来也一直运用于军事领域。但近年来被其他领域使用得越来越广泛。为了便于对不同领域的战略做出明确区分，使用时须在"战略"之前冠以领域的名称，如政治战略、外交战略、经济战略等。如果只在军事领域内研究和使用，也可直接使用战略称谓。

军事战略通常由战略的目的和任务、战略方针、战略手段和军事力量等几个基本的要素构成，主要通过对军事力量的建设和运用来达成既定的政治目的。军事战略应当解决的主要问题是：判明国家（集团）安全面临威胁的性质和程度，确定战略上的主要对手和作战对象，提出军事斗争所要达到的总体目的和主要任务，规定战略上的重点方向、地区，确定准备与实施军事斗争的指导方针和基本原则，明确斗争的主要手段、形式和协同、保障的主要方法等，并依此制订总体的行动计划和实施步骤。不同历史时期的战略，有着不同的内容和特点，其决定的因素主要有以下三个方面。

（1）战略思想。战略思想，即国家（集团）对待军事斗争特别是战争问题的根本立场和态度，指导军事斗争的基本观点和理论原则，这是它的理论基础。

（2）战略环境。战略环境包括世界战略格局、国际战略形势，尤其是周边安全和国内稳定的基本状况，这是它的客观依据。

（3）军事力量。军事力量主要是国家（集团）军事力量的性质、职能、构成、规模、作战能力、战争潜力、动员机制和发展方向等，这是它的物质条件。

战略指导者基于对一定历史时期内上述情况的综合分析，提出军事斗争的基本对策和保障国家（集团）安全的基本方法，就是这个时期军事战略的基本内容。

2. 战略的特点

军事战略因有特定的研究对象、内容和表现形式，而具有自身的特点，主要表现为以下几个方面。

1）全局性

全局性是战略的首要特点。这个全局指的是国家（集团）整个军事斗争的全局，带有兼顾各方面、各部分和各阶级的性质，战略是国家（集团）关于军事问题的最高决策，处于军事领域的最高层次。在现实生活中，全局是可以区分层次的，凡是独立的具有兼顾各个方面、各个部分、各个阶级性质的事物，都可以称为全局。例如，世界可以是一个全局，一个国家可以是一个全局，一个独立战区可以是一个全局。战略统筹军事斗争的各个方面和各个部分，指导军事斗争的全部过程，并通过对全局具有决定影响的关键问题的策划和解决来实现。

2）对抗性

军事斗争，尤其是战争，是一种有组织、有计划的暴力行为，是敌对双方以军队或其他武装组织为骨干而展开的激烈较量。战略本身所具有的政治性质，是其对抗性产生和依存的基础。战略的对抗性，在实践中主要表现为针对国家安全所面临的威胁，全面筹划和运用国家的军事力量去夺取军事斗争的胜利。战略的对抗性，具有整体性和连续性的特点。其表现在对整个国家（集团）军事斗争全局的整体运筹上，具有更广阔的空间和时间范围，它既包括对军事力量建设的全局筹划，也包括对军事力量使用的全面策划；既包括战时对战争全局的整体运筹，也包括和平时期对各级军事斗争方式的整体运筹。

3）谋略性

谋略是指挥员基于客观情况而提出的计谋和策略。它是人的自觉能动性的高度体现，是指导军事斗争取得胜利的一个重要因素，也是战略的一个突出的特点。战略是主客观结合的产物。从本质上讲，它是政治的选择，有严格的规定性；但从实践的意义上讲，它又是手段的选择，有高度的灵活性。自古以来，任何战略都体现着一定的谋略思想，中国历史上战略的谋略性更有自己的特色。《孙子兵法》就是一部充满谋略思想的经典之作，它明确提出"兵者，诡道也"，主张"上兵伐谋"，把以智谋取胜定为用兵之上策。广为流传的《三十六计》也是一本专门论述军事计谋的兵书。

4）预见性

预见性是谋划的前提、决策的基础。在广泛调查研究的基础上，全面分析、正确判断、科学预测国内外战略环境和敌友关系，以及敌对双方战争诸因素等可能的发展变化，把握时代的特征，明确现实的和潜在的斗争对象，判明面临威胁的性质、方向和程度，科学预测未来战争可能爆发的时机、样式、方向、规模、进程和结局，揭示未来战争的特点和规律，是制定、调整和实施战略的客观依据。

5）相对稳定性

军事斗争情况的发展变化，决定着军事斗争指导规律的发展变化。战略必须随着军事斗争的发展而发展，依照情况的变化而改变，一成不变的战略是不存在的。然而，由于战略处于军事领域的最高层次，指导范围广，影响重大而深远，是一切军事活动的依据和准则，因此战略又具有相对的稳定性。这主要体现在：一是战略的指导对象是相对稳定的，战略是对军事斗争全局的筹划和指导，这个全局不是一个方向、某一个地区或某一种斗争方式；二是战略的理论指导原则是相对稳定的，战略作为国家（集团）根本性的军事政策，其基本的理论指导原则受国家（集团）所遵循的理论和总政策的支配和制约，因而在一定时期内也是基本稳定的；三是战略的基本内容是相对稳定的，战略是为了实现国家（集团）在一定时期内所确定的政治目的，而从全局上对军事斗争进行筹划和指导，它具有很强的前瞻性和导向性，因而是基本稳定的。

（二）战略环境的概念和内容

1. 战略环境的基本概念

战略环境是指影响国家安全或战争全局的客观情况和条件。其主要包括国际和国内的政治、经济、军事、外交、科技、地理等方面综合形成的客观情况和条件，以及由此而形成的战略态势，特别是战争与和平的总态势。战略环境是动态的，随着国内外形势的发展而不断变化。

2. 战略环境研究的主要内容

1）国际战略环境

国际战略环境，是指世界各主要国家和政治集团一定的时期内在战略上相互联系、相互作用、相互斗争所形成的世界全局性的大环境。它从本质上反映世界各主要国家和政治集团建立在一定军事经济基础上的政治关系的基本状况和总体趋势。核心问题是战争与和平问题。其主要包括有关各方力量消长、利益得失、矛盾升降、斗争起伏，特别是在双边或多边关系中敌与友、战与和、对抗与妥协、分化与组合、多助与寡助，在战争中进与退、攻与守、胜与负、强与弱、优势与劣势等方面。国际战略环境关系到国家的生存与发展、安危与兴衰，影响一个国家（集团）军事斗争的对象、性质、目标、敌友关系及军事力量建设与运用的基本方向，因而是各个国家（集团）制定战略必须首先考察和关注的外部环境和条件。

国际战略环境的范围对于某一国家（集团）的战略指导者来说，以下几个方面最值得关注。

一是时代特征。所谓时代，是指世界整体在发展进程中所处的大阶段。不同阶段之间相互区分的标志，就是时代特征。时代特征反映世界发展总进程中的矛盾领域和斗争状况。时代特征是世界性的、阶段性的，它所反映的是世界的总貌，是整个世界在一定历史阶段的总标志，而不是个别国家的个别现象，也不是国际社会一时一事的情节或短时期的形势变化。正确认识时代特征，有助于战略指导者从宏观上把握当代世界的主要矛盾和总的发展趋势，从而对国际战略环境做出正确的判断，避免战略指导的重大失误。

二是世界战略格局。世界战略格局，是世界各国政治、经济、军事力量在其消长、分化和组合过程中所形成的，对世界战略全局具有重大影响而又相对稳定的力量结构。世界战略格局反映一定时期内国际的力量对比、利益矛盾和需求，以及基本的战略格局中的地位及战略利益方面的矛盾和需求，有助于对世界形势及其可能的发展趋向做出基本的估计。

三是主要国家的战略动向。世界各国之间由于战略利益和政策的异同，既可能是对手，也可能是朋友。各国的战略动向，既互为条件、相互依存，又相互影响和制约。其中，一些实力较强的世界性和地区性大国，特别是超级大国所推行的战略，对地区乃至世界的安全与稳定具有重大的影响，对其他国家的战略也有程度不同的影响。因此，一定时期内各主要国家的战略及其发展趋势，是国际战略环境的重要组成部分。了解主要国家的战略动向，有助于从世界各国特别是大国之间关系上具体地研究国际战略环境，进而对世界形势做出正确判断。

四是当代世界战争与和平的趋势。战争是解决阶级和阶级、民族和民族、国家和国家、政治集团和政治集团之间利益矛盾和冲突的最激烈的手段。只要战争根源还存在，战争与和平始终是国际安全面临的重大问题。对于一个国家的主权和安全来说，来自外部的战争威胁是最严重的威胁。因此，当代世界战争与和平的趋势在国际战略环境中最引人注目，也是世界各国研究和制定军事战略时关注的中心。

五是周边安全形势。周边安全形势，是指周边国家（集团）直接、间接影响本国安全的条件和因素。周边安全形势中最值得注意的是周边国家与本国的利益矛盾、对本国的政策企图、与本国密切相关的军事力量及其部署等直接影响本国安全的情况和因素。

2）国内战略环境

从军事斗争的角度讲，国内战略环境是指对筹划、指导军事斗争全局具有重大影响的国内社会环境与自然环境。它反映国家军事力量建设与运用的可能条件和制约因素，决定着战略的基本性质和方向，是制定战略的依据。国内战略环境主要包括国家的政治、经济、军事、地理等方面的基本状况，其中对战略具有直接影响的是国家的地理环境、政治环境和综合国力状况，因此研究国内战略环境应重点把握以下几方面情况。

一是地理环境。地理环境主要包括国家（战区）的地理位置、幅员、人口、资源、地形、气候及行政区划、交通、要地等状况。这些地理要素与军事斗争的关系十分密切，是军事力量生存、活动的空间条件。军队的集结、运动、作战、训练、后勤补给等一切军事活动都离不开一定的地理空间，都要受到地理环境的影响和制约。地理环境不仅是制定战略的重要客观依据，而且是影响战争胜负的重要因素。加强对地理环境的研究与认识，是使战略指导符合客观实际的重要环节。

二是政治环境。国内政治环境涉及的范围较广，但对战略影响最大的有两个方面：第一，国家的政治法律制度与基本国策，是国内政治环境的本质和核心，对军事斗争全局的筹划指导具有决定性的影响；第二，政治安全形势，主要包括一定时期内国内的阶级、民族、宗教（教派）、政治集团之间相互关系的基本状况及其对政局和国家安全的影响。其中，敌对势力分裂、颠覆国家和发生武装冲突或国内战争的情况，是直接影响国家统一和稳定的国内因素。

三是综合国力。综合国力是一个主权国家赖以生存与发展的全部实力及国际影响力的合力。它包括国家的人力、物力、财力、军力、科技与生产能力、社会保障与服务能力及组织动员能力等。综合国力是军事斗争特别是战争的物质基础，也是军事理论和作战方法发展进步的重要条件。一切军事斗争和军事活动，归根结底都要依靠综合国力，特别是经济、科技和军事实力的支撑，并受其制约。战略指导者必须立足于国家综合国力的实际状况，本着勤俭节约、讲究效益的原则，筹划、指导军事力量的建设与运用，使之与国家建设和社会发展的总体水平相适应。

历史名人堂

华人旗帜、民族光辉——陈嘉庚

陈嘉庚（1874—1961），著名的爱国华侨领袖、企业家、教育家、慈善家、社会活动家，福建省泉州府同安县集美社（今厦门市集美区）人。1913年回家乡集美先后创办了集美小学、中学、师范、水产、航海、商科、农林等学校（统称集美学校）和厦门大学。厦门大学、集美学校各校师生都尊称其为"校主"。1949年应毛泽东的邀请回国参加政协筹备会。曾任中国人民政治协商会议全国委员会副主席、全国人民代表大会常务委员会委员、中华全国归国华侨联合会主席等职。曾被毛泽东称誉为"华侨旗帜、民族光辉"。1990年3月11日，国际小行星中心和小行星命名委员会把一颗编号为2963的小行星命名为"陈嘉庚星"。成长于郑成功抗清复明故垒的陈嘉庚一生为辛亥革命、民族教育、抗日战争、解放战争、中华人民共和国的建设做出了卓越的贡献。晚年的陈嘉庚，请人在鳌园节录"台湾省全图"，念念不忘国家统一。

1937年抗日战争全面爆发，南洋华侨筹赈祖国难民总会在新加坡成立，陈嘉庚被推选为主席。他自己带头捐款，还组织各类活动。仅1939年一年，南洋华侨就向祖国汇款3.6亿多元，从卢沟桥事变到太平洋战争爆发的4年半期间，共计捐款约15亿元，极大地支援了中国国内的抗日力量。

资料来源：http://www.gerenjianli.com/Mingren/05/20crktpr8kke153.html.

二、当前国际战略环境的主要特征

进入21世纪后，国际战略环境正面临着冷战结束以来最为深刻的变化。一方面，和平与发展仍然是当今世界的时代主题，要安全、求合作、促发展已成为世界各国人民的共同愿望和不懈追求；另一方面，世界总体和平与局部战争、总体缓和与局部紧张、总体稳定与局部动荡相伴相生,传统安全问题与非传统安全问题相互交织,各种不确定因素有增无减,国际安全形势更加错综复杂,世界和平与发展面临着新的考验和新的挑战。

(一)国际形势总体缓和,但局部动荡

冷战之后,国际形势总体上由紧张转为缓和,由对抗转为对话。和平是当代国际形势的主题之一。但局部战争的危险依然存在,当前,伊拉克局势的动荡、朝鲜核问题、伊朗核问题及持续不断的阿以冲突(包括巴基斯坦在内的阿拉伯国家和以色列之间的冲突)等热点难点问题的存在,对世界和平、稳定与发展带来严重冲击。首先,这些问题的存在,直接影响世界的和平;其次,这些热点问题都发生在国际地缘政治和地缘经济的敏感地带,直接或间接牵动世界主要国家在这些地区的战略利益,导致大国利益关系的复杂化,增添大国关系中的隐患,在一定情况下甚至有可能引起大国之间矛盾的激化,从而威胁整个世界的和平与稳定。

(二)经济全球化是大趋势,但也存在负面影响

经济全球化的过程早已开始,尤其是20世纪80年代以后,特别是进入20世纪90年代后,世界经济全球化的进程大大加快。经济全球化,有利于资源和生产要素在全球的合理配置,有利于资本和产品的全球性流动,有利于科技的全球性扩张,有利于促进不发达地区经济的发展,是人类发展进步的表现,是世界经济发展的必然结果。

但它对每个国家来说,都是一柄双刃剑,既是机遇,也是挑战。特别是经济实力薄弱和科学技术比较落后的发展中国家,面对全球性的激烈竞争,所遇到的风险、挑战将更加严峻。2007年发源于美国的次贷危机,在全球化浪潮下,迅速波及全球,引发全球性的金融危机。这场金融危机迅速从局部发展到全球,从发达国家传导到新兴国家和发展中国家,并影响到实体经济,美国、欧元区、日本及一些新兴市场国家相继陷入衰退,世界经济增长明显减速。

(三)大国力量仍在继续,但竞争的重点转向综合国力

世界格局处于向多极化过渡的重要时期。各大国既相互合作又相互竞争,既相互借重又相互制约。就当今世界的实际情况来看,国际政治关系中存在着美国、日本、西欧、中国和俄罗斯五个力量中心。发展中国家继续保持崛起势头,日益成为全球经济增长的重要引擎,有力地推动国际力量对比朝着相对均衡的方向发展。新兴大国联合自强的意识增强,中国、俄罗斯、印度三国,中国、俄罗斯、

印度、巴西"金砖四国",中国、印度、巴西、墨西哥、南非五国对话等合作机制进入新的发展阶段,增强新兴大国在国际和地区事务中的发言权和影响力,有利于世界格局朝着多极化方向发展。

当今世界,信息、生物、材料和能源等高技术及产业迅猛发展。科技发展特别是战略高技术的发展已成为经济和社会发展的决定性力量,科技实力也越来越决定着一个国家的竞争力。

（四）军备竞赛有所趋缓,但质量竞赛更加激烈

军备竞赛是指和平时期敌对国家或潜在敌对国家互为假想敌、在军事装备方面展开的质量上和数量上的竞赛。各国之间为了应对未来可能发生的战争,竞相扩充军备,增强军事实力,是一种预防式的军事对抗。

战后美苏在冷战中大规模加强常规军备。双方不断更新各种武器装备和发展现代技术,以服务于军事目的、政治目的,属于常规武器竞赛。20世纪70年代,美苏核武器竞争激烈,以致双方拥有世界核弹头库存总数的97%,同时双方在核武器运载工具、多弹头分导等高技术领域的研制上投入大量人力和物力,发展核武器竞赛。20世纪80年代,军备竞赛转向太空和其他高技术领域,美国制订的星球大战计划即是例证。

（五）霸权主义依然存在并呈现新的表现形式

霸权主义、强权政治的存在与发展影响世界安全。冷战后,霸权主义、强权政治不仅没有退出历史舞台,反而愈演愈烈,并有新的发展,从而影响世界的和平与发展。冷战结束后,美国成为世界上唯一的超级大国,为建立单极霸权,美国以自己的价值观和利益为标准,对外实行霸权主义。目前又表现出政治强权有所发展、军事干涉更加频繁、经济制裁逐渐增多、文化渗透日趋公开的新特点。

第二节　国际战略格局

一、国际战略格局概述

格局是指事物在各种力量互相作用下呈现出来的态势或结构,如世界格局、军事战略格局、政治格局、经济格局等。一般而言,格局是人类社会发展到一定阶段的产物,具有其固有的特征。首先,格局具有层次性,如世界格局是一个庞大的系统,包含有政治格局、军事格局、经济格局等;其次,格局具有鲜明的时代性;再次,格局具有相对稳定性;最后,格局具有依赖性,如军事格局,主要

依赖世界各国军事的基本情况，如军事实力、军事战略思想、武器装备、兵力分布等情况。

（一）国际战略格局的含义

广义的国际战略格局是指世界综合格局，包括世界的政治、经济、军事、地理等多个要素。在一定时期内的国际关系中起主导作用的力量之间的相对关系和结构形式，也称世界格局。它的形成取决于主要国家或国家集团综合国力的对比，取决于它们在国际舞台上的地位和作用，并对各国之间的关系具有普遍的制约作用，具有相对稳定性，从而在一个相当长的时期内主导着国际关系的发展变化。狭义的国际战略格局通常是指军事战略格局，它反映世界各国在军事领域相互作用而呈现出来的一种结构、态势。

（二）国际战略格局的结构类型

国际战略格局的结构包括国际政治、经济、军事关系在内的国际战略关系的表现形式，是国际战略力量对比的结构形态。区分国际战略格局的不同类型，主要依据格局的内部结构和外在形态。所谓内部结构，是指构成一定格局的战略力量的特征，以及各种力量之间相互组合的状况。所谓外在形态，是指战略力量之间相互作用的形式与存在状态。一般把国际战略格局区分为四种基本类型。

1. 单极格局

单极格局，即某一个大国在国际战略格局中占据主导地位，形成一国独霸的局面。这种情形在历史上曾经出现过。例如，资本主义初期的西班牙、荷兰和英国都曾有过独霸世界的历史，英国的世界霸权地位甚至维持了 200 年之久。这种格局是资本主义刚刚形成时期的特定产物。当资本主义刚刚在局部地区出现，现代意义上的国际社会正在逐步形成时，资本主义发展最早的国家，往往能够确立独霸地位，这种霸权在很大程度上仅局限于欧洲，真正的世界霸权并未建立起来。

2. 两极格局

两极格局指两大战略力量之间的相互对立和相互斗争，对整个国际事务起着决定性影响的局面（图 2-1）。这种格局在历史上曾多次出现过。例如，第一次世界大战期间的同盟国和协约国，第二次世界大战期间的法西斯轴心国和反法西斯同盟国，战后初期的社会主义和资本主义两大阵营及随后的美苏两极对抗等。从中可以看出，"两极"主要是两大对立的国家集团，而不完全是两个国家之间或某个国家单独与另一个国家集团之间的对立。同时，在

图 2-1 两极格局

两极之外总有不从属于两大集团的其他国家存在。第一次世界大战前的两大集团之外有美国和日本；第二次世界大战期间也存在一些没有卷入战争的国家；战后初期则存在着广大的"中间地带"国家。当然，以上所分析的两极格局，除了冷战时期两个超级大国和两大政治军事集团的对抗具有较典型的两极特征并延续了较长时间外，其他都是在新旧格局过渡时期形成的具有一定特殊性的两极体制。

3. 多极格局

多极格局，即多种战略力量既相对独立又相互联系，既相互合作又相互制约而形成的一种相对平衡的战略关系。在多极格局中，作为格局构成要素的战略力量，可以是单个的国家，也可以是国家集团。这种格局类型在20世纪70年代以后已见端倪，即中国、美国、苏联、日本、西欧和其他第三世界这六大力量的竞相发展。冷战结束后，多极化趋势呈现出更加强劲的发展势头，目前已经形成初步轮廓。

4. 多元交叉格局

这是一种由两极向多极，或由多极向两极的过渡性格局。在这种格局状态下，一方面存在着主导格局的两大战略力量或多种战略力量之间的对立；另一方面也存在着独立于上述力量之外的其他战略力量。这些战略力量既在一定程度上受到现有格局中的支配力量的影响，又能够在国际事务中发挥自身的独特作用，从而构成国际战略格局中潜在的一极。冷战结束后，在向多极格局过渡的时期，多元交叉格局表现得更为明显。欧洲、美国虽是盟友关系，但欧洲正在成为新的一极；美国日本同盟也有新的发展，但日本的政治独立性有很大增强，很可能在多极格局中占有一席之地；中国、俄罗斯既与其他战略力量保持着联系，同时又坚持自身的独立地位。这种多元交叉格局无疑成了未来多极格局的基础。

二、国际战略格局的历史演变

国际战略格局是一个历史范畴，当人类发展到近代资本主义时期，形成全球性的政治经济联系，才出现国际战略格局的问题。近代以来世界格局的态势已经经历了以下几次重大变化。

（一）维也纳格局（1815～1865年）

严格意义上的"世界格局"形成于19世纪初。1814年滑铁卢战役后，反法同盟在维也纳召开会议，最后形成英国、俄国、普鲁士、法国、奥地利等列强在欧洲相对均势的格局。

（二）欧美列强瓜分世界的殖民掠夺格局（19世纪末～1914年）

美国的南北战争、意大利与德国的统一战争、俄国的农奴制改革、日本的明治维新，这些重大事件改变了维也纳格局形成的国际力量对比，尤其是美国、日本等北美、亚洲国家地位上升，全世界被英国、法国、德国、日本、意大利等列强瓜分完毕，帝国主义宗主国与殖民地附属国之间的矛盾上升为世界主要矛盾，世界格局显现出欧洲、美国、日本多极共存的态势。

（三）两大欧洲军事同盟瓜分世界的战争格局（1914～1917年）

国际政治经济发展不平衡规律使后起资本主义国家要求按资本与实力重新瓜分世界，于是老牌帝国主义国家与后起帝国主义国家便组成以英国、法国、俄国为一方的协约国集团和以德国、奥匈帝国、意大利为另一方的同盟国集团相互抗争格局，人类历史上的第一次世界大战爆发。

（四）世界反法西斯同盟与法西斯集团之间的战争格局（20世纪30年代后期到40年代中期）

第一次世界大战结束后，为了瓜分战败的德国、奥匈帝国和奥斯曼帝国的遗产，帝国主义列强召开巴黎和会及华盛顿会议，形成"凡尔赛—华盛顿体系"，成立了以战胜国主导的国际联盟，形成多极格局。同时，战争引发革命，第一个社会主义国家苏联诞生，并成为世界战略格局中的一支重要力量。英国和法国开始衰落，德国暂时削弱，美国开始崛起并加入争夺世界的行列。

而战败国德国、后起帝国主义国家日本及意大利为了推翻"凡尔赛—华盛顿体系"，结成法西斯阵营，发动空前规模的世界性侵略战争。1939年第二次世界大战爆发，在两个集团对抗的世界格局中，德国、意大利、日本作为法西斯集团的主要角色，英国、美国、苏联、中国为反法西斯阵营的主要代表。

（五）社会制度不同的两大阵营对峙的冷战格局

第二次世界大战后，反法西斯联盟的主要国家美国、苏联和英国先后召开德黑兰会议、雅尔塔会议、波茨坦会议，着手安排战后世界政治秩序。以雅尔塔会议为基础，形成战后世界政治秩序的基本方案，故称雅尔塔体制。雅尔塔体制实质上是按美国、苏联两大国实力对欧亚两洲进行势力范围划分的体制，这个体制最终导致两极对立的世界战略格局。在欧洲，东欧属于苏联的势力范围，西欧则被美国所控制，德国由美国、英国、法国、苏联四国分区占领，后分裂为东、西两个部分；在远东，雅尔塔秘密协定大体划分美国、苏联的势力范围，苏联承认美国对日本的控制及在中国的利益，美国则满足苏联收回库页岛、占领千岛群岛等要求。雅尔塔体制为战后东西方两大集团的对峙确定基本的政治框架。

第二次世界大战极大地改变了世界战略格局，传统的欧洲强国退居二线；霸权地位和政治中心转移到新崛起的强国手中。第二次世界大战后殖民主义体系的崩溃，欧洲、亚洲、拉丁美洲一些国家陆续走上社会主义道路，形成以苏联为首的社会主义阵营；发达资本主义国家，在马歇尔计划与北大西洋公约组织（简称北约）两条链条的束缚下，形成了以美国为首的资本主义阵营。在意识形态上，美国和苏联根本对立；在政治经济体制上，双方完全不同；在军事上，北约和华沙条约组织两大军事集团相互对峙。美国推行杜鲁门主义，即在政治上对抗、经济上封锁与军事上遏制苏联与社会主义国家的冷战遏制战略。两大阵营的形成过程，也是战后两极格局的形成过程。它为美苏两个超级大国展开全球争夺划分势力范围，确立实力基础，拉开了序幕。

（六）三个世界格局

20世纪60年代，世界进入大动荡、大分化、大改组时代。美国、苏联两个超级大国走上争霸道路，成为第一世界。亚洲、非洲、拉丁美洲广大发展中国家，在反对美苏争霸的旗帜下，放弃政治制度的差异，走上不结盟运动的道路，形成第三世界。在第一世界与第三世界之间的发达国家，则与美苏两国既有矛盾又有联系，成为第二世界。争霸与反争霸的矛盾斗争，成了这一时期世界的主要矛盾，并构成三个世界格局。

（七）20世纪90年代至21世纪初

1989~1990年，东欧剧变、两德统一导致雅尔塔体制崩溃，两极格局基本解体。1991年底苏联解体，两极格局彻底终结。世界进入新旧格局转换时期，美国成了世界上唯一的超级大国，同时存在着西欧、日本、俄罗斯、中国等几个对其有一定制约力、并对国际事务有重要影响作用的相对独立的战略力量，但又不具备与超级大国均等的实力和能力。

在新旧格局转换与动荡时期，各国专家学者纷纷从自己的国家利益出发，发表不同的观点，其中最具有代表性的观点是单极世界论、一超多强论和向多极过渡论。

（1）单极世界论。持单极世界论观点的是美国学者小约瑟夫·奈、布热津斯基和亨廷顿。他们认为，美国是唯一的超级大国，现在世界上尚无一国的综合国力能与美国抗衡。冷战后的世界格局只可能是单极格局。

（2）一超多强论。冷战后，美国20世纪90年代的新经济政策，使美国走下坡路的经济又得到了恢复与较大的加强。但一些重要国家与国家群体的实力也有较大的提升。在全球综合国力竞争中，美国一枝独秀，但在国际政治与军事领域、世界经济等任何一个领域，美国又不得不与一些重要国家或国家群体磋商，共同处理相关国际事务。一超多强论反映了这种客观存在，我国的一些学者也持这种观点。

（3）向多极过渡论。向多极过渡论的主要代表是美国学者基辛格、沃勒斯坦等。冷战后的世界格局，呈现由两极向多极转化过渡的态势。两极格局瓦解后，就综合国力竞争而言，完整意义上的多极格局尚未形成。但是美国也无力在任何领域独自主导国际事务，这表明单极格局并非客观存在。一超的相对优势正在缩小，多强的相对弱势正在转化。多极化是一个过程，这一趋势已无法扭转。邓小平在1990年初指出，未来的世界是多极的世界，"世界格局将来是三极也好，四极也好，五极也好，苏联总还是多极中的一个，不管它怎么削弱，甚至有几个加盟共和国退出去。所谓多极，中国算一极。中国不要贬低自己，怎么样也算一极"。

三、当前国际战略格局的特点

（一）美国推行单边主义，谋求建立单极世界

20世纪90年代初，布什（G.H.W.Bush）提出了美国的"世界新秩序"的战略构想。这一战略构想的主要内容是：美国已从西方的领袖变成世界的领袖；美国的价值观是新的世界秩序的基石，它将在全球开花结果；美国要做好准备，当地区强国或地区冲突威胁到美国战略利益时，必须使用武力，消除威胁，维持秩序。

克林顿上台后继续加强单极世界的构建，他向世界宣布，"要使世界免遭过去的灾难，必须有一个领导，而且只能有一个领导，"美国"最具有领导这个世界的能力"。

布什（G.W.Bush）政府在国际问题上的单边主义色彩更浓。在"国家导弹防御"问题上态度十分强硬，不顾国际舆论的普遍反对，废除《反弹道导弹条约》，部署国家导弹防御系统。

为了实现建立单极世界的目标，美国现在已制定并实行了一整套战略措施。在政治上，极力推行以美国为模式的所谓"全球民主化"。在经济上，倚仗其强大的经济实力，以经济制裁为手段，迫使别国无限度地开放市场，利用高科技和不等价交换等手段剥削发展中国家。在军事上，保持庞大的防务开支，努力发展高、新、尖武器，在世界各地部署军事力量并建立军事联盟，插手干涉别国内部事务。在全球战略上，既联合又试图控制欧洲；既利用又要制约日本；以北约东扩为手段，进一步挤压、削弱俄罗斯；将中国视为主要竞争对手，向中国台湾出售武器升级。不顾欧洲国家的强烈反对，拒绝接受《京都议定书》，谋求建立美国主导下的单极世界的企图不断膨胀。

"9·11"事件之后，美国经济开始出现衰退迹象。美国的财政赤字不断增大，贸易逆差逐年攀升，美元不断贬值。特别是2007年爆发的美国次贷危机引发华尔街的金融风暴，导致美国经济陷入危机。一些权威机构已经下调美国主权信用等级。与此同时，中国、印度、俄罗斯、巴西等国家经济持续增长。冷战后美国图谋建立单极世界，在当今世界上，约有1/5的国家有美国的基地，有1/4的国家有美军在进行各种各样的军事行动，这势必造成其力量的分散使用和过度消耗。

（二）欧洲联盟势力影响日益扩大

目前，欧洲联盟（简称欧盟）拥有东欧、西欧27个国家，面积434万多平方千米，人口近5亿，GDP约达10万亿美元，成为一个实力雄厚的区域经济集团。

欧盟明确主张世界多极化，对建立单极世界的主张持反对态度。时任法国总统希拉克曾说过："只有一种主导力量的世界是危险的，这就是我为什么支持一个多极化世界，欧洲也必将在其中占有一席之地。"萨科齐指出："在未来三四十年，我们将进入相对大国时代，中国、印度、巴西等国在政治、经济领域日益崛起，俄罗斯逐渐恢复元气，为形成一个新的大国合唱的多极世界创造了条件，欧盟只要有政治意愿就可以在多极世界中成为最活跃的极之一。"

（三）俄罗斯意欲重振大国地位

俄罗斯是仅次于美国的第二大军事强国，是目前唯一能够与美国相抗衡的核大国。普京担任俄罗斯总统后，俄罗斯走上了复兴之路。当前俄罗斯政府倡导主权民主，政治上否定全盘"西化"，经济上对能源等战略行业加强控制，将国家资本主义视为俄罗斯现阶段的主要政治经济政策，主张利用国家权威构建生存与发展的必要法律条件和市场经济因素，并依靠能源优势和军事实力重振俄罗斯的大国威望。其中"主权民主"是普京在2005年的国情咨文中提出来的，其实质是维护国家主权、奉行独立政策、不照搬西方模式、走俄罗斯发展道路的治国思想。

2007年针对美国在东欧部署反导系统，俄罗斯恢复战略轰炸机远程巡逻、频繁试验新式武器。2008年8月8日爆发的俄罗斯与格鲁吉亚军事冲突，显示俄罗斯保卫它的地缘战略利益的决心，稳定了高加索方向和中亚的战略局势，打击了西方压迫俄罗斯的气势。随着近年来欧美经济陷入债务危机，美国"世界政治、经济中心"、欧洲"世界文化中心"这些传统西方自认为优越的东西也受到了更多挑战，这会使俄罗斯在今后更加坚定地走俄罗斯道路。

（四）日本走向政治军事大国步伐加快

政治上，21世纪初日本力争成为联合国安理会常任理事国，实现其政治大国的梦想和亚洲"领头雁"的角色。军事上，日本积极扩展实力，防卫机构升级，自卫队升格为自卫军，日益突破它的防卫范围与性质界限。

新一轮日美同盟转型的主要特点表现在这几方面：①日美同盟从"周边有事型"向"预防冲突型"转变；②美国承诺继续对日本实行"核保护"，保持"美主日从"框架；③导弹防御系统进入加速部署阶段；④将驻日本美军基地打造为"战斗力展开据点"；⑤日本加紧自我松绑，力争与美国"并肩作战"。

（五）中国综合国力稳步上升

政治上，中国是最大的发展中国家，并且是发展中国家中唯一的联合国安理会常任理事国，是维护世界和平、促进共同发展的重要力量（图2-2）。

经济上，改革开放近40年来，中国的综合国力已处于世界前列。中国对世界经济增长的拉动力，无论是按市场汇率还是按购买力平价计算，均首次超过美国。

图 2-2　联合国安理会

军事上，中国人民解放军正在成为一支现代化的军队，具备在信息化条件下打赢局部战争的能力。

外交上，随着国际交流和合作的不断扩大，中国的国际地位进一步得到提升。

（六）地区大国不断壮大

进入21世纪以来，印度、巴西、南非等国正在崛起，经济持续强劲发展，外交空前活跃，努力争当联合国安理会新的常任理事国。2007年，这些新兴经济体崛起的态势更加凸显。巴西国内生产总值超过万亿美元，进入世界经济体10强的行列；印度经济继续高速增长，按购买力平价计算，对世界经济的拉动作用也首次超过美国，与中国、俄罗斯、巴西共同进入世界经济10强行列的态势日趋明显；南非经济加快发展，成为南部非洲经济增长的火车头。新兴经济体的快速崛起不但加强其在相关地区的龙头地位，而且将促进世界战略力量的调整和重组，成为推进世界多极化进程的重要新因素。

（七）区域一体化组织蓬勃发展

在经济全球化的大潮中，区域经济一体化势头同样澎湃。在地区层面，为了有效地维护自己的独立和主权，提升自己的国际地位，新兴经济体积极参与和推动区域、次区域合作组织机制建设，强化了联合自强、走区域一体化道路的势头。

俄罗斯和中国推动上海经济合作组织成员国签署《长期睦邻友好合作条约》与《保障国际信息安全行动计划》，进一步加强了该组织的安全合作机制建设。

巴西、阿根廷等国推动成立南方银行、南方共同市场议会，与委内瑞拉等国共同发表《玛格丽塔宣言》，宣布成立南美能源理事会及南美天然气生产国和出口国组织，同时酝酿将南美国家共同体改为"南美国家联盟"，全方位推进拉美地区区域合作机制建设。

总之，两极格局解体的结果，并未形成一个超级大国独霸世界的局面，而出现多极化的趋势。只是各种力量还未能建立起新的平衡，新的世界格局尚未形成，现在还处于过渡时期，但世界格局多极化，却是必然无疑的。中国的地位和作用日益提高，将来可能在国际战略格局中发挥重要的作用。

四、未来国际战略格局的发展趋势

21世纪初，世界新的军事战略格局已初见端倪，目前主要呈现为"一超多强"的结构和态势。在这样的格局中，美国占据最为主动的地位；欧盟、日本作为美国的战略伙伴，在成为美国实现全球利益重要助手的同时，对地区性安全事务的影响将日益增大；而中国、俄罗斯和东南亚国家联盟（简称东盟）在积极保障自身安全、谋求地区和平和稳定的努力中，不断加强安全合作，倡导新的安全观念并身体力行，代表着一种新型的安全关系。在世界和平的大背景下，随着综合国力的消长，在相当一段时期内逐渐向多极化方向发展。主张缩小分歧、消除对抗、增加交流、扩大合作已成为大多数国家的共识和调整的重点。

（一）"多极化"将是未来国际战略格局发展的必然趋势

目前，美国不顾世界多样性的实际情况，凭借自己的强大实力，把它的意识形态、价值观念、发展模式和社会制度强加于国情不同的世界各国，企图建立美国一家独霸的单极世界。"9·11"事件后，美国更是借"反恐"之名，趁机对战略地位极其重要的中亚和外高加索地区实现历史性的军事进入，并开始施加经济和政治影响。与此同时，美国主导的北约战车继续东扩，美国依仗自己庞大的军事机器和雄厚的经济实力，正在加紧全方位推行称霸世界的全球战略。

但是，从长远看，世界上从来就没有永远的霸权，大英帝国的衰落就是历史的见证。可以预见，美国的单极世界之路也是行不通的，多极化是必然的趋势。美国"一超独霸"的局面既是两极格局被打破后的必然现象，又是一个终将被多极化体制所取代的暂时的历史过程。世界政治经济发展的不平衡所导致的均衡化趋势，是世界战略格局中两极体制解体并最终走上多极化的根本动因。目前，日本和德国都在凭借其强大的经济实力，谋求政治大国的地位，积极争取成为联合国安理会常任理事国。日本在亚太地区与美国争夺主导权的矛盾日趋明显，并且正在隐蔽而有节制但却是扎扎实实地加强其军事力量，逐步建立与其经济政治地位相称的军事实力。2002年，欧盟在经济、政治、军事方面的内聚力明显增强，完成与10国的入盟谈判。外交上，欧盟与俄罗斯、拉美及包括中国在内的亚洲国家多方结好的同时,与美国在经贸、安全等领域的矛盾和争吵表面化,其作为世界一极的独特性愈显突出。俄罗斯作为苏联的主要继承者,拥有丰富的自然资源和相当先进的科技力量,特别是拥有强大的军事力量。从长远看,俄罗斯不可能无限制地削减其军事力量而放弃其世界大国的地位,它的军事力量仍然是一个可以并可能对世界形势产生重大影响的因素。1994年初以来,俄罗斯对其前一段倒向西方的对外政策进行了调整。其调整的核心内容是:增强独立自主权,把维护民族利益放在首位,努力恢复俄罗斯在世界上的大国地位。

作为当今世界最大发展中国家的中国,政治稳定,经济发展充满活力,综合国力不断增强,与各国积极发展睦邻友好关系,对世界和平发挥着积极而重要的影响,在21世纪初期成为"多极格局"中的一极,是毫无疑问的。邓小平早在1990年初就指出:"所谓多极,中国算一极。中国不要贬低自己,怎样也算一极。"所有这些汇成世界战略力量均衡化发展的主流。尽管世界战略力量均衡化的趋势在短时期内还不会引起世界军事力量对比发生重大变化,但从长远来看,它对世界军事形势的影响不可忽视。这一趋势的发展正在并将越来越明显地成为制约超级大国霸权主义和强权政治的重要因素。可见,世界向多极化方向发展,已经成为一种客观趋势,这既是历史的必然,也是时代的要求。

(二)未来国际战略格局中各方关系将日趋复杂化

两极格局解体后,当今世界的五大力量都在通过调整对外政策来寻求自己的有利地位。美国虽然认为它是"唯一有能力进行全球干预的超级大国",但也开始承认世界多极化的现实。近年来,美国的对外政策也在调整。特别是"9·11"事件后,美国出于反恐的需要,也在局部调整其外交政策和安全战略。在欧洲,美国一方面积极推进北约东扩,另一方面也顾及俄罗斯的特殊利益。同时,美国还改变了过去只要求西欧盟国尽义务而没有权利的做法,支持欧盟在维护欧洲安全方面发挥更大的作用。在亚洲,着手建立美日之间的新型同盟关系,支持日本在参与亚太事务中承担更多的权利和义务。对中国主张采取"全面接触"战略,使中美关系得到了一定程度的改善。另外,俄罗斯也在积极调整对外政策,努力恢复其大国地位和作用。坚持俄罗斯的"特殊责任和特殊利益",反对北约东扩,并将外交政策的重点逐步转向亚太地区。欧盟在积极推进欧洲政治、经济一体化的同时,也在加强欧洲自身的防务力量,逐步削弱美国对欧洲的控制和影响。日本为了谋求政治大国和军事大国地位,一方面加强日美同盟关系,另一方面也积极寻求改善与亚洲各国之间的关系,企求在参与国际和地区事务中发挥更大的作用。中国在加大改革力度,加速经济发展的同时,通过开展灵活的、全方位的外交,明显改善与周边国家的关系,进一步提高国际地位和对国际事务的发言权。

世界五大力量对外政策和战略关系的调整，将使未来国际战略格局呈现新的特征：①关系复杂化。在多极格局中，五大力量之间将形成交叉三角关系，各国政策变化取向不确定。②集团松散化。政治与军事集团内部关系相对松散，各国对外政策独立性增强，因各自利益关系，同盟国之间和非同盟国之间的距离有所接近。③外交多边化。多边机构和组织的作用突出，双边关系受多边事务和多边关系的制约日益增大，各国政策将由双边政策为主转向多边与双边政策并重。④合作区域化。区域化成为新地缘政治的动力，地域和文化同一性有可能取代意识形态的同一性，地区或次地区经济合作和安全合作将成为对外合作的重点。

（三）中国在"多极格局"中的地位与作用将愈显突出

中国是一个发展中的社会主义大国，也是当今维护世界和平的重要力量。作为未来多极格局中的一极，中国对世界的影响是多方面的，其主要作用体现在三个方面。

（1）在反对霸权主义和强权政治上起制约作用。冷战结束后，霸权主义和强权政治依然存在，世界并不安宁，原来被两极格局所掩盖的各种矛盾都暴露出来。在各种政治力量的矛盾与冲突中，在中国、美国、俄罗斯和中国、美国、日本等三角关系中，中国将起到平衡与制约的作用，并成为抑制霸权主义和强权政治的重要因素。中国之所以能起这样的作用，除了中国一贯坚持的反霸政策、和平共处五项原则，增强的综合国力外，更重要的是中国始终站在第三世界国家一边，永远不称霸，永远不做超级大国。这种正义的立场必将得到世界绝大多数国家的信任和支持，从而使中国有可能发挥应有的作用。

（2）在经济发展上起示范作用。在短短的十几年时间里，中国的社会主义现代化建设取得了巨大成就，经济和社会面貌发生了深刻的变化。这些成就和变化，受到世界瞩目。仅就经济发展而言，过去十几年，世界的经济增长率为2%～3%，而中国的经济增长率保持在7%～10%，相当于世界经济增长率的3倍。因此，中国的经济改革经验受到国际社会的普遍关注。许多国家的领导人和专家、学者认为，中国的经济改革是"历史上最大的实验"，具有"示范"作用，"不可避免地要引起连锁反应"，对世界上其他国家，特别是发展中国家正在或将会"产生重大影响"。

（3）在构建和谐世界，维护第三世界权益的斗争中发挥重要作用。中国始终坚持大小国家一律平等的原则，坚决反对恃强凌弱的行为，并为维护第三世界国家的权益进行不懈的努力和斗争。同时，中国对第三世界国家之间的分歧和争端，从不介入，真诚地希望它们通过和平协商求得公平合理的解决，防止和避免外来势力的干涉和利用。

视野拓展

三 沙 市

2012年6月21日，国务院正式批准撤销海南省西沙群岛、南沙群岛、中沙群岛办事处，将以前设立的县级市三沙市升格为地级市"三沙市"，管辖西沙群岛、中沙群岛、南沙群岛的岛礁及其海域。三沙市人民政府驻西沙永兴岛。此次设立地级三沙市，是中国对海南省西沙群岛、中沙群岛、南沙群岛的岛礁及其海域行政管理体制的调整和完善。设立三沙市有利于进一步加强中国对西沙群岛、中沙群岛、南沙群岛的岛礁及其海域的行政管理和开发建设，保护南海海洋环境。

三沙市的设立，标志着中国继浙江省舟山市之后，出现了第二个以群岛为行政区划设立的地级市，它也是中国地理纬度位置最南端的市；也意味着中国在对南海各大群岛、岛礁有关领海的控制方面，迈出了重要一步，标志着中国对南海及其附属岛屿、岛礁及有关领海的控制，有了更为有利的法理依据；更重要的是，三沙市的设立不仅有利于使国家维护南海固有领土主权的阵线向南疆前移，而且有如宝镇南溟，国志弥坚。诗人陈志岁《三沙市》诗云："古国神疆在，先民事迹多。宣威南海上，万里镇尘波。"

资料来源：http://www.ss.roboo.com/web/aboutus/207948.htm.

第三节　中国周边安全环境

一、中国周边环境概况

中国作为邻国最多，地缘矛盾最多、最复杂的战略主体与周边国家在领土、领海等权益上，存在巨大问题。影响我国周边安全的主要因素有恐怖主义、宗教极端势力、民族分裂势力、领土纠纷、霸权主义和强权政治。

中国与周边国家的安全问题就像一条"V"形热点线，呈放射状特点，在北部、西部、南部、东部和东南部都存在着不安全因素。V形线的左端是一条西北东南走向的大陆线，有中亚五国（土库曼斯坦、吉尔吉斯斯坦、乌兹别克斯坦、塔吉克斯坦、哈萨克斯坦）问题，阿富汗冲突、印巴（印度、巴基斯坦）冲突、印中（印度、中国）争端等问题；V形线右端是一条东北西南走向的海洋线，有日俄南千岛群岛（俄罗斯千岛群岛和日本北海道之间的国后、择捉、齿舞和色丹四个岛屿）之争，日韩的竹岛（独岛）之争、朝鲜半岛之争、中朝黄海大陆架之争、中日东海大陆架和钓鱼岛之争及南中海之争等。进入21世纪，中国周边安全环境发生深刻而复杂的变化。

影响一国安全环境的国际、国内因素是复杂多变的。但是，对一国的安全环境起决定作用的是地缘政治因素，一个国家的地理位置决定它周边安全的复杂程度，也决定它在国际战略格局中的地位，其影响具有长久性。比如，美国安全的基本特征是，"东西有大洋，南北无强邻"，世界主要陆海大国都与美国远隔重洋。美国周边环境得天独厚，浩瀚的太平洋和大西洋把美国和其他主要强国隔开，历次战火（包括两次世界大战）烧不到美国本土，北面是加拿大，南面是默默无闻的墨西哥，"炮声远处响，危险隔重洋，任他国战火纷飞，我自安然无恙"。因此，美国很少需要关心自己的国土安全问题，这也是美国称雄世界非常有利的地缘政治因素。中国的国土面积略大于美国。然而，中国的安全环境远比美国复杂得多。中国是世界上陆海邻国最多的国家，我们有领土接壤的14个国家，从东向西依次是朝鲜、俄罗斯、蒙古、哈萨克斯坦、吉尔吉斯斯坦、塔吉克斯坦、阿富汗、巴基斯坦、印度、尼泊尔、不丹、缅甸、老挝、越南。在世界将近200个国家中，没有一个国家像中国这样拥有如此众多的邻国，这是中国周边安全环境最突出的一个特点。按照英国著名地缘政治学家麦金德的观点，在国际竞争中，邻国越多，特别是接壤邻国越多越不利。如此看来，中国的周边安全环境从来就是复杂的。

二、中国周边安全环境基本特征

（一）地处大国地缘战略利益交汇区，国家安全受大国战略角逐的影响大

地处亚太地缘政治区域中心。中国位于欧亚大陆东部边缘地带，太平洋西岸，是连接东北亚、东南亚、南亚、中亚和北亚的战略枢纽，欧亚大陆地缘战略区与海洋地缘战略区的结合部，也是世界地缘政治中心欧亚大陆大棋盘的重要板块。

各种战略力量的必争之地。冷战时期，是东方、西方两大阵营对抗的"东方前哨"，世界主要战略力量在此展开了近半个世纪的较量。

（二）幅员辽阔，陆海兼备，同时面临来自陆海两个方向的战略压力

中国是陆地大国，又是濒海大国。中国有960万平方千米陆地疆域，470万平方千米海洋国土，陆海相连总面积达1430万平方千米。

日益增加的海上战略压力。中国海域是世界上重要的交通枢纽，是中国对外联系的生命线，使得中国海上防卫的艰巨性、复杂性大大增加。

（三）周边国家数量多、人口密、差异大

周边国家数量众多。中国陆海周边国家有20个，俄罗斯有14个，德国有10个，印度有8个，美国有4个。

周边地区人口稠密。世界上人口超过1亿的10个国家中，有6个国家在我国周边，人口总数30亿。

周边国家差异巨大。在中国周边，有世界经济强国，也有新兴工业化国家和地区，还有世界上较贫穷的国家。

（四）历史和现实矛盾突出

世界热点聚集地。世界上突出的热点问题，大多数集中在中国周边地区。

世界军力集中区。俄罗斯110万人；印度130万人；巴基斯坦60万人；日本29万人；朝鲜140万人；韩国60万人；美国在日本、韩国和西太平洋地区驻军10万人。

（五）冷战后中国与邻国关系全方位改善

奉行睦邻友好政策取得显著成就。中国抓住时机，主动作为，积极推行"以邻为善，以邻为伴"的睦邻友好政策，使周边安全环境得到改观。解决边界领土争端取得了较大进展，划定了中俄边界和中越边界。

（六）冷战遗留问题仍对中国安全构成严重危害

国家统一问题。中国至今是一个尚未完全统一的国家，台湾问题已经成为制约我国全面发展的一块"短板"，使我国综合安全存在隐患。

海洋权益流失问题。我国"海域被分割、资源被掠夺、岛屿被侵占"的问题十分严重。

分裂国土问题。民族分裂势力，严重破坏我国西南、西北边疆的安全和稳定。

边界领土纠纷问题。边界问题多是历史遗留下来的，十分复杂，既关系到国家的主权与民族的尊严，又十分的敏感，潜伏着双方发生冲突的巨大隐患。

三、中国周边安全环境面临的主要挑战

近年来，中国的综合国力稳步提升，国际影响力与日俱增，国际安全环境变得对我们更加有利，围绕中国和平崛起的话题越来越被世人所关注。同时，在这一系列成绩与繁荣景象背后，我们应该清醒地看到，复杂多变的国际形势给我国的国家安全带来的挑战。认真梳理、正确认识、妥善应对这些挑战，我们才能真

正维护和延长"重要的战略机遇期",才能真正完成中华民族的历史复兴大业。中国周边安全环境面临的威胁和挑战主要有以下几个方面。

(一)美国的霸权主义和冷战思维对我国周边安全的影响是综合性的、长期的

美国从地理位置上讲与我国远隔万里,但对我国安全的影响却近在眼前,美国的干预和影响渗透到我国周边的大多数地区,中美关系时有变化,总是处在不断的摩擦和碰撞之中。近期的中美关系,处在双方努力拓展合作、发展惠及两国和国际社会的双边关系中,但从长远看,中美之间的对抗将长期存在,美国对我国安全将构成长期、严重的威胁。从美国的国家性质、战略目标,特别是两极格局终结后的政策走向来看,无论是遏制派还是接触派,其实质都是企图延缓中国成为世界强国的脚步。为此,美国在我国政治、经济、军事等方面,处处制造事端,甚至鼓动我国周边国家与我国对抗,从而成为我国周边安全环境中对我国潜在威胁最大的国家。

(二)日本将我国视为竞争对手,对我国安全构成的潜在威胁呈上升趋势

近百年来,在世界列强中,日本是与我国摩擦最多的国家。目前,中日摩擦的焦点集中在四个问题上:台湾问题、历史问题、钓鱼岛问题和日本扩军问题。近年来,日本对华政策中消极因素明显上升,随着日本经济、军事力量的进一步增强和政治野心的不断膨胀,日本对我国安全构成的潜在威胁呈不断上升趋势。

日本急于谋求政治大国地位,急于成为联合国安理会常任理事国,提出修订联合国维和行动合作法,以解除日军参加维和部队的限制。日本提出对周边爆发的战争将进行积极应对的策略,其所指就是我国。

日本加快扩军步伐,防务开支高居世界第二位,已成为军事技术领先的潜在军事大国,对我国的潜在军事威胁逐步增大。邓小平曾经说过:"日本一些人就是想把经济上的强大变为政治和军事上的强大。"美国时任国务卿基辛格也曾断言:"即使日本军费维持在国民生产总值的1%,日本也将很快成为军事大国。"正是在巨额军费的支持下,日本的军事力量才有了迅猛的增长。

日本与我国存在着钓鱼岛和东海大陆架争议,不能排除在一定情况下争议加剧引起冲突的可能性;日本是一个政治、经济高度发达,同时领土、资源极其有限的国家,因此,钓鱼岛群岛及东海20余万平方千米的海洋争议区,将是其视若珍宝的一块地区。

日本关注台湾问题,坚持"台湾归属未定论",追随美国推行"以台制华"。

（三）俄罗斯对我国安全的影响不容忽视

今后，中俄友好关系将继续发展下去，但是在分析和研究俄罗斯对我国安全的影响时，应该以史为鉴。历史上，俄国和苏联也曾侵略我国疆土。中俄在意识形态、对外政策上仍存在分歧和争议，俄罗斯政局及对外政策走向也有很大的不稳定性和不确定性，我们应予以高度重视和警惕。

（四）中亚五国战略地位日益重要，使我国安全环境面临许多新的挑战

冷战结束后，在世界多极化趋势加速发展的大背景下，中亚地区形势发生重大变化，战略地位日益突出，围绕中亚的现在和未来，世界主要大国和各种势力渗透加剧，竞争激烈，形成新的热点，使我国在政治、经济、军事安全领域都遇到许多新的情况和问题。

（五）我国与周边国家尚存在诸多领土、领海、海洋权益的争议

我国除与日本存在海上领土争议外，与周边其他一些国家也存在领土、领海和海权争议，亟待制定并采取有效措施，以维护我国的主权。

由于历史的原因，中印边界全线都存在着争议。在中印边界东、中、西三段，共12.55万平方千米的争议区中，我国控制面积约占全部争议区的26%，印度占全部争议区的74%，是既得利益者，不会放弃霸占我国领土、插手我国西藏事务的顽固立场。中印之间自20世纪80年代以来，进行了多轮谈判，尽管达成了一定的谅解，但根本分歧依然存在。2017年6月18日中印洞朗对峙事件就损害我国领土主权、威胁我国安全利益，我国也本着最大善意，保持高度克制并迅速表明态度且画出底线以维护我国主权。

我国南海传统海疆线内的海域大部分被别国分割，海洋资源被掠夺，岛屿被侵占。南沙问题国际化趋势加快。今后，东南亚一些国家与我国围绕南海主权的斗争将十分突出，潜藏着危机。尤其是海上领土争端和近海大陆架、海洋专属经济区划分问题日趋紧迫和表面化，可能导致海上局部战争的潜在动因增加。

目前，我国在南沙问题上面临菲律宾等东盟有关国家与我国的对抗，面临以美国为首的西方国家染指及联合其盟友共同对我国施压的斗争格局，多国利益交织、多方军事对峙、多种矛盾共存，决定了南沙问题的复杂性和艰巨性。

我国还面临着与朝鲜和韩国对黄海大陆架的争议，以及与越南及北部湾的问题。

（六）台湾与祖国统一面临现实而严峻的挑战

台湾当局一些顽固势力坚持分裂、分治的立场。台湾当局在政治上竭力与祖

国大陆对抗，军事上不断提高与祖国大陆抗衡的能力，同时大力拓展生存空间，其分裂倾向有可能进一步发展。

两极格局终结后，世界战略形势发生了一系列深刻变化。一超多强的新格局出现在世人面前，和平与发展已成为当今世界的主题，和平与安全的因素进一步增长，不稳定、不确定和相互制约的因素增多，总的趋势走向缓和。在世界形势趋于缓和的环境中，我国周边安全环境既有机遇，又有挑战，总的来说机遇大于挑战。我们一定要抓住机遇，利用和争取一个较长的和平环境，集中精力发展我国的经济建设，增强综合国力，在复杂的国际斗争中争取主动权，使我国周边安全环境形成更有利于我国的局面。

视野拓展

黑龙江恢复瑷珲镇名称：让世人永铭惨痛历史

2015年5月18日，黑龙江省政府批准将黑河市爱辉区爱辉镇的区、镇名称用字恢复为瑷珲。瑷珲，这一已有400多年历史的称谓，承载着历史、蕴含着文化、凝结着乡愁、寄托着希望，在阔别60年后重载史册。

这一名称的恢复可以让世人永铭惨痛的历史，也更期待它的魅力绽放，美好愿景尽展眼前：发挥古城历史文化和自然生态优势，建设国内外知名的旅游胜地，让丰富的旅游资源转变为现实生产力；把地缘优势转变为经济优势，与全国各地开展经济贸易和经济技术合作，吸引国内外投资者来这里投资兴业，推动"瑷珲"乃至黑河市经济社会的发展。

瑷珲区官方网站称，瑷珲古城是清代黑龙江流域经济、军事、文化中心，设置黑龙江将军衙门和海关，也是中俄《瑷珲条约》签订地。这一条约使中国丧失了黑龙江以北60多万平方千米的土地。

瑷珲作为地名，曾有"艾浒""艾虎""艾呼""爱呼""艾浑""瑷珲""爱辉"等多种写法。关于"瑷珲"的含义，历史上的解释大体上有三种，一是蒙语"可畏的武士"的意译；二是满语"母貂"之意；第三种解释为"美玉"（图2-3）。

图2-3 瑷珲历史陈列馆

资料来源：http://news.eastday.com/eastday/13news/auto/news/china/u7ai3974942_K4.html.

第三章 军事高技术

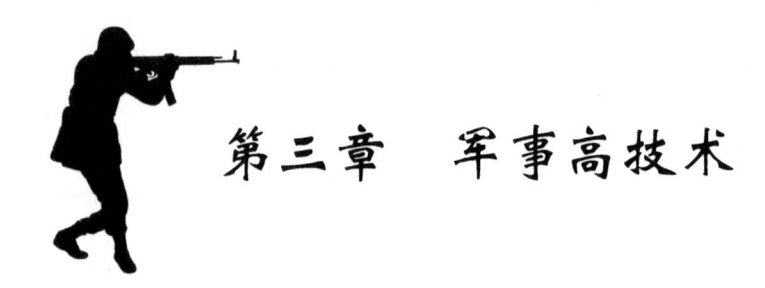

科学技术的发展特别是军事高技术的发展正在军事领域引发一场深刻的变革。发展高技术是国家战略发展的组成部分，它直接关系到国家在世界格局中的政治、经济和军事地位，这对于争夺国家发展战略制高点、发展生产、振兴经济、巩固经济、增强综合国力具有极其深远的战略意义。可以说，现代战争已进入高技术时代。敌我双方的对决在很大程度上已经表现为军事高技术的较量，谁拥有军事高技术，谁就更容易取得战争的主动权。为此，高度重视和发展军事高技术，已经成为当今世界许多国家在 21 世纪的重要国策。回顾世纪之交的几场战争，特别是海湾战争、科索沃战争、阿富汗战争及伊拉克战争，我们不难得出结论：科学技术是最重要的军事战斗力。因此，要研究新时期的国防建设，必须要了解和掌握军事高技术的相关知识。

第一节 军事高技术概述

一、军事高技术的含义

高技术是指建立在现代技术全面发展的基础上，处于科学技术发展前沿的，对提高生产力、促进社会文明、增强国防实力起先导作用的技术群。军事高技术是高技术的重要组成部分。因此，军事高技术既具有高技术的共同特征，又具有其自身的特点。一般认为，军事高技术，是指建立在现代科学技术成就基础上，处于当代科学技术前沿，以信息技术为核心，在军事领域发展和应用的，对国防科技和武器装备发展起巨大推动作用的高技术的总称。

二、军事高技术的分类方法

（1）按照高技术的分类方法，将军事高技术相应地划分为以下相互联系和支撑的六大技术群，包括军事信息技术群、军用新材料技术群、军用新能源技术群、军用生物技术群、军用海洋开发技术群和军事航天技术群。

（2）从共性基础技术，也称军事基础高技术的角度出发，将军事高技术划分为军事微电子技术、军事计算机技术、军事光电子技术、军用信息技术、军事海洋工程技术、军用生物技术、军事核技术、军事定向能技术、军事隐形技术、军事航天技术、军事新材料技术、军事纳米技术等。

（3）从军事高技术应用，就是直接应用于武器装备并使之具有某种特定功能的应用技术，也称军事应用高技术的角度出发来划分，可以划分为精确制导技术、侦查监视技术、伪装与隐身技术、夜视技术、军事激光技术、电子战技术、军事航天技术、军队指挥自动化技术、核生化武器技术、新概念武器技术等。

三、军事高技术的构成

（一）军事微电子技术

军事微电子技术是指军用电子元器件和由其组成的电子装置微型化的技术（图3-1）。其基础是新材料和精细、超精细加工工艺技术。利用建立在新概念、新结构、新工艺基础上的微电子技术，既可控制固体内部的电子运动，也可制造一种或多种功能完整的集成电路、微电子部件或电子系统。电子技术从电子管到晶体管，从一般集成电路到超大规模集成电路，现已进入微电子时代，可以将电子系统集成在一块硅芯片上，遂行信息加工与处理的功能，将各种物理、化学的传感器和执行器与信息处理系统集成在一起，完成信息获取、处理、执行的系统功能。

图3-1 德国"鬣蜥"机械化桥

军事微电子技术是所有现代化军事装备和系统的核心技术，军事通信器材采用微电子技术后，不仅能缩小体积，减轻重量，大大提高战术技术性能，还能使作战指挥控制实现自动化，为取得作战的胜利提供迅速、准确、保密、不间断的通信保障。精确制导武器是军事微电子技术的"化身"，本身除能源和装药外，剩下的都是微电子设备，即测量系统、程序装置和解算装置等。制导武器的保障系统，特别是其地面、机载、舰载或星载制导系统，内装数千万甚至上亿个电子元器件，完全是一个微电子技术装置集合体。后勤装备采用微电子技术后性能极大提高，卫生设备可对战场伤员自动搜寻、诊断、化验和医疗救护，油料装备可自动进行油料计量、油况监控和油罐故障诊断。利用微电子技术和机械制造技术，能研制各种军用机器人。

（二）军事计算机技术

计算机技术水平的高低是军事技术发展、武器装备现代化程度、国防与军队管理水平高低的重要标志，军事上主要用途有四种：一是用于科学计算，如计算机核爆炸数据、人造卫星与弹道导弹运动轨迹等。二是用于军事信息处理，平时和战时，都要用计算机处理大量信息。平时，信息处理的领域主要包括国防科研、武器生产、部队管理和教育训练；战时，更离不开计算机处理信息。例如，对告诉飞行目标的各种信息进行分析综合，对战场预警、雷达搜索与跟踪、遥感探测的各种数据进行处理，对大型武器系统的位置、射速、目标分配的调整，对战场上的兵力部署、战斗编成、火力使用及敌军机动情况的处理与显示等。三是用于自动控制和过程控制，即制导武器系统的自动控制，飞机、舰艇、地面战斗车辆的自动驾驶，以及军工部门的生产自动化管理。四是用于发展智能武器，亦即是能有"意识"地寻找、辨别、跟踪、打击敌方目标的武器。

（三）军事光电子技术

光电子技术是以激光器和探测器为基础，由光学、电子、精密机械和计算机等技术融合而成的一项多元技术。光电子技术由于具有探测精度高、信息量大、信息传递快、抗干扰和保密能力强等特点，所以广泛用于侦察、识别、预警、反隐形、跟踪、制导、火控、通信、导航、模拟训练、信息处理、光电子对抗等。世界主要国家重点发展的军事光电子技术是：微光夜视技术与红外热成像技术；光电综合系统与多传感器信息融合技术；多功能对人眼无害的小型激光测距仪与激光雷达；高性能光电子器件及其支撑技术等。

（四）军事信息技术

在军事高技术的竞争中，最引人注目的是军用信息技术的发展。它包括信息理论、信息搜集、信息处理、信息传递、信息储存、信息检索和信息管理等。其核心技术是计算机、通信和控制三大要素。在1991年的海湾战争中，以美国为首的多国部队以情报信息优势为基础，以指挥自动化系统为核心，采取陆海空一体化的电子战和精确打击，仅用6周的时间和极小的代价，打败拥有120万兵力、5800辆坦克、770余架飞机的伊拉克军队。人们形容这场战争是用"芯片打败了钢铁"。信息技术已成为提高军队作战效能的"倍增器"，改变了现代战争的形态，对现代军事的发展起了巨大的推动作用。

目前，信息技术已广泛地渗透到各种武器装备中，从狙击步枪的红外瞄准镜到精确制导武器的导引头，从雷达到侦察机、预警机和侦察卫星，从火炮到导弹的自动化火控系统，从舰艇及舰艇武器到作战飞机（图3-2），都含有信息技术装置，都是机械化与信息化的合成器。利用信息和信息技术能改善制导系统，使导弹命中精度大大提高。在飞机、坦克、战舰等武器载体上大量使用电子设备，装备综合传感器、计算机、红外探测器、自动导航定位设备等，使其具有更强的探测、识别、打击、机动、定位、突防、隐形等能力。现代战争中的侦察、预警、通信、指挥、控制日趋复杂，战场范围扩大、技术密集、力量合成、方式多样、情况多变、保障复杂，大量信息的搜集、传递、分析、判断和处理已非通常手段所能胜任。信息技术已广泛地渗透到战场的各个领域，使战争形态发生深刻的变化。现代军队的指挥作战、通信、情报、侦察、预警等各个环节都离不开信息技术，谁拥有信息和信息技术优势，谁就可能赢得未来战争。

图 3-2　F-111F 战斗轰炸机

（五）军事海洋工程技术

海洋已成为世界主要的军事竞争领域，以航空母舰为主的各种水上武器系统还将继续发展。但是，由于易被探测和摧毁，以潜艇组成的水下武器系统特别是深海战略武器系统将被重视和发展。未来的潜艇时速可达 150 千米，下潜深度可达 1350 米以上，并将装备远射程、自动搜索、攻击的智能鱼雷和各类潜射导弹，也可用它取代水面舰船运送物资。随着海洋工程技术的发展，海底将成为建造巨大军事基地的理想场所，水下基地将部署大量遥感设备和各种高效自动杀伤武器，并利用甚低、超低频通信技术和卫星上的 C^4I 系统联网指挥作战。

（六）军用生物技术

自 20 世纪 70 年代以来，军用生物技术的发展十分迅速。一系列军用生物材料已陆续应用于高技术武器装备的生产，一大批危害极大的生物武器已经或即将步入现代战争。生物技术在军事上的应用主要包括：①开发生物传感器，提高对毒剂、炸药和麻醉剂的实时探测和识别能力；②利用微生物在各种条件下逐渐形成并完成生物化学转变的能力，生产具有特殊用途的产品，或者解决危险废物和战略金属回收问题；③研制特种生物材料。例如，具有密封使用且有良好化学和机械性能的生物弹体、新型生物黏合剂、信息生物润滑剂等；④开展生物电子学研究，研制生物芯片，进而开发生物计算机，像人脑那样具有学习、记忆、逻辑思维能力；⑤利用基因工程，通过基因转移和重组，培育毒性大、耐力强、有抗药性的新的致病微生物，制造基因武器。

（七）军事核技术

军事核技术的重点在于发展核武器。核武器又称原子武器，它是利用核原料的原子核反应瞬间释放的巨大能量对目标造成杀伤破坏作用的一类武器的总称。一般由核战斗部、投射工具和指挥控制系统等部分组成。核战斗部又称为核弹头，核爆炸威力的大小取决于核弹头，核武器的射程和命中精度则取决于投射工具和指挥控制系统。核武器按其爆炸原理的不同分为原子弹（核裂变）和氢弹（核聚变）。一般来说所有核武器都具有光辐射、冲击波、早期核辐射、放射性沾染、核电磁脉冲这五大杀伤破坏因素。军事大国在军事核领域的争夺异常激烈，先是核武器的数量、威力竞争，接着是小型化、实用化、多弹头、多用途方面的争夺。核大国在核防御、核突击方面的研究仍在进行，并在现代高技术战争中仍以核武器作为一种现实的威慑力量。一些国家已经开展威力更大的新机理核武器理论的研究工作，在20世纪90年代末新机理核武器已取得重大突破。

（八）军事定向能技术

定向能技术群包括高能粒子束、强微波和强激光等技术。将定向能技术用于军事就能开发出各种定向能武器。所谓定向能技术，就是利用粒子束、微波束、激光束、等离子束、声波束的能量，产生高温、电离、辐射、声波等综合效应，向一定方向发射，以高能量的强射束来破坏、摧毁或杀伤目标的武器系统。这种武器系统的突出特点是，射束速度快，可达到或接近光速，能在瞬间击毁远距离目标。利用粒子束能技术，可研制粒子束武器。这种仍在试验中的武器射出的粒子束流具有巨大的能量，能使任何材质的目标表面顷刻破碎或气化。利用微波武器所辐射的微波能量比普通雷达高达数百倍至数万倍，依靠热效应和非热效应两种方式毁伤目标，既能对人员的心理和生理造成损害，也能用于攻击导弹、卫星、各种作战平台、隐形武器、通信系统等目标，使其失去作战效果。美国、俄罗斯等国除了研制上述武器外，还在大力开发等离子体武器、次声波武器等定向能武器。

（九）军事隐形技术

军事隐形技术，是一种为了提高武器装备的生存能力，减少其雷达、红外线、光电、声响和目视等可见性特征，而在总体设计中采用的综合技术。通常采用隐形材料，以及光、电、声对抗和多种战术控制措施，以对付对方的探测系统。实现隐形的主要途径是：采用特种材料和阻抗加载技术，改进整体设计，减小雷达反射截面；降低红外辐射特征，减少红外探测能力；采用多种伪装技术，缩小目视探测距离；减弱声响，降低噪音。

隐形武器装备主要有五种：①隐形飞机，如各种隐形战斗机、轰炸机、侦察机，以及具有隐形性能的无人机、直升机等；②隐形导弹，美国、俄罗斯都在研制隐形导弹，其中美国已研制出隐形巡航导弹和隐形战术导弹；③隐形舰船，美国、俄罗斯、英国、法国、德国、瑞典都在设计或研制采用各种隐形技术的护卫舰、驱逐舰、水雷舰、导弹舰、潜艇舰等（图3-3）；④隐形坦克，正在研制这种坦克的国家有美国、英国和瑞典；⑤其他隐形装备，如美国正在开发的红外隐形照明弹、隐形通信系统、人体隐形器等。当前，发达国家军队正在探索新的隐形技术或机理，开发新型隐形材料。这些新的隐形技术是等离子体隐形技术、仿生学隐形技术、微波传播隐形技术、有源隐形技术和新一代红外隐形技术、智能隐形技术、航天隐形技术等。正在开发的新型隐形材料主要有纳米隐形材料、导电高聚物材料、多晶体纤维吸收剂、智能型隐身材料等。

图 3-3 瑞典维斯比护卫舰

（十）军事航天技术

航天技术是由运载火箭技术、航天器技术和地面控制技术组成的综合性高技术，应用于军事领域可进一步提高军事侦察、监视、通信、导航和作战指挥控制能力，实现从太空对陆、海、空目标的实时侦察与监视。军事航天技术与定向能技术、激光技术相结合，将孕育出太空武器系统，用以攻击卫星、导弹、飞机、舰船、地面车辆或部队。军事航天技术的产生，标志着人类的军事斗争领域已从陆地、海洋和空中扩展到外层空间。太空将成为继陆、海、空战场后的第四维战场。天战的序幕已经拉开，21世纪的外层空间将成为未来战争的主战场。

当前，正在使用的军事航天技术设备主要有：在太空运行和执行各种军事任务的航天器，把航天器送上太空的运载火箭，以及对航天器进行跟踪、遥控和通信的地面设备。其中，军事航天器是核心设备，共有以下四种：①各种军事卫星，主要包括照相侦察卫星、电子侦察卫星、核爆炸探测卫星、海洋监视卫星、导弹预警卫星、军事通信卫星、军事导航卫星和军事气象卫星；②用于发展军事航天技术、试验新式军事设备，对地面目标进行观察与跟踪，以及充当航天运输工具和武器平台的航天飞船；③具有很高军用价值的载人航天站；④有多种军事用途的航天飞机。

（十一）军事新材料技术

新材料技术是介于基础技术和应用技术之间的应用型基础技术，是研究材料的微观结构与宏观性能相互关系的规律，并根据物质结构理论来研制和使用新材料的多学科、综合性高科技群。军事新材料技术，则是应用于军事领域的那部分新材料技术，是发展高性能或高技术武器装备的物质基础。

目前，世界各国正在研制的军事新材料种类繁多，其中应用前景广、发展潜力大的主要有以下五种：①由两种以上不同化学物质或不同结构的物质组合而成的材料，如碳纤维复合材料，重量轻、强度高，非常适用于制造各类军用飞机。②先进陶瓷材料，先进陶瓷分为功能陶瓷和结构陶瓷两大类：前者可用于生产多种高性能电子产品；后者适用于制造燃气轮机、柴油机等热机的高温部件。③高分子材料，即高分子化合物或高分子聚合物。它具有强度高、重量轻、耐腐蚀、电绝缘和绝热性好、耗能低、易加工成型等优点，适用于制造机枪零件、飞机机身、火箭导弹部件等。④非晶体材料，由于这种材料比晶体材料强度高10倍、抗腐蚀性强、韧性大、电磁性能好、电阻率高，军事用途十分广泛。⑤利用声、光、电、磁、热、化学、生化等效应，将能量从一种形式转变成另一种形式的功能材料，如电子计算机中的记忆元件、激光器的工作物质红宝石、声呐振荡器的压电陶瓷等。

军事新材料的用途很广。在炮兵武器方面：研制电热炮和电磁炮、提高火炮的性能，都离不开多种新材料。在现代装甲防护方面，美国的M1A2坦克、英国的"挑战者2"坦克等由于采用多种复合装甲材料，成为难以摧毁的高性能机动战斗堡垒。在导弹、卫星、火箭发展方面，采用新型高技术复合材料后，导弹的重量将大大减轻，精度和突防能力大大增强；卫星的寿命将大大延长；火箭的运载能力将大幅度提高，自身重量大大下降。在武器战斗部方面，高密度钨合金与贫铀材料可增强穿甲弹的穿甲能力，药形罩材料能大大增强破甲弹的威力。在武器装备的隐形方面，很多隐形飞机之所以不易被敌雷达发现，主要是因为飞机表面涂上了新型吸波材料。

（十二）军事纳米技术

科学家认为，纳米技术就像20世纪70年代引起信息革命的微电子技术一样，将成为21世纪信息时代的核心技术，将为信息科学、生命科学、新材料科学提供新的技术基础，从而引发一场新的产业革命。鉴于此，各国都十分重视加大投入，重点发展纳米技术，并取得重大成果。

纳米技术的军事应用前景十分广阔，军事纳米技术很可能是下一场军事革命的"发动机"。目前，军事纳米技术的应用主要体现在三个方面：①微机电系统。这种只有几立方厘米乃至更小的微型系统，由在硅片上制造的微型电机、作动器和传感器组成，可用于构建分布式战场传感器网络，制造有毒化学战剂报警传感器、高性能敌我识别器和微型机器人电子失能系统等。②专用微型集成仪器，特别是纳米卫星。这种仪器可用微电子工艺技术和微机电技术开发出来，不仅可替代现有航天器和运载火箭上的有关系统，还将研制出重量只有100克、可大量部署的军用纳米卫星。③所谓的"微型军"装置。"微型军"装置是指能像士兵那样遂行各种军事任务的超微型智能装备。目前，美国、英国、德国、俄罗斯等国正在研制的"微型军"装置主要有"间谍草"、袖珍遥控飞机、"机械蚂蚁"和"机器虫"。它们不仅能搜集各种战场信息，还有巨大的破坏力。

视野拓展

大国利器——辽宁号航空母舰

中国辽宁号航空母舰是中国人民解放军海军的第一艘航空母舰。2012年9月25日，该舰正式加入中国海军序列。其外壳原是苏联海军库兹涅佐夫级航空母舰的二号舰瓦良格号。中国改造的"瓦良格"号是一艘常规动力航母，由苏联在20世纪80年代开始建造。苏联解体后，建造工程被迫下马。1998年，废旧的"瓦良格"号被中国公司购买，2003年3月抵达中国大连港。中国对"瓦良格"号航母进行改造，这是海军装备建设新的发展成果，标志着中国没有航母的历史从此结束。

航母入列，对于提高中国海军综合作战力量现代化水平，增强防卫作战能力，发展远海合作与应对非传统安全威胁能力，有效维护国家主权、安全和发展利益，促进世界和平与共同发展，具有重要意义。

名字由来。在大连改造的中国首艘航母平台叫"瓦良格"号，但这还是这艘航母在乌克兰时的名字。按照惯例，这艘航母在改造之后将被重新命名。中国《海军舰艇命名条例》早已规定了各型舰艇命名的规律，驱逐舰以大中城市命名；护卫舰以中小城市命名；补给舰以湖泊命名。而巡洋舰以上的大型舰艇将会以省（区、直辖市）或词组来命名。中国首艘航母的名字以改造时它所在的省份辽宁来命名（图3-4）。

图 3-4　辽宁号航空母舰

资料来源：http://www.docin.com/p-968435762.html.

第二节　侦察监视技术

知己知彼，方能百战不殆，这是我国古代的兵家常识。在不同的历史条件下，尽管获取情报的技术手段不断发展变化，但是侦察监视工作在作战中的重要地位从未减弱。无论何时，正确的情报信息始终都是取胜的基础。在高技术战争条件下，利用现代军事高技术的全时域、大空域的"千里眼""顺风耳"已成现实。部署空中、地面、海上的卫星、飞机、雷达、舰艇等侦察监视设施结成一个严密的"网"，全时域侦收从地球各地区发射和反射的可见光、红外线、微波、无线电波、声频等各种信号。凭借这种高技术，军事部门都能够以近实时的速度及时、准确、全面地掌握地球各方面的军事信息，保障军事决策的需要。

一、侦察监视技术概述

（一）侦察监视技术的基本概念

侦察监视是军队为了获取敌情、地形及其他有关作战情况的活动。其直接目的是探测目标，具体可分为发现目标、识别目标、监视目标、跟踪目标及对目标定位。它可以为指挥人员的决策提供及时、全面、准确的情报信息，是夺取战争胜利的重要保障（图3-5）。

图3-5 RC-12战术电子侦察机

侦察监视技术对于作战胜负的重要性，就像耳目对于人的生活一样。现代科学技术特别是高技术的发展，使军事侦察与监视的能力和水平发生突破性的大变化，无论侦察的时域、空域还是频域，都大大地扩展。不仅能在地面上侦察，而且能从太空、空中、海上、水下实施侦察；不仅能在白天侦察，而且能在夜间及恶劣气候中侦察；不仅能利用目视和光学手段侦察，而且能在声频、微波、红外各个波段侦察。凭借着现代侦察与监视技术，军事指挥员能迅速、准确、全面地掌握敌方的情况，识别、跟踪和预测敌方部队未来的行动，从而为克敌制胜创造有利条件。

（二）侦察监视技术的分类

侦察监视技术的分类方法很多，按照各种运载侦察监视技术装备平台的活动区域，可分为地面侦察、水下侦察、空中侦察、空间侦察；按照侦察任务范围，可分为战役侦察和战术侦察；按照侦察活动方式，可分为武装侦察、谍报侦察和技术侦察；按照不同兵种的任务范围，可分为陆军侦察、海军侦察、空军侦察和战略导弹部队侦察；按照侦察监视所采取的后端，可分为观察、窃听、搜索、捕俘、火力侦察、照相侦察、雷达侦察、无线侦察、调查询问、搜集文件资料等；按照实现探测和识别的技术原理，可分为光学侦察、电子侦察、声学侦察。

二、现代侦察监视技术的主要手段

（一）地面侦察监视技术

地面侦察监视是最古老、最传统的侦察手段，指陆地上的侦察监视活动。其侦察手段多样，分布范围广阔。其可与海、空、天基侦察资源相联，构成陆战侦察体系,快速对一个地域形成地面侦察网。除了常见的光学侦察(如望远镜、侦察经纬仪、测距仪、地面远程摄影机等)外,还有监测对方雷达、电台和武器制导发出电磁信号的无线电侦察;侦获对方通信信号分析破译的无线电技术侦察;运用雷达探测对方人员、车辆、飞机、舰艇、导弹的雷达侦察;通过撒布音响、磁力、红外、压力、扰动等传感器,侦察监视对方军事活动的自动地面传感器侦察等。

(二)水下侦察监视技术

水下侦察监视是利用水下侦察设备来探测水下的各种目标,它是现代侦察监视系统不可缺少的组成部分。水下侦察监视技术,主要是运用装在水面舰艇、潜艇、反潜飞机上及海岸边的声呐,探测水下各种目标的活动情况。水面侦察监视通常是在水面舰艇上装备警戒、侦察和识别雷达,这些雷达与声呐等其他探测设备一起构成侦察监视网络。

(三)空中侦察监视技术

空中侦察是当今世界应用最广泛的一种侦察方式。在人造卫星上天之前曾是战场侦察监视的"主角",在有了侦察卫星的今天,它仍以灵活、机动、准确、针对性强的特点被广泛使用。空中侦察按任务性质分为战略侦察、战役侦察和战术侦察;按侦察手段分为照相侦察、目视侦察和电子侦察等;按飞行平台分为飞机侦察和气球侦察;按飞机的种类分为有人驾驶侦察机、无人驾驶侦察机、侦察直升机、预警机侦察等。空中侦察在组织实施时,通常分为例行侦察和专项侦察两种方式。例行侦察是对敌方不间断的监视性侦察,其活动规律性强,活动区域、出动时间与飞机出动频率等在一个时期内相对固定,但有时会随着对情报搜集重点的变化和局势的变化而变化。专项侦察则是为获取敌方某一时间段内兵力活动情报或某一地区的情报所临时实施的侦察。专项侦察目标明确、重点突出,而且其侦察力量相对较强。特别是当侦察对象国组织大规模军事演习或是兵力调动频繁时,侦察一方通常会组织高强度的专项侦察。侦察机上通常装有可见光照相机、多光谱照相机、激光照相机、红外扫描装置、电视摄像机、合成孔径雷达、机载预警雷达、无线电及其他侦察设备。空中侦察监视的原理就是利用侦察机上的这些光电遥感器或无线电接收机等侦察设备,接收并记录各种目标的电磁辐射,经过加工处理后从中提取有价值的情报信息。

(四)空间侦察监视技术

空间侦察监视是利用航天器上的光电遥感器和无线电接收机等侦察设备获取侦察情报的技术。侦察卫星是军事航天与信息技术相结合的战略侦察监视设备,是空间侦察监视的主要方式。根据任务和侦察设备的不同，侦察卫星通常分为照相侦察卫星、电子侦察卫星、导弹预警卫星、海洋监视卫星和核爆炸探测卫星。空间侦察监视所使用的侦察设备与空中侦察监视基本相同。目前，在太空中有上百颗侦察卫星围着地球昼夜不停地转动，世界上任何重大军事行动和军事目标，都别想躲过这些"天眼"，各军事大国主要战略情报均来源于此。而且随着卫星侦察精确度的不断提高，侦察卫星的触角已逐步伸向战役、战术范围。侦察卫星是游弋在太空中的"间谍"。迄今为止，在已发射的数千颗人造地球卫星中，侦察卫星的数量几乎占总数的 1/3。这些侦察卫星主要为军事目的服务，如监视别国的军事行动、兵力部署，侦察别国的导弹核武器基地、海军基地、空军基地、兵工厂、弹药库、军营、交通枢纽和军事指挥控制中心等。航天器侦察具有得天独厚的优点，从而引起各国的高度重视，并在军事和国民经济等方面广泛应用。

三、侦察监视技术对作战的影响

现代军事高技术使侦察监视手段多样化，各种手段综合运用，大大提高大面积监视能力、精确侦察能力、夜间或复杂条件下全天候侦察能力、实时或近实时侦察能力和识别伪装的能力，对作战也产生深刻的影响。

（一）扩大作战空间

现代侦察技术装备可以覆盖整个战场并在全球范围内全纵深、大面积地侦察和监视。例如，陆战场监视系统的侦察纵深可达 150 千米；中低空侦察机可覆盖其航迹侧面 100 千米；高空侦察机飞行距离 4800 千米，值勤时间 12 小时，每小时监视能力达 38.9 万平方千米；卫星侦察与监视可覆盖数百万平方千米。作战侦察距离的增大，扩大信息获取量，为实施远距离作战提供条件。同时，作战距离的扩大又使传统的近战战法受到严重挑战，必须探索新的对敌作战方式。

（二）改善信息获取手段

侦察技术的发展，使现代战争的情报侦察方式发生变革，过去战场侦察主要是依靠侦察兵或特工人员使用目视观察器材侦察，而现代战争的情报侦察主要是使用配备有先进的光、电、磁传感器的侦察设备，包括地面侦察站、侦察船、侦察飞机、侦察卫星等手段，对敌方的军事设备、军队的部署、武器装备的配置，以及部队的调动与行动企图进行侦察和分析，获取军事情报，为制订作战计划和作战行动提供依据。使用现代侦察手段，可以深入敌人后方，全面、详细地了解和掌握战场的情况。

（三）增强作战指挥的时效性

现代战场复杂多变，实时获得高质量的情报信息显得越来越重要。其先进的侦察监视技术特别是卫星、遥感技术应用于军事领域后，不仅使军队获取信息的范围显著增大，而且速度和准确率也大大提高。在海湾战争中，多国部队的指挥中心，依靠先进的侦察系统，可以随时接收卫星发送的战场情况，并能动地监视伊拉克军队的行动，使各级指挥员及时了解当地伊拉克军队部署和双方战斗进展情况，为战区乃至分队指挥员实施正确指挥提供重要的依据。

（四）促进反侦察技术的发展

常用的伪装方法对目视侦察和微光侦察有效，但热成像器材出现后，这些方法基本上失去了作用，烟幕伪装的效果也越来越小，必须研制出有效的伪装材料和方法。此外，高技术侦察设备和先进侦察手段的大量使用，还使战场目标的生存面临更大的威胁，战役战斗的突然性越来越难以达成。因此，为提高战场目标的生存能力和达成战役战斗的突然性，必须与敌侦察器材做斗争，发展反侦察技术。

第三节 伪装隐身技术

保存自己、消灭敌人是作战的指导原则。"兵不厌诈"指的是在军事侦察中识破敌人的伪装，在反侦察中欺骗和迷惑敌人所采取的隐真示假的措施。由于现代军事技术的广泛应用，各种侦察手段构成立体化、全天候、全时域、远距离的侦察监视网，精确制导武器已向"发现即可命中"的方向发展，促使伪装隐身技术成为军队战时保障的重要内容。

一、伪装隐身的基本概念

伪装是指为欺骗或迷惑敌方所采取的各种隐蔽措施。军事伪装就是通过利用电子的、电磁的、光学的、热学的、声学的技术手段，改变目标本身原特征信息，降低或消除目标的可探测特征，实现目标的"隐身"；或模拟目标的可探测特征，仿制假目标以"示假"。

隐身又称隐形技术或低可探测技术，是通过降低武器装备等目标的信号特征，使其难以被发现、识别、跟踪和攻击的技术。隐身技术是传统伪装技术走向高技术化的发展和延伸，它交叉应用于如流体动力学、材料科学、电子学、光学、声学等众多学科领域技术。

二、伪装隐身技术的分类

（一）军事伪装技术的分类

1. 天然伪装技术

充分利用地形、地物、夜暗和能见度不良的气候条件（雾、雨、风、雪等）隐蔽目标或者降低目标的显著性。天然伪装因地制宜，简便、省时，无需更多的材料，如图3-6所示。

图 3-6　天然伪装

2. 迷彩伪装技术

迷彩伪装利用涂料、染料和其他材料来改变目标、遮障和背景颜色及斑点图案，以消除目标的光泽、降低目标的显著性和改变目标的外形，如图3-7所示。

图 3-7　迷彩伪装

3. 植物伪装技术

植物伪装技术是利用种植植物、采集植物和改变植物颜色等方法对目标实施伪装的技术。在科索沃战争中，南斯拉夫联盟共和国（简称南联盟）军队利用树叶、树枝将坦克、装甲车整体覆盖，以避免北约的侦察和监视，如图3-8所示。

图 3-8　植物伪装

4. 人工遮障伪装技术

人工遮障伪装技术是利用各种制式伪装器材设置对目标的遮蔽屏障，伪装遮障由遮障面和支撑构件组成，有叶簇式薄膜伪装网、雪地伪装网、伪装伞、反雷达伪装网、反中红外侦察伪装遮障和多频谱伪装遮障等，如图3-9所示。

图 3-9　人工遮障伪装

5. 烟幕伪装技术

烟幕伪装技术是利用烟幕遮蔽目标，迷惑敌人。这种无源干扰技术通过散射、吸收的方式衰减光波能量，干扰敌方光学侦察，如图3-10所示。

图 3-10 烟幕伪装

6. 假目标伪装技术

在科索沃战争中,南联盟充分利用地形特点,隐蔽军事目标,欺骗敌人。他们把作战飞机疏散藏在山洞中,在环城公路和高速公路旁,既部署真飞机、真坦克,也混杂有大量的假飞机、假坦克、假火炮、假导弹模型,即使敌人发现了,也难辨真假,不便于集中轰炸,如图 3-11 所示。

图 3-11 假目标伪装

7. 灯火与音响伪装技术

灯火与音响伪装技术是指通过消除、降低和模拟目标的灯火与音响效果,来隐蔽目标,迷惑敌人,如图 3-12 所示。

图 3-12　灯火与音响伪装

（二）军事隐身技术的分类

隐身技术起源于第二次世界大战，20 世纪 60～70 年代进入全面发展时期，20 世纪 80 年代以后逐步进入深化研究和广泛应用的阶段。由于现代战场上的侦察探测系统主要有雷达、红外、电子、可见光及声波等，因此隐身技术也相应地发展了反雷达探测、反红外探测、反电子探测、反可见光探测和反声波探测等。

1. 反雷达隐身技术

反雷达隐身技术是目前最重要和最主要的隐身技术之一，它是利用雷达反射的电磁波遇到飞机、导弹等军事目标后会发生反射的原理，通过对目标采用隐身外形设计，使用能够吸收和透过雷达波的材料、有源和无源电磁干扰等技术措施，来减弱返回波在雷达上的信号强度，以达到对雷达隐身的目的。为抑制自身的电磁辐射通常采用以下措施：尽量缩小各种电子设备之间的距离，并用光缆连接各种电子设备；尽量减少无线电设备，避免电子设备无线电波的被动反射；尽量减少电磁信号被截获的机会，采用间歇性发射雷达波等。

2. 反红外探测隐身技术

反红外探测隐身技术是用来对付红外探测的，其重要性仅次于反雷达隐身技术。它主要通过改变目标的红外辐射波段、降低目标的红外辐射强度、调节目标红外辐射的传输过程等办法，以隐蔽目标的红外辐射特征信息。其主要技术措施有：改变红外辐射波段，降低红外辐射强度，调节红外辐射传输过程。

3. 反电子探测隐身技术

针对性能越来越高的电子侦察系统，反电子隐身技术应运而生。它主要是通过减少飞机、导弹等目标上的无线电设备、减小电缆的电磁辐射、对电子设备进行屏蔽等办法，来抑制目标本身的电磁辐射，降低被侦察到的概率。其主要措施有：减少无线电设备；采用低截获概率技术改进电子设备；减小电缆的电磁辐射；避免电子设备天线的被动反射；对电子设备屏蔽等。

4. 反可见光探测隐身技术

反可见光隐身技术是指对可见光波段的光学探测、跟踪、瞄准系统（如可见光相机、电视摄像机等）隐身所采取的技术。采用反可见光探测隐身技术的目的，就是通过减少目标与背景之间的亮度、色度和运动的对比特征，达到对目标视觉信号的控制，以降低可见光探测系统发现目标的概率。其主要措施有：消除目标与背景的颜色差别，可使目标不为敌人的光学侦察所发现；降低目标与背景的颜色差别，能减少目标的暴露特征；模仿目标与背景的颜色差别，如在完好的目标上模仿已被破坏的目标或者设置假目标模仿真目标等。

5. 反声波探测隐身技术

反声波探测隐身技术则是通过控制目标的声频特征，以降低被声波探测系统发现的概率的技术，这种技术多用于潜艇。

三、伪装隐身技术对作战的影响

（一）伪装技术对作战的影响

1. 伪装是对付敌方侦察的主要手段

在现代战争中，伪装的重要性已今非昔比，其应用越来越广，作用越来越大。海、陆、空、天、电多维的高技术侦察手段已使整个战场处于透明状态，要对付现代高技术侦察，除了伪装之外，暂时还没有更好的办法。

2. 伪装在战争中是有力的防御盾牌

随着光电侦察和精确制导武器的发展，任何目标只要被发现，就有可能被摧毁。因此，无论在进攻还是防御中，作战双方首先面临的问题是如何保护自己。而有效运用伪装将成为强有力的防御盾牌。通过伪装，既可增加敌人侦察的困难，使其不易发现真目标，又可诱骗敌人实施攻击，分散敌人火力；可使敌人真假难辨，无所适从。从而减少敌武器的命中率和杀伤率，提高部队生存能力。

3. 伪装成为夺取作战主动权的重要手段

可靠的伪装，一方面可以隐蔽自己的作战行动及战场配置；另一方面可以给敌人制造错觉，为自己创造可乘之机。特别是隐身技术的使用，使兵器的突防能力大大提高，从而增强作战行动的突然性，成为现代战中有效的进攻手段。这些都为夺取战争的主动权、达成作战企图,创造有利条件。

4. 伪装使作战任务和作战方法发生变化

为增强部队的打击能力和提高部队的生存能力,未来将有更多的部队担负欺骗、佯动任务。为了不使自己成为敌人攻击的目标,伪装已成为所有部队的重要任务之一;伪装技术的发展,使人们重新认识了近战、夜战和步兵的作用;高技术条件下作战缺少夜视侦察与伪装器材,就将失去夜战的主动权;战术、战役动机的方式将会改变,小群、多路、多方向、出敌不意成为机动的重要方法。

(二)隐身技术对作战的影响

1. 隐身武器装备突防能力提高,使战争突然性增大

传统的伪装隐蔽技术大都是被动式的,而现代的隐身技术则是主动式的,主要用于对付敌方防御武器,其结果就是改变袭击兵器的传统的突防方式,使战争的突然性增大。

2. 隐身技术对侦察探测及防御提出更高要求

为了及早发现隐身目标,必须提高探测系统的性能,增大探测范围。为了防止隐身兵器的突入,防御一方必须加大雷达探测范围和探测密度,或增加预警飞机的巡逻范围和密度,这使得战场范围随之增大。

3. 隐身技术使侦察与反侦察及电子对抗更加激烈

在现代战争中,由于手段越来越先进,交战双方装备的电子器材也越来越多,侦察与反侦察的斗争越来越激烈。一方面,如隐身飞机、隐身机器人等技术设备用于战场侦察,使空中侦察和地面侦察更加隐蔽;另一方面,隐身技术给伪装增添新内容,可使电子器材隐去雷达特征,发热器材隐去红外特征,振动设备隐去噪声特征,从而使敌方侦察探测系统更难以侦察。

4. 武器系统的隐身攻击能力使指挥系统面临生存威胁

现代战争是诸兵种协同作战,对指挥系统的依赖极大,交战双方都把打击对方的指挥系统作为打击的重点目标和首要任务。

海湾战争战略空袭期间,F-117A隐身战斗机利用其隐身性能,在第一次攻击中,用约907千克的激光制导炸弹,以直接命中的方式摧毁伊拉克的通信大楼,之后,巴格达的空军司令部、防空指挥控制中心等重要指挥系统相继受到 F-117A的瘫痪性攻击。巴格达是一个防空系统十分严密的城市,然而在巴格达被袭击 4分钟后伊拉克军队才开始实施灯火管制。这充分说明在高技术战争中,指挥控制系统在隐身武器的攻击下,处境十分危险,生存力将面临严峻挑战。

第四节 精确制导技术

一、精确制导技术的概念

精确制导技术是指以高性能光电探测器为基础，采用目标识别、成像跟踪、相关跟踪等新方法，控制和引导武器准确地命中目标的技术。它将光电应用于导弹、航空炸弹、炮弹、鱼雷、地雷等武器系统中。

二、精确制导技术的分类

各种导弹控制系统的基本原理大致相同，而导引系统的工作原理相差较大。按制导方法分类，常用的制导方式有自主式制导、遥控式制导、自动寻的制导、全球定位制导及复合制导等。

（一）自主式制导

导弹在飞行中依靠内部的制导设备来控制自己的飞行，导引信号的产生，不依赖设在弹外的制导站，而完全依靠其本身的制导设备，参照预定的基准测量导弹的运动参数（如加速度、速度、方位等），通过计算装置计算，形成控制信号，引导导弹命中目标。自主式制导的导弹飞行完全自主，不易受干扰，但由于制导程序是预先确定的，飞行弹道不能改变，所以这种制导方式只适用于攻击地面固定目标或预订区域的弹道导弹、巡航导弹。其主要分为地形匹配制导、数字景象匹配制导和惯性制导。

（1）地形匹配制导的工作原理是通过侦察照相、遥感遥测等手段获取导弹预订攻击目标及沿途航线上的地形地貌情报，并据此制作专门的标准地貌图存入导弹内部计算机。导弹在实际飞行的过程中，利用雷达高度表和气压高度表连续测量飞经地区的实际地面海拔高度，通过导弹内部计算机与预订弹道的相关数据进行比较，计算机算出需要纠正的弹道偏差修正量以指令形式传给自动控制装置，使其能及时回到预订轨道上来。

（2）数字景象匹配制导的工作原理是利用弹载景象匹配区域相关器获取目标区域景象数字图像，然后把目标及其周围的景象与导弹内部计算机预存的参考数字图像进行比较，从而确定导弹相对目标的位置，确认目标无疑时再攻击，这是一种高度精确的制导方式。

（3）惯性制导是指利用弹载惯性元件测量导弹运动参数，由制导计算机算出导弹的速度、位置及姿态等参数，控制、引导导弹完成预定飞行任务的一种自主制导系统。其指导过程不需要弹外设备的配合，也不需要外界提供目标的直接信息，仅靠弹上设备独立工作，不与外界发生关系，因此抗干扰性强、隐蔽性好、不受气象条件影响。其缺点是制导精度随飞行时间（距离）的增加而降低，所以在中远程制导中通常采用其他制导方式修正累计误差，构成复合制导。

（二）遥控式制导

遥控式制导是以制导站提供引导信号引导导弹飞向目标的制导方式。在导弹飞行过程中，制导站不断测量导弹与目标的相对位置，经计算后形成引导信号，再经有线方式或无线方式发送给导弹，导弹接收到指令后，由自动驾驶仪控制弹体，按操作人员的意图飞行，直至命中目标完成任务。遥控制导的导弹受控于制导站，导弹的飞行弹道可根据目标的运动情况随时改变，既能攻击固定目标，也能攻击运动目标。但有线方式易受地形地物的影响，采用无线方式时易受电子干扰。遥控制导可分为指令制导和波束制导两类。

1. 指令制导

制导站根据制导武器在飞行中的误差计算出控制指令，将指令通过有线或无线的形式传输到制导武器上来控制制导武器的飞行轨迹，直至命中目标。指令制导主要有以下三种方式。

（1）有线指令制导，是指利用导线传输指令的遥控制导。导弹发射后，操作手须用瞄准镜瞄准目标，同时还要跟踪导弹，用操作手柄产生控制指令不断修正其偏差，引导导弹飞向目标。这种制导系统精度高、抗干扰能力强，但操作难度大，受地形限制。现在先进的有线制导系统将金属导线改为光纤，并增加一部分红外测角仪由它自动跟踪导弹，操作手只须始终用光学瞄准镜的十字线跟踪瞄准目标即可，这种系统不仅操作简单，而且精度高，并能提高射程和抗干扰能力；缺点是受导线的限制，多用于反坦克导弹。

（2）无线电指令制导，是利用无线电传输指令的遥控制导。制导站雷达同时连续跟踪目标和导弹，把目标和导弹的位置、距离和速度等参数输入计算机，计算机算出制导指令传给导弹，弹上接收机将指令转换成控制导弹的信号，引导其飞向目标。这种制导方式作用距离远，制导精度高，但易受外界干扰，需要多种综合抗干扰措施配合，多用于防空导弹。

（3）电视指令制导，是指导弹飞抵目标时，导弹头部的电视摄像机将目标及其周围环境的图像信号发回制导站，弹道操纵员在电视接收机上调整目标图像至荧光屏十字线中心，指令仪将此动作变成指令发送给导弹。这种制导方式观察直观，在多目标的情况下便于操纵员选择最重要的目标进行攻击，但易受天气影响，抗干扰性差，多用于空地导弹。

2. 波束制导

波束制导又称驾束制导，由制导站向目标发射一束定向辐射的圆锥形波束，导弹沿波束轴线飞向目标。一个引导波束可以同时引导数枚导弹，但攻击过程中，指挥站因为必须始终照射目标而容易受到敌方的攻击。一般来说，指令制导的计算机在制导站，波束制导的计算机在弹上。波束制导主要有雷达波束制导和激光波束制导两种类型。

（三）自动寻的制导

自动寻的制导就是导弹本身自动去寻找跟踪目标，并摧毁目标。这种制导系统主要是利用导弹上的制导设备，直接感受目标辐射或反射的某种能量（如电磁波、红外线、激光、可见光等），来测量导弹和目标的相对位置，通过计算机形成导引信号，控制导弹自动飞向目标。根据能量发射源的不同，自动寻的制导分为主动式、半主动式和被动式三类。

1. 主动式寻的制导

在弹头上装有信号发射机和接收机，发射机发射激光、红外线、雷达波或声波等信号照射目标，接收机接收到目标反射的信号，从而引导弹体命中目标。这种系统在锁定目标之后便自动地、完全独立地去攻击目标，导弹具有"发射后不用管"的能力；但容易暴露自己，而且价格昂贵。主动式寻的制导一般只适用于末段制导。

2. 半主动式寻的制导

用弹外的信号发射器发射信号，弹上的信号接收机接收目标反射的信号，引导弹体命中目标。与主动式寻的制导相比，这种制导方式可减少弹上设备，增大导弹飞行距离，在不需要增大武器重量和尺寸的情况下就可以大大增加攻击目标的威力；但是由于依赖外界的照射源，照射源载体的活动因此受到限制，制导站易受敌方攻击。半主动式寻的制导主要用于攻击空中目标。

3. 被动式寻的制导

由弹上导引头接收目标本身辐射或散射的电磁波，借着这些电磁信号导引导弹飞向目标。它的优点是"发射后不用管"；缺点是对目标本身的散射特性有较大的依赖性，需要在复杂的背景环境中准确地判明目标。被动式寻的制导一般用于空空、地空、舰空、空地和反坦克导弹。

根据能量介质的不同，常见的自动寻的制导主要有雷达、红外、微波和电视制导等方式。

（四）全球定位制导

全球定位制导又称 GPS 制导，是指制导武器接收全球定位系统中卫星发送的导航信号，实现三维精确定位和获取速度、时间、信息的制导方式，它能实时提供从地面到高空任何机动目标高精度的三维位置、速度和时间的信息。GPS 服务分为标准定位服务（SPS）和精密定位服务（PPS），美军内部采用精密 P 码调制，理论定位精度约为 0.29~2.9 米，可大幅提高制导武器的制导精度。其使用方便、成本低廉，但有易受干扰、动态环境中可靠性差及数据输出频率低等缺点。

（五）复合制导

为了提高导弹的命中精度，增大制导距离或增强抗干扰能力，更有效地打击目标，实战中经常把上述若干种制导方式结合起来使用，即形成复合制导。常用的复合制导形式有：自主式制导＋自动寻的制导，自主式制导＋遥控制导，遥控制导＋自动寻的制导，自主式制导＋遥控制导＋自动寻的制导，其他复合制导。

三、精确制导武器对作战的影响及发展趋势

精确制导武器的出现是武器发展史上的一次革命，它既是飞机、坦克和军舰等重型兵器的致命武器，又是攻击部队集结地、机场、码头、仓库、交通枢纽、指挥通信中心等军事目标的有效武器。精确制导武器已成为现代战争中最有效的打击兵器。

（一）精确制导武器对作战的影响

精确制导武器自问世以来，在 20 世纪 60 年代以后的多次局部战争中，充分显示了它的威力，确立了"兵器之星"的地位。它是现代战争的三大支柱系统之一，对现代战争产生了深远的影响。

1. 精确制导武器提高了作战效能

据资料统计，第二次世界大战期间飞机投弹的圆概率误差为 1000 米，摧毁一个钢筋混凝土目标平均需要 9000 枚炸弹；越南战争期间，飞机投弹的圆概率误差为 100 米，炸毁类似目标平均需要 200~300 枚炸弹；而在海湾战争中，使用圆概率误差为 1 米的激光制导炸弹，只需 1~2 枚即可达到目的。在 1982 年的贝卡谷地战斗中，以色列军队在电子干扰机的掩护下，使用精确制导武器空袭贝卡谷地，仅用 6 分钟就一举摧毁叙利亚 19 个 SAM-6 防空导弹连阵地。在海湾战争中，多种精确制导武器纷纷登场亮相，在战场上充当主角，并显示出超常的作战能力，取得了非凡的战绩。海湾战争前，日本和苏联都有人预测战争"会拖延一年以上"

"战斗将异常惨烈";可结果却出乎人们的预料,不仅时间很短而且伤亡也不大,这不能不说是精确制导武器的迅速发展起了重要作用。

2. 精确制导武器使作战样式和方法发生深刻变化

(1)促使超视距、全天候、多目标精确打击变为现实。在海湾战争中,美军从 1000 千米以外发射的 35 枚中程巡航导弹和从海上发射的 288 枚"战斧"巡航导弹,几乎都准确地命中预定目标。GPS 制导系统能在恶劣的气象条件下自主导航,毫米波制导系统受云雾烟尘的影响很小,合成孔径雷达不受云雾和昼夜条件的限制,甚至能穿透地表发现地下数米深处的掩蔽部。"爱国者"地空导弹可同时跟踪 50～100 个目标,可同时对不同方向、不同高度的 9 个目标实施攻击。

(2)可以同时连续精确打击整个战场纵深,减少前沿的短兵相接,使前后方界线模糊,战场呈现"流动"状态、非线性或无战线化。在海湾战争中,交战双方兵力超过 120 万人,坦克 8000 余辆,装甲车 8300 余辆,但地面战斗仅用 100 小时就结束了,且未发生规模步兵格斗和坦克大战。这主要是因为伊拉克军队的装甲部队已被多国部队大量的反坦克导弹所摧毁。

(3)实施"外科手术式"打击,使对点目标攻击附带杀伤、破坏降至最低程度,而地面却不派一兵一卒,就可达成一定的军事政治目的。"外科手术式"的基本战法就是使用精确制导武器实施精确突袭。这是一种既能达成一定的政治目的又比较安全、有效的军事手段,只要使用少量的空袭兵力就能摧毁对方重要的军事、政治目标或经济设施,它付出的代价小而军事效益高。例如,1986 年 4 月 15 日,美军在空袭利比亚的黄金峡谷行动中,F-111 战斗机和舰载攻击机使用精确制导武器对利比亚的 5 个地面目标实行"外科手术式"突袭,仅用 12 分钟就达到了军事目的。

3. 精确制导武器成为改变军事力量对比的杠杆

(1)精确制导武器正在改变着坦克、飞机、军舰等武器装备的传统军事价值,它与电子战相配合,将成为战争制胜的重要因素。海湾战争中伊拉克的迅速惨败就是最好的例证。

(2)精确制导武器越来越明显地改变着军事力量平衡的作用,促进常规威慑力量的形成。据推算,精确制导武器的威力可与小型核武器相比,而且常规威慑力量的可利用性大大高于核威慑力量。

(二)精确制导武器的发展趋势

有这样一组数据:在 20 世纪 60 年代的越南战争中,精确打击弹药占消耗总弹药的 2%;而在 1991 年的海湾战争中,精确打击弹药占总弹药的 8%,摧毁 80% 的重要目标。以美国为首的多国部队发射 20 余种精确制导武器,数量达到 4.3 万枚，共摧毁伊拉克加固飞机库 375 座，占 594 座加固机库总数的 63%，摧毁战术目标桥梁 40 座，破坏 10 座。1995 年北约空袭波黑，精确打击弹药占总弹药的 60%；1998 年底的"沙漠之狐"行动中，精确打击弹药占总弹药的 68%以上。1999 年北约空袭南联盟行动中，初期精确制导武器的使用达到 95%以上，前几轮轰炸几乎使用的都是精确制导武器。2001 年的阿富汗战争中，精确制导武器的消耗量约为 65%。从这些数字来看，现代高技术条件下的战争没有精确制导武器将无法进行。精确制导武器已成为现代战争的主导武器而受到各国普遍重视，并得到很大发展。它的实践应用使战争的突然性和破坏性增大，规模和范围扩大，进程加快，从而改变过去常规战争的时空观念，给现代战争的战略战术带来巨大而深远的影响。精确制导武器是现代科学技术的高度集成，它的发展既依赖于科学与工业技术的进步，同时又推动军事科学技术的发展，因而精确制导武器技术水平已成为衡量一个国家军事实力的重要标志。各类精确制导武器虽有其各自的特点，但也有共同的发展趋势。

1. 智能化

制导武器将具有思维判断能力，能够自动搜索、发现、识别、定位、跟踪、攻击敌方目标。其可以区分目标种类，判断威胁程度，攻击对己方威胁最大的目标，大大提高武器的制导精度、抗干扰能力和对多目标进攻的能力，并普遍采用"发射后不用管"的制导技术。

2. 远程化

为了提高打击的灵活性、突然性和发射平台的生存能力，目前各国都在发展新的探测技术，增大作用距离，增大武器射程，减少最小有效射程。例如，发展能在敌方火力网以外发射的精确制导武器，即超视距打击。

3. 隐形化

采取隐身技术，以降低雷达反射截面，减小敌方雷达发现概率和探测距离，提高突防能力和攻击的突然性；又具有对"隐身"目标截获和跟踪能力。

4. 模块化

将武器系统分成若干组件，各组件都采用模块设计，通过更换不同的导引头，组合成不同用途的精确制导武器，提高通用性能，以对付不同类型的目标，适合军种和多种作战的需要，降低费用和技术保障。

第五节　电子对抗技术

随着科学技术的不断发展，电子技术在军事上的应用日益广泛，现代战争中的指挥通信系统、军事情报系统和武器控制系统等方面对电子技术的依赖性越来越大。军事领域中的电子对抗已经不是传统军事能力的补充，而是整个战争能力的重要组成部分，已经与地面、空中、海洋、太空作战相并列，被称为第五维战场。它是以电磁辐射的总频谱作为武器，以软杀伤为主要特点，以制电磁权和控制信息为目标贯穿于战争的全过程。未来高技术战争将面临更加复杂的电磁环境，面对拥有先进电子技术装备的强大对手，因此认真研究电子对抗技术的特点，努力掌握运用电子对抗的方法，不断提高电子对抗的能力，已成为军事现代化建设的一项重要任务。

一、电子对抗的概念

电子对抗，也称电子战或电子斗争，是指敌对双方使用电子技术设备和器材的电磁斗争。它是为了削弱、破坏敌方电子设备的使用效能和保障己方电子设备正常发挥效能而采取的综合措施。通俗地说，电子对抗是敌对双方利用电子设备和器材的电磁斗争。

电子对抗是由综合的、交叉的、多层面的多种学科所构成的军事科学体系。按电子设备工作的频谱范围，通常分为射频对抗、光电对抗、声呐对抗等；从战场行动主体的层面，可分为陆军、海军、空军、火箭军等的电子对抗；从作战空间上，可分为地面、海上、空中和外层空间的电子对抗；从作战表面形式上；可分为电子侦察与反侦察、电子干扰与反干扰、电子摧毁与反摧毁；从作战内容及电子设备的类型上，可分为通信对抗、雷达对抗、光电对抗、水声对抗等。

二、电子对抗的形成与发展

电子对抗始于20世纪初的无线电通信对抗。1904年，在日俄战争的海战中，俄国巡洋舰"绿宝石"号和驱逐舰"响亮"号曾对日本舰艇的无线电通信施放过干扰，最早拉开电子战的序幕。在第一次世界大战中，电子对抗作为一种新的作战手段引起军事家的兴趣，电子战也从原来简单的通信干扰发展成为战争的一部分。第二次世界大战期间，电子对抗除通信对抗不断发展外，还出现了导航、雷达对抗。在大战爆发之前，各军事强国都在努力发展自己的军用电子技术，旨在争夺电磁优势。各种炮瞄雷达、警戒雷达、机载与舰载雷达，以及无线电通信导航、遥控测控设备，随着战争的急需相继装备部队，在争夺电磁优势的斗争中，又向前迈进一大步，双方在战争中的电子对抗更加激烈。

电子对抗经历了由通信对抗到雷达对抗，再到电子武器系统全面对抗几个发展阶段。在各个发展阶段中，发展陆地、海洋、空军电子对抗装备和提高电子对抗能力，始终是各国争夺电磁优势的重点。近年来，由于大规模集成电路和微电子技术及微型电子计算机的迅速发展，军用电子设备正向小型化、性能好、价格低廉的方向发展，为大量使用电子对抗装备提供广阔前景。现代战争中，几乎每一个作战单元都配有电子设备和电子对抗装备，如警戒雷达、红外夜视仪、激光测距机等。许多国家专门建立电子战部队，其主要发展趋势有以下几点。

（1）电子对抗装备将不断更新。现代战争中，诸军兵种合成的程度越来越高，快速反应已成为战役战术的要素之一。由于电子装备在战场上的大量使用，战场空间的电磁环境十分复杂。这就要求电子对抗装备必须摆脱单一功能的状态，向一体化、通用化、宽频段等综合配套的方向发展。

（2）电子对抗将向软、硬结合的方向发展。未来战争中，使用兵器种类多，自动化程度高，信号密度大，纵深性、立体性、快速性、破坏性进一步发展，战争的激烈、复杂和残酷性将是空前的。武器装备和作战手段更是变幻莫测，使人眼花缭乱。在这种复杂多变的环境中作战，仅靠单一的软杀伤或单一的硬摧毁手段，要想争夺战场的电磁优势，占领制高点是不可能的。于是，一种软、硬杀伤相结合的电子对抗手段应运而生，这既是强化高技术总体作战能力的需要，也是电子对抗不断发展的必然。

（3）电子对抗的重点将向 C^4I 系统和精确制导武器方向发展。电子对抗的对象是较广泛的，其中主要目标是指挥、控制、通信以及情报系统、防空雷达系统、武器制导系统等。这些系统中最重要的是指挥、控制、通信、计算机、情报及侦察、监视系统，即 C^4ISR 系统。C^4ISR 系统是国家和军队威慑力量的重要组成部分，是现代化军队的神经中枢，C^4ISR 系统一旦遭到破坏后果不堪设想。美军认为："只要使敌军 C^4I 系统瘫痪，我们便能取得决定性胜利。" 1988 年 11 月 2 日，美国一名 24 岁的博士生罗伯特·莫斯编制了一种称为"蠕虫"的病毒程序，偷偷输入美国国防部、军事基地、大学、私人公司，一夜之间从美国东海岸传到西海岸，美国国防部 8500 台计算机中有 6000 台染上病毒，不得不关机。海湾战争前，伊拉克从法国购买用于防空系统的新型计算机，美国把一套带有计算机病毒的同类芯片偷换放入该打印机内，在战略空袭前以无线电遥控技术将病毒激活，使伊拉克军队防空指挥系统发生混乱。

（4）新电子对抗技术将不断呈现。在高技术的推动下，电子对抗主要采用先进的电子技术，但它绝不是一个纯技术的问题，而是现代战争中不可缺少的一种作战手段。电子对抗的成败，技术问题固然十分重要，但战术的运用同样不可忽视。在一定的电子对抗技术的基础上，战术的运用甚至起了关键性作用。随着电子技术的发展，要取得对抗胜利，就必须研究和运用新的对抗技术。可以肯定，随着电子对抗技术的发展，电子对抗战术也将得到不断发展和完善。

三、电子对抗的地位和作用

大量电子技术装备运用于军事领域以后，极大地拓展了电子对抗的范围，使其上升为重要的战略要素。它不仅仅限于传统意义上的保障措施，而已成为一种相对独立的作战手段和方式，贯穿于现代战争的始终。

（一）电子对抗已向全方位扩展

20世纪初，电子战还处于萌芽时期，出现了通信对抗。第二次世界大战时期，由于飞机和雷达的大量使用，电子对抗的重点转向雷达对抗为主要手段的空袭与反空袭的斗争。在科索沃战争中，电子对抗已经出现了以破坏计算机网络为重点的"网络电子战"。由此不难看出，电子对抗战场已经渗透到指挥、协同、通信、情报、警戒、跟踪、导航、伪装、探测、火控、制导、空袭、防空、反舰、反潜等极为广阔的军事领域，电子对抗能力已经成为现代高技术条件下局部战争中战斗力的重要因素。

近期几场高技术局部战争实践一再表明：战斗舰艇如果缺乏有效的电子对抗手段，就会被远距离的一机一弹所摧毁；航空与防空部队只有具备健全的电子侦察、警戒、引导、自卫措施，才能夺取真正意义上的控制权；在陆地战场上的各种武器装备，只有将电、磁、光、声等一系列电子对抗手段紧密地结合起来，方可掌握战争的主动权。

（二）电子对抗已成为战略要素

高技术局部战争中，由于电子战的使用和对战争全局带来的影响，制导战争的高层决策者和司令部机关，在筹划军队建设的过程中，必须把电子战作为战略要素来考虑。目前，许多国家的军队都把电子战纳入其作战纲要。在作战条令中加以规范和肯定，以促进军队的落实，有的还付诸战争的实践来验证。

（三）电子对抗已成为重要作战手段

在以往的战场上，电子斗争主要作为作战的一种支援保障手段。而现在，电子战武器装备得到长足发展，可以通过软杀伤和硬摧毁等手段，干扰、压制和破坏对方侦察、通信和控制系统，使之降低或丧失战斗效能。电子战成为渗透到各个作战领域的重要作战手段，为现代作战开辟一个崭新的战场——电磁战场。

从作战指挥上看，电子进攻可使敌方指挥瘫痪。军队指挥主要依赖"以无线通信为主"的指挥通信。例如，海陆空三军的协同作战、坦克集群突防、飞机和舰艇编队行动、空降作战、登陆作战、机动作战等，都离不开无线电通信，有时甚至是唯一的指挥手段。

从情报获取上看，电子进攻可以使情报系统难以发挥效能。运用电子设备获取敌方的情报已在现代作战中广泛使用。例如，用无线电侦察设备截获和分析敌方无线电通信的信息，以获取相关的情报；利用雷达对空和对海警戒，对空间目标监视，对炮位侦察，对战场上的单兵、车辆等活动目标进行监视，都可获取相应的军事情报。电子进攻还可使敌方的情报失真，以影响其作战行动。

从兵器运用上看，电子进攻还可使激光制导、雷达制导、红外制导等精确制导武器的效能明显减低。现代战争中，精确制导武器已成为摧毁敌方军事实力和作战潜力的主要武器。运用软硬结合的电子战手段，压制、干扰和破坏敌军武器火控和制导系统，有利于降低敌军精确制导武器的效能。

（四）电磁领域已成为作战双方争夺的制高点

电子战武器装备用于作战不仅具有较高的效费比，而且对总体作战能力可起到倍增器的作用。1973年中东战争时，由于以色列缺乏电子战的技术和战术手段，其上百架作战飞机被叙利亚以萨姆-6防空导弹为主的防空武器击落；而在1982年中东战争中，以色列军队运用电子战手段，在贝卡谷地仅用了6分钟就摧毁叙利亚军队价值20亿美元的19个萨姆-6防空导弹阵地和30架飞机。

战争实践一再证明，电子战作为一种作战手段，将成为现代作战行动的先导，成为渗透到各个作战领域的重要作战样式。它将改变作战双方作战力量的对比，在决定战争进程乃至战争胜负中有着重要的作用。可以说，在现代战争中，没有制电子权，就很难有制空权、制海权，必然会丧失战场的主动权。因此，电磁领域必将成为现代战场双方激烈争夺的制高点。

四、电子对抗在实战中的运用

电子对抗的特点是技术性强、针对性强、时效性强、涉及范围广泛、贯穿作战过程、对作战影响大。在实战中的运用主要有以下几个方面。

（一）通信对抗

通信对抗是指通信领域的电子对抗，包括通信侦察、通信干扰、通信抗干扰等对抗措施。通信对抗的主要目的是：侦收破译敌方密码，获取敌方信息；获取通信有关技术战术参数，与分析获取有关敌方兵力部署和作战意图的情报；使敌方通信系统在关键时刻暂时失效，从而造成敌方指挥系统的瘫痪；采用各种手段欺骗迷惑敌方，抑制敌方干扰，保证己方通信系统有效地工作。通信对抗主要包括侦测、干扰、冒充和摧毁。

（二）雷达对抗

雷达对抗是指交战双方为保障己方雷达有效工作，并破坏敌方雷达正常效能发挥而进行的雷达侦察与反侦察、干扰与反干扰、摧毁与反摧毁的斗争。雷达对抗主要包括雷达侦察、雷达干扰和反辐射摧毁。

（三）光电对抗

光电对抗是利用光电设备或器材，通过光波传输的作用，截获、识别敌方正在工作的光电辐射源信息，并继而采取各种手段削弱以致破坏其光电设备的效能；同时保证己方光电设备正常发挥效能的技术措施和其他措施。光电对抗主要包括光电侦察和光电干扰。

第六节　军事航天技术

航天技术是现代科学技术的结晶，它以基础科学和技术科学为基础，汇集现代工程技术的新成就。航天技术起步的主要标志是1957年10月4日世界上第一颗由苏联制造的人造地球卫星发射成功。在短短的50多年时间里，航天技术发展非常迅速，不仅被广泛应用于国民经济、科学研究、文化教育等各个方面，在军事应用上也发挥着极其重要的作用。

一、军事航天技术概述

航天技术应用在军事领域被称为军事航天技术，是为了军事而进入太空和开发利用太空的一门综合性工程技术，其具体成果就是各种军用航天器。

军用航天器的发展，使军事侦察、通信、测绘、导航、定位、预警、监视和气象预报等能力空前提高。军事航天技术的应用，主要包括航天监视、航天支援、航天作战及航天勤务保障四个方面。航天监视是指充分利用航天器监视范围大、不受国界和地理条件限制、可定期重复监视某个地区、可以较快地获得其他手段难以得到的情报等优势，通过航天器上的各种侦察探测设备对目标监视，主要包括照相侦察、电子侦察、导弹预警、海洋监视和核爆炸探测等。航天支援是指利用军事航天技术，支援地面和空中军事活动以增强军事力量的效能，包括军事通信、军事气象观测、军事导航和测地等。以上两个方面均已得到广泛应用，并且随着微电子技术、计算机技术、传感器技术等发展，其能力在不断提高。航天作战是指利用航天器载激光、粒子束、微波束等定向能武器或动能武器，攻击、摧毁对方的航天器及弹道导弹等目标，或者由载人航天器的机械臂、太空机器人或航天员，直接破坏或擒获敌方的军用航天器。航天勤务保障是指在太空利用航天器实施检测、维修，加注推进剂，更换仪器设备、备用件及其他消耗器材，组装、建造军用航天器等的活动。这一方面的技术目前尚处于探索阶段。

二、军用航天器的分类

军用航天器包括运载系统、载人航天系统、军用卫星系统、空间武器系统这几类。

（一）运载系统

运载系统是指能把军用航天器、宇航员或物资等有效载荷从地面送到太空预定轨道或能将有效载荷带回地面的运输系统。目前，军事航天运输系统主要有一次性使用的运载火箭和可重复使用的航天飞机。其发射方法有三种：①通过多级火箭发射；②用航天飞机发射；③用飞机发射各种人造地球卫星、宇宙飞船和空间站等。我国长征系列运载火箭，如图3-13所示。

图3-13　长征1～4号运载火箭

（二）载人航天系统

载人航天系统主要有载人飞船、空间站、航天飞机和空天飞机。载人飞船既可以执行军事任务也可以民用，是一种不可重复使用的航天器。它可以担负的军事使命有：作为地面与空间站的军事运输工具，可向空间站运送军事补给物资和接送人员、空间救护等，试验新的军用航天设备，用于特定目标的侦察等。例如，"阿尔法"国际空间站，如图3-14所示。

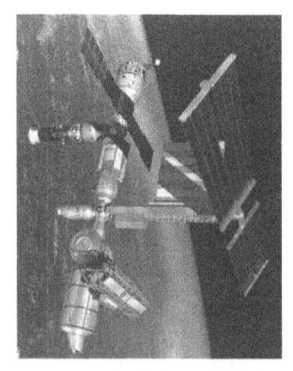

图3-14　"阿尔法"国际空间站

（三）军用卫星系统

军用卫星系统包括侦察卫星、通信卫星、测地卫星、导航卫星、气象卫星和中继卫星。例如，美国大鸟侦察卫星，如图 3-15 所示。

图 3-15 美国大鸟侦察卫星

（四）空间武器系统

航天技术广泛应用于军事，正在引起作战方式根本性的变革，它不仅使信息的实时传递、控制成为现实，而且为日益迫近的太空战提供技术支持。太空战的雏形是反卫星作战和导弹攻防作战。空间武器系统分为反卫星系统和反导弹系统。

三、军事航天技术对现代军事的影响

军事航天技术的发展促进太空的军事化，对现代军事的发展产生巨大的影响。

（一）太空成为未来战争新的争夺焦点

军事航天技术的应用使太空成为人类的第四维战场，进一步扩展人类在军事领域的应用空间。各种军事卫星使军队具备在全球范围内侦察、通信、导航定位的能力。这种能力一方面大大提高军队的指挥自动化水平，实现了全球范围内的统一指挥和快速反应；另一方面也使得军队在作战中越来越多地依赖来自太空的支援与保障。谁能取得在太空中的优势和主动权，谁就拥有更多的机会在作战中取得优势。在科索沃战争中，美国一方面动用大量军事卫星进行战场支援；另一方面还采取迫使国际卫星通信供应商切断南联盟租用的卫星线路、停止公布有关卫星跟踪数据等手段，以阻止南联盟使用卫星并防止其攻击美国卫星。战后不久，俄罗斯即推出了针对美国 GPS 系统的干扰仪。可见，现代战争中的空间对抗已初露端倪。

（二）军事理论发生深刻变革

随着军事航天技术的广泛应用和太空中争夺的日益激烈，相关的军事理论也发生了深刻的变革。美国作为在军事航天技术方面占绝对优势的国家，先后提出和深化了"制天权"理论、"太空威慑"理论和"海地空天电"一体作战理论，对太空战场的地位、空间力量与传统武装力量的协同作战等问题进行研究。其"非对称对抗"等理论的产生和运用与军事航天技术所带来的高技术优势也有着密切的关系。

（三）军队构成面临新的变化

近来美国、俄罗斯都已组建"天军"。1985年美军把空军、海军航天司令部及陆军导弹防御司令部合并共同组建联合军事航天司令部，集中执行太空作战任务。美国有关部门发表报告建议：在陆、海、空三个军种之外，建立一支独立的约3万人的太空作战部队。美军为了加快太空作战部队的建设，拟成立太空作战学院，专门培养太空作战人才。俄罗斯已于2001年6月成立"航天兵"。这是一支凭借航天技术和尖端武器装备来执行空间军事任务的高技术部队。它由航天发射部队、航天测量跟踪管理部队、航天监视作战部队、军事航天员部队等四大部分组成，统一由航天司令部指挥。其主要任务是拦截和攻击外层空间目标和地面目标，以及为其他军兵种提供侦察、预警、指挥、控制、导航、通信、气象等多种支援和保障。

第七节　军队指挥自动化

战争离不开指挥。指挥手段伴随着战争史而不断改进。农业化时代，军队作战指挥靠的是令旗、号角、锣鼓、烽烟等；工业化时代，军队指挥开始有了无线电报、有线电报、电话等工具，并逐步使用光学观测器、雷达、飞机、无线电侦听器等设备。

现代战争中，军事行动速度加快，规模增大，紧张程度提高，作战双方争夺空间和时间的斗争极其激烈，战场情况瞬息万变，往往要求在极短的时间内，要对多种作战力量、多种作战方式实施有效的指挥，发挥整体威力。实现军队指挥的自动化，能减少军队兵力、兵器和物资器材的消耗，充分发挥其战斗力；可以迅速、准确地获取、传递和处理情报；可以快速精确计算和自动控制，提高己方武器的使用效能；可以优化方案，辅助决策，提高指挥员定下决心的速度；可以把指挥人员从大量简单、重复的劳动中解脱出来,集中精力从事创造性的指挥活动;可以加强各级指挥机关与作战部队之间的紧密联系,使整个军队指挥系统运转更为迅速、精确、灵活和富有成效。军队指挥自动化对军队现代化建设具有深远的意义。

一些西方人士把军队指挥自动化看作是"力量倍增器",美国军方认为,"为了保持可靠的威慑,有没有一种高超的指挥控制通信系统,同有没有武装部队同等重要"。苏联军方把实现指挥自动化称为"继核武器、洲际导弹后的军事革命的第三阶段"。

一、军队指挥自动化概述

(一)军队指挥自动化的基本含义

军队指挥自动化是指在军队指挥系统中,运用以电子计算机为核心的自动化设备和软件系统,使指挥员和指挥机关对所属部队的作战和其他行动的指挥,实现快速和优化处理的措施。其目的是提高军队指挥效能,最大限度地发挥部队的战斗力。电子计算机在指挥自动化中占据十分重要的地位,起着核心作用。关于"核心"有两层含义:一是各种自动化设备都在计算机的控制下有序地工作;二是几乎所有的自动化设备中都装有计算机,可以说没有计算机就没有自动化,计算机是自动化的源和本。

(二)军队指挥自动化系统的特点

实现军队指挥自动化的物质基础是指挥自动化系统。它是在军队指挥系统中,综合运用现代科学技术和军事理论,实现作战信息采集、传递、处理自动化和决策方法科学化,保障对军队和武器实施指挥与控制的人—机系统。它把指挥、控制、通信、计算机和情报各子系统紧密地联系在一起,形成一个多功能的体系结构。军队指挥自动化系统的特点主要体现在:能快速搜集、处理、传输情报,能"记住"大量的数据,把来自不同信息源的原始数据或经过处理的数据存于系统的计算机存储器中,具有一定的逻辑判断能力。

(三)指挥自动化系统的构成

指挥自动化系统是一个结构复杂的大系统,主要由硬件设备、软件设备、各类人员三大类构成。硬件设备主要分为计算机及其外部设备、通信设备、探测器、显示设备等。软件设备包括系统软件和应用软件两类,是保证整个系统按用途进行工作的各种程序的总称。各类人员的组成包括服务人员、操作人员和指挥人员三大类。服务人员是指系统分析、程序编制和设备维护人员,其任务是保证系统能正常而有效地运转；操作人员是指计算机操作人员和信息分析人员，直接参与信息的流通环节；指挥人员是各级指挥员和参谋人员。

二、军队指挥自动化对作战的影响

（一）对作战指挥的影响

1. 指挥机关的组织结构发生变革

装备有大量现代化办公设备及装备的指挥自动化系统，虽然仍是以人为主，但随着自动化系统各种功能的不断完善和改进，很多工作都可由机器完成。因此，指挥机关可以精简指挥人员，充分发挥机器的效能。

2. 指挥工作方式大大改进

为了使指挥机关的工作方式适应指挥自动化系统的运行节奏，一方面要简化工作程序；另一方面亦应改革作战文书的格式。在指挥自动化系统中，各级指挥员可以随时利用各种现代化的设备了解上级意图，收集各种战场信息，分析判断情况，优选可行方案，定下决心，下达命令和指示，以及向上级汇报命令的执行情况等，这无疑是对指挥工作方式的一种变革。

3. 指挥决策智能化

运用指挥自动化系统，不像过去那样靠一个人或几个人的经验指挥决策，指挥员除了能充分发挥主观能动性外，还可以最大限度地利用自动化系统的"智能"，使用计算机拟定、选择、检验方案的可行性，做出指挥决策。

4. 战场调控更加科学

由于各种先进通信手段和设备的使用，战场信息可以及时地反馈给指挥机关，指挥员一方面可以根据这些反馈信息对战场的兵力、兵器部署做出反应并及时加以调整，控制战场态势向着对己方有利的方向发展，使战场上的兵力损失减少到最低程度；另一方面还能依据这些信息，运用各种战场调控手段，控制作战节奏。

（二）对军队机动的影响

军队指挥自动化系统的应用，为军队机动能力的提高创造许多有利条件。先进的装甲车辆、飞机、舰船上大都装有精确定位和导航设备，无论是在一般的地面、海域、空域，还是在极其复杂的环境下，都可以通过这些先进的定位和导航设备了解和确定自己的准确位置、运动速度、高度、时间等数据。便携式计算机中的各种地形资料为机动部队提供更方便、更可靠的支持，使部队在机动过程中更加方便、准确地了解各方面的情况。

（三）对武器效能的影响

武器控制自动化是军队指挥自动化系统的主要内容之一。现代武器系统，均可由计算机自动控制完成识别目标、确定攻击方案及实施攻击的整个过程，不仅反应速度快，而且作战效果好、精度高。现代无人驾驶的坦克和飞机，可以按照预先设置在计算机中的指令自动寻找攻击目标，根据目标的位置、大小、防护能力、自身状态，安全界等因素自动选择和确定攻击方案，然后将攻击效果反馈给战场指挥中心。

（四）对作战保障的影响

1. 对信息保障的影响

在现代的信息化战争中，战场信息的收集、传递和处理，不仅渗透到战场的各个领域、各个环节，而且在作战中的功能、地位和作用也不断提高。现代战争的信息保障包括立体化、全球覆盖的侦察与监视，全方位、大纵深的预警，多样化、抗干扰的信息传输，高效率、全时空的信息处理手段。各种信息技术装备和战场信息系统构成作战的"神经系统"，谁的"神经系统"更完善、更科学，在战场上发挥得更好，谁就能掌握战争主动权，控制战争的全局。可见，战场信息已经成为影响整个战争全局的重要战略资源。

2. 对后勤保障的影响

现代战争的全方位、全天候、立体化突击作战方式，要求后勤保障也必须相应地改进保障方法。后勤保障如何做到既满足作战需要，又尽量避免战场储备过多，指挥自动化系统的应用和发展为解决这一难题提供科学手段。通过系统对作战的模拟和仿真试验，可以科学地预测不同规模作战的各种物资消耗量，制订后勤保障需求方案，有计划地组织生产、采购、运输和储备，使后勤保障在宏观上日趋科学化。

三、军队指挥自动化系统的发展趋势

军队指挥自动化系统综合运用现代科学技术和设备，把指挥、控制、通信和情报紧密地联系在一起，形成一个多功能的统一系统。从技术角度分析，指挥自动化系统的发展趋势主要表现在以下几个方面。

（一）建立多层次、全方位的情报系统

在现代战争中，周密的战略侦察是战略指挥的重要内容，其目的是获取有关战争全局的情报。战略侦察必须以不断查明敌方的全部情况及当前战局最为关键、

最为急需的情况作为基本任务。为了及时、准确、不间断地获取战略情报，未来的指挥自动化系统综合利用各种高技术侦察手段，包括卫星侦察、电子侦察、海洋监视、核爆炸探测等，能对海上（水中）、空中和外层空间进行侦察，具有多层次、全方位、超视距的严密侦察功能。其使指挥员能及时把握战机，做出有效的决策。进一步提高指挥自动化系统对低空目标的监视能力，将防空、防天技术相结合，使指挥自动化系统适应未来防空、防天一体化，以及适应空间开发利用的需要，实现对外层空间目标的战略防御，这将是情报系统发展的一个重点方向。

（二）生存防御和电子对抗能力将进一步提高

大力提高指挥自动化系统的生存防御能力和电子对抗能力，这将是未来指挥自动化系统发展的核心之一。为此，将建设多层次、全方位的指挥自动化系统，实施多样的欺骗和伪装技术，运用路径迂回等措施，采用多种通信保障手段，增强系统的机动性。系统干扰和抗干扰能力的强弱，直接关系到系统的生存能力。由于电子对抗已成为作战双方在未来战争中克敌制胜的重要手段，先进的电子对抗设备将得到大力发展。

（三）由集中式向分布式体制发展

从总体上看，指挥自动化系统大体分为两种：一种是高度集中式的指挥自动化系统；另一种是分布式的指挥自动化系统。海湾战争已证明，在现代战争环境中，旧式的高度集中的指挥自动化系统极难发挥作用。任何使这样一种系统实现计算机或自动化的高技术化企图，只能使该系统在遭受攻击时显得更加脆弱。海湾战争以后，各国对军队指挥自动化进行深入的反思与总结，并分析得出一条"高度集中式的指挥自动化系统已经过时，分布式的指挥自动化系统是发展方向"的重要结论。在未来战争中，由于火力杀伤的精度与烈度大大提高，指挥系统的生存问题在高技术战争中面临着空前的威胁，这是提出分布式的指挥自动化系统的根本原因。

第八节　新概念武器

高技术的迅猛发展和广泛应用，正在引发世界范围的军事变革。军事大国，特别是以美国为首的西方国家，都企图加快军事技术的创新发展，进一步拉大与其他国家在军事高技术方面的差距。加速发展新概念武器，是它们确立军事高技术优势的重要手段之一。预计未来将有一批新概念武器投入战场。

一、新概念武器概述

新概念武器是相对于传统武器而言的高技术武器群体。目前，正处于研制或探索性发展之中。它在工作原理、杀伤破坏机理（杀伤效应）和作战方式上，与传统武器有显著的不同，投入使用后往往能大幅度提高作战效能与效费比，取得出奇制胜的作战效果。新概念武器的主要特征表现为以下几点。

（一）创新性

与传统武器相比，新概念武器在设计思想、工作原理和杀伤机制上具有显著的突破和创新，它是创新思维和高技术相结合的产物。

（二）高效性

技术上一旦取得突破，可在未来的高技术战争中发挥巨大的作战效能，满足新的作战需要，并在体系攻防对抗中有效地抑制敌方传统武器作战效能的发挥。

（三）时代性

新概念武器是一个相对的、动态的概念。随着时代的发展和科技的进步，某一时代的新概念武器日趋成熟并得到广泛应用后，也就转化为传统武器。

（四）探索性

新概念武器与传统武器相比，高科技含量大，技术难度高，在技术途径、经费投入、研制时间等多个方面的不确定因素多，因而探索性强，风险也大。

二、新概念武器的发展现状

（一）定向能武器

定向能武器技术是指与产生和发射束能集中的电磁能或原子/亚原子粒子有关的高新技术。定向能武器发出的能束，可对目标的结构或材料及电子设备等特殊系统、分系统硬破坏，也可以通过调节功率的大小，对目标软破坏。目前，发展中的定向能武器主要包括激光武器、高功率微波武器和粒子束武器等。

（1）激光武器是当前新概念武器中理论最成熟、发展最迅速、最具实战价值的武器。它无后坐力、无污染、直接命中、效费比高等诸多优点成为发达国家研制的重点武器，实现"有枪无弹、零时飞行、即瞄即中"。在大型激光武器方面，美国占有无可争议的统治地位，而在小型激光武器方面，俄罗斯处于领先地位。

（2）高功率微波武器可通过高功率微波摧毁敌方的电子装备或使其暂时失效，从而瓦解敌方武器的作战能力，破坏敌方的通信、指挥与控制系统，并能造成人员的伤亡。这种武器分为单脉冲式微波弹和多脉冲重复发射装置两种类型。通常由能源、高功率微波发生器、大型天线和其他配置设施组成。由微波发生器产生的强微波能量以很窄的脉冲通过天线集聚在一个窄波束内辐射出去。参战人员受到照射后，轻者产生神经错乱、行为错误，重者器官功能衰竭，甚至死亡。电子设备受到照射后，工作性能降低或完全失效。

（3）粒子束武器是以高能强流亚原子束摧毁飞机、导弹和卫星等目标或使其失效的武器。它由粒子源、粒子加速器、聚焦和瞄准设备等组成。其核心是加速器。加速器将粒子源产生的电子、碾子或离子加速接近光速，并用磁场聚集成密集的束流射向目标，靠束流的高能及电荷迁移效应摧毁目标或使其失效。粒子束武器分带电粒子束和中性粒子束两类。在空间武器中，主要使用中性粒子束武器，因为带电粒子束武器在真空环境下易发散。

（二）动能武器

动能武器是能发射出超高速运动的具有极大动能的弹头，通过直接碰撞式摧毁目标的武器系统。推进系统可采用电磁、火炮和火箭，因此动能武器可分为三种类型。

（1）电磁发射的动能武器。其主要有电磁动能炮、电磁轨道炮、电磁线圈炮，也称同轴线圈加速炮、电磁重接炮等。

（2）火炮发射的动能弹也是一种新的方法，利用火炮产生的巨大推力，将弹丸发射出去，是比较简单的动能武器，但要使弹丸达到一定的速度，火炮的推力如何提高是一个难题。

（3）火箭发射的动能武器，是利用现有火箭助推器，经过一定地改进发射动能弹，它是目前比较成熟的一类动能武器。

（三）高超声速武器

目前，国外正在研究的高超声速武器，主要有高超声速巡航导弹和高超声速飞机等，当飞行速度达到 5 马赫以上时，一般称为高超声速。该技术的迅速发展，将使 21 世纪航空航天技术产生重大飞跃。美国空军正在研制一种马赫数为 8、射程为 1400 千米的空中发射高超声速巡航导弹。苏联从 20 世纪 70 年代就开始采用超燃冲压发动机的飞行试验研究，还准备用 SS-18 或 SS-19 火箭进行马赫数为 5～

14 的超燃冲压发动机飞行试验，以研究发动机和机体的一体化。

（四）网络战武器

目前，计算机病毒对信息系统的破坏作用，已引起各国军方的高度重视，军事发达国家正在大力发展信息战进攻与防御的装备与手段，主要有计算机病毒武器、高能电脉冲武器、微米/纳米机器人、网络嗅探和信息、攻击技术及信息战黑客组织等。美国国防高级研究计划局还在研究用来破坏电子电路的微米/纳米机器人、能嗜食硅集成电路芯片的微生物及计算机系统信息泄漏侦测技术等。

在信息战防御方面，美国除了进一步强化安全计算机和安全系统软件的研制、测评和装备外，还于 1998 年 10 月成立了计算机网络防御联合特种作战部队，用以防护其整个一体化的 C^4ISR 系统免受入侵者的各种信息攻击，并计划研究一项五层防御系统。确认软件完整性系统、探测并根除恶意代码系统、易损性评估系统、实时侦察监视系统、保护探测反应系统，以保证其信息系统有足够的防护能力。

（五）非致命武器

非致命武器是指为达到使人员或装备失能，并使附带破坏最小化而专门设计的武器系统。按用途非致命武器可分为反装备和反人员两大类。目前，国外发展的用于反装备的非致命武器主要有超级润滑剂、材料脆化剂、超级腐蚀剂、超级粘胶及动力系统熄火弹等。

（六）其他新概念武器

1. 基因武器

基因武器，也被称为遗传工程武器或 DNA 武器。它运用遗传工程技术，用类似工程设计的办法，按人们的需要重组基因，在一些致病细菌或病毒中植入能抵抗普通疫苗或药物的基因，或者在一些本来不会致病的微生物体内接入致病基因而制造成生物武器。基因武器的使用方法简单多样，可以用人工、飞机、导弹或火炮把经过遗传工程改造过的细菌、细菌昆虫和带有致病基因的微生物，投入他国的主要河流、城市或交通要道，让病毒自然扩散、繁殖，使人、畜在短时间内患上一种无法治疗的疾病，使其在无形战场上悄悄地丧失战斗力。由于这种武器不易被发现，难以防治，一些科学家认为，它现在的破坏性远远超过核武器。

2. 无人作战平台

目前，世界上研究的微型无人作战平台主要有微型飞行器和微型机器人两大类。

（1）微型飞行器。微型飞行器具有良好的隐蔽性，因此可执行低空侦察、通信、电子干扰和对地攻击等任务。美国1997年推出为期4年的微型飞行器计划。其中的"微星"项目是一种可由单兵手持发射的微型飞行器，长度小于15厘米，重量不足18克，因为形体微小，即使在防空雷达附近盘旋，也难以被测控到。在空袭阿富汗时，美军装备的无人驾驶飞行器第一次在战场露面就取得不俗的战绩，它在侦察的同时还能攻击地面活动目标，可谓"文武双全"。

（2）微型机器人。微型机器人可分为厘米、毫米和微米尺寸机器人，有一定智能性，可在微空间进行可控操作或采集信息，其最突出的优点是能执行常人无法完成的任务，而且可批量、廉价制造。美国研制的一种可探测核生化战剂的微型机器人，只有几毫米大小；还有一种构想中的"黄蜂"微型机器人，只有几十毫克重，可携带某种极小弹头，能喷射出腐蚀液或导电液，攻击敌方装备的关键电子部件。

3. 幻觉武器

幻觉武器是运用全息投影技术从空间站向云端或战场上的特定空间投射有关影像、标语、口号的一种激光装置。可谓最直接的心理战武器。它的作用是从心理上骚扰、恐吓和瓦解敌军，使之恐惧厌战，继而放弃武器逃离战场。据报道，美国在索马里就曾使用这种幻觉武器进行了一次投影效应试验，把受难耶稣的巨幅头像投射到风沙迷漫的空中，给敌方造成心理恐惧。

4. 次声波武器

这是一种能发射20赫兹以下低频声波即次声波的大功率武器装置。在空中，它能以每小时1200千米的速度传播，在水中能以每小时6000千米的速度传播，可穿透1.5米厚的混凝土。它虽然难闻其声，却能与人体生理系统产生共振而使人体丧失功能。目前研制的次声波武器分为神经型和内脏器官型两种，前者能使人神经错乱，癫狂不止；后者能使人体脏器发生共振，周身产生剧烈不适感，进而失去战斗力。由于次声波能穿透建筑物和车辆，躲在工事和装甲车里的人员和一切有生力量都会受到攻击。在波黑战争中，美军就曾使用次声波发生器发射次声波，几秒钟后使对方大批人员丧失战斗力。次声波武器已被列为未来战争的重要武器之一。

5. 纳米武器

纳米技术是一门新兴技术。它的出现，标志着人类从微米层次深入原子、分子级的纳米层次，使人类最终能够按照自己的意愿操纵单个原子和分子，以实现对微观世界的有效控制。纳米技术的发展引起许多国家的密切关注，纷纷研制纳米武器。纳米武器的出现将引起一场军事技术的革命。

"珍珠"卫星、"蚊子"导弹、"蚂蚁"士兵、"小草"间谍是未来纳米武器的形象写照。现已有一种微型侦察装置，体积只有苍蝇大小，可在空中飞行、地面爬行或跳跃前进，装有微型传感器、信息处理和导航器件，能在敌人阵地四周悬停、爬行、潜入建筑物内窃听或窥探敌情，通过通信系统将信息发送到指挥控制中心。另一种多功能超微机器人正在试验，它的体积只有蚂蚁大小，背上驮有一台微型太阳能动力装置，腹中装有微型探测装置和自主式导航装置。它可隐蔽地潜入敌方作战指挥中心搜集重要情报，也可安装微型高能炸药参加战斗，直接摧毁敌方信息网络系统。

6. 环境武器

环境武器指运用现代科技手段人为地影响天气和气候，以制造水灾、飓风、雹灾、地震、海啸等自然灾害造成敌方极其严重的损失，以达到军事目的的系列武器总称。目前主要有地震武器、气象武器、化学雨武器和臭氧武器等。

7. 地效飞行器

目前，一些西方军事强国正在从事地效飞行器的研究。到现在为止，这种飞机与舰艇的混合物对未来战争的影响还无法估量。有专家曾表示，地效飞行航母将有可能取代常规航母充当未来的海上霸主。地效飞行器是介于飞机、舰船和气垫船之间的一种新型高速飞行器。与飞机不同的是，地效飞行器主要在地郊区飞行，即贴近地面、水面飞行，而飞机主要在地郊区以外飞行；与气垫船不同的是，地效飞行器靠地面效应产生气垫，而气垫船靠自身动力产生气垫。在军事领域，它可以用于执行侦察、巡逻、反潜、布雷、扫雷、救生等任务，也可担负沿海、岛屿和舰队之间的快速机动和补给任务（如为远程奔袭飞机的加油站），装上导弹等武器后则可输送登陆部队或担任进攻任务。

地效飞行器的优点是：①速度快。由于它在水上飞行，其航速是普通舰艇的10倍，甚至10倍以上，是气垫船的3倍以上。②安全性高。地效飞行器在距离水面1~6米的高度低空飞行，一旦出现紧急情况，可随时在水面降落。在军事上，它可以利用敌方探测雷达的盲区，敌方很难发现，躲避敌方舰载和防空火力的攻击。③有较好的抗浪性。小型机可抗浪1米左右，中型机可抗3米左右的浪，大型机对5米的浪也无须过虑。在陆地上，它可以轻易飞越沙漠、沼泽、雪地，必要时还可飞到几十米乃至上千米的高度。④设计与制造费用均比飞机低，售价约为同级飞机的50%~60%。另外，地效飞行器利用襟翼，能自如地倒退、悬停及垂直起降，在军事上运用地效飞行器登陆、机降和反潜作战，都将是十分有效的手段。

地效飞行器是人类继车辆、船舶、飞机之后的第四大交通运输工具。它凭借其独特的性能优势获得"突击登陆的理想工具""海上救援流动医院""海上超低空作战平台"等美称。因此,完全可以运用地效飞行器作为未来登陆作战的理想工具。若用来登陆作战,它有很多优点:①地效飞行器机动性能好,可以直接突击登陆。地效飞行器能根据需要灵活调节飞行高度、速度,顺利越过专为抗登陆设置的垂直障碍,能较好地解决一般排水型登陆艇对登陆场地条件要求高,无法直接输送部队上陆的难题;同时,地效飞行器还有效解决了登陆兵需要在近岸换乘展开、徒步涉水穿越海滩、形成攻击战斗队形时易造成较大伤亡的问题。②隐蔽性能好,突防能力强。地效飞行器既能高速掠海飞行,又能有效利用雷达盲区,神出鬼没,使敌方难觅足迹。这种得天独厚的优势和强大的突防能力,远非一般作战舰船和飞机所能比拟。③载重量大,保障效率高。地效飞行器一次可迅速输送数百至上千名士兵及数辆坦克,使一般登陆艇望尘莫及。以美国正在研制的地效航空母机为例,它的大小相当于一艘驱逐舰,可载货405吨,一次可运载400名士兵,16架直升机,几十辆汽车和火炮。满载巡航半径约6350千米,最大巡航时速为470千米。

历史名人堂

两弹一星——钱学森

图3-16 钱学森

钱学森,1911年12月11日出生于上海。3岁时随父母到北京,在北京度过了童年与少年时期。1929年考入了交通大学机械工程系,学习机车制造专业。1934年6月考取公费留学生,次年9月进入美国麻省理工学院航空系学习,1936年9月转入美国加州理工学院航空系学习,成为世界著名空气动力学教授冯·卡门的学生,并很快成为冯·卡门最得意的弟子。先后获航空工程硕士学位和航空、数学博士学位。1938年7月至1955年8月,钱学森在美国从事空气动力学、固体力学和火箭、导弹等领域研究,并与导师冯·卡门共同完成高速空气动力学问题研究课题和建立"卡门—钱近似"公式,在28岁时就成为世界知名的空气动力学家(图3-16)。

1950年开始争取回归祖国,当时美国海军的一位高级将领金布尔说:"钱学森无论走到哪里,都抵得上5个师的兵力,我宁可把他击毙在美国也不能让他离开。"因此,钱学森受到美国政府迫害,失去自由,历经5年于1955年才回到祖国。

资料来源:http://www.360doc.com/content/12/0824/17/7785337_232127482.shtml。

第四章 信息化战争

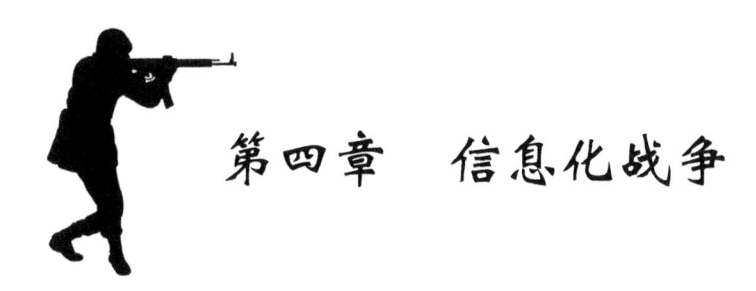

自20世纪80年代以来,人类社会开始由工业时代向信息时代迈进,战争形态随着军事领域的深刻变革也在发生了重大变化,信息化战争是人类社会进入信息时代的必然产物。信息技术作用于军事领域,推动了武器装备的发展和作战方式的演变,促进了军事理论的创新和编制体制的变革,由此引发新的世界军事变革。从海湾战争、科索沃战争、阿富汗战争和伊拉克战争这几场局部战争中可以清楚地看出,战争形态逐步由机械化战争向信息化战争转变,信息化战争已经成为当代人类战争的主要战争形态。正确认识信息化战争,对推进中国特色军事变革,加强我国的国防和军队建设,以及打赢未来信息化战争具有十分重要的意义。

第一节 信息化战争概述

一、信息化战争的概念

信息化战争的产生、发展过程中呈现出与以往战争不同的特点,关于信息化战争的概念中外学者有不同的说法,但从不同专家学者总结的概念中不难发现,所有关于信息化战争的论述,都离不开信息这一核心概念。

《中国人民解放军军语》(2011年版)表述,所谓信息化战争,是指依托网络信息系统,使用信息化武器装备及相应作战方法,在陆、海、空、天和网络电磁等空间及认知领域进行的以体系对抗为主要形式的战争,是信息时代战争的基本形态。

历史名人堂

最早提出信息战概念的人是中国人沈伟光

沈伟光,1959年7月23日出生,浙江杭州人,未来学家、信息战专家。美国人称他为"信息战之父"。美国一家著名战略研究所的研究员查理斯·B.埃弗雷特在他的《信息战与美国国家安全的评论》中提到，"世界上最早提出信息战概念的，是一位非西方人——中国的沈伟光先生"。

沈伟光从1985年开始研究并提出信息战概念，1987年4月17日《解放军报》以"信息战的崛起"为题报道了他的研究情况；1990年3月在浙江大学出版社出版了世界上第一部《信息战》专著，提出信息边疆、信息化战争、信息化军队等新战争概念。在1998年奥地利"信息战论坛"上，德国《明镜》周刊记者向他提问："沈伟光先生，坦率地讲，在电子信息领域，中国并不发达，为什么信息战的理论却会首先在中国出现。"沈伟光答道："和发达国家比，中国的信息技术还不发达，还有差距。但是，智慧和技术不同，智慧没有专利，智慧也没有优先权。实际上，作为一种智慧的思考，中国著名的军事理论家孙子，在2500多年前就有过一句名言，它实际上也是'信息战'的核心和宗旨——不战而屈人之兵。"

资料来源：王威，杨德宇，张亚利.大学军事教程——知军事 观天下[M].北京：国防大学出版社，2016.

二、信息化战争的演变

（一）信息化战争形成的原因

信息化战争是时代的产物，是世界政治、经济、科技、军事、文化等多种因素综合作用的结果。

1. 以信息技术为代表的科学技术的发展是信息化战争形成的物质技术基础

历史的经验证明，战争形态的发展依赖于科学技术的进步。火药的发明使战争从使用冷兵器以体能释放为主的形态转变为使用火枪火炮等热兵器以热能释放为主的形态。20世纪中叶，随着核武器技术的发展，战争进入以核能释放为特征的热核战争时代。但是不久，在全球范围内掀起的一场信息技术革命浪潮，又把信息化战争推上历史舞台，信息技术革命首先改变了战争所依赖的物质基础，促使武器装备发生了质的变化。其主要表现为：武器装备的命中精度大幅度提高，投掷距离日趋增大，破坏威力越来越强，毁伤效能有了成倍的增长；武器装备的生存能力和突防能力增强；侦察、监视能力扩展；自动化水平大幅度提高；机动能力更强。由此，武器装备跃上了一个新台阶，战术技术水平进入一个新时代。

信息化武器装备还引起军队组织结构和人员素质结构的变化：①一些新的技术军兵种，逐渐发展壮大起来。例如，导弹核武器的发展，促进战略导弹部队的出现；军用电子技术的发展，使电子战部队迅速崛起；军用航天器的发展，则正酝酿着一个崭新军种——军事航天部队。②军队建设从强调数量向注重质量的方向转变。③军队内部结构中，技术密集型军兵种的比例正趋于扩大。④指挥、控制、通信、计算机和情报系统化，使军队的指挥机构趋于精干化。⑤具有较高科学文化素质的人才将越来越成为军队力量的骨干。

2. 军事斗争的需要是信息化战争形成的"催产剂"

战争的技术水平和发展速度，总是与军事斗争的需要成正比的，这已为战争史所证明。科学技术的发展为不断提高战争水平提供了物质技术基础，起到了推动作用，军事斗争的需要是信息化战争产生的"催产剂"。

首先，霸权主义引起的军备竞赛，促进信息化武器装备的发展。从20世纪60年代中期开始，以美国和苏联为代表的世界军备竞赛，开始由争夺武器装备的数量优势，向争夺武器装备的质量优势转变。而争夺质量优势的根本出路，就在于大力发展大规模以信息技术为主的高技术产业，将新型的高技术群运用于军事领域，从而形成新型的军事高技术群。因此，他们一直强调并注重将当代最新的信息技术成果优先运用于武器装备的发展。这样大大缩短武器装备更新换代的步伐和周期，也使武器装备的战术技术性能迅速得到增强，甚至产生质的飞跃。

其次，赢得局部战争胜利的强烈需要，刺激了信息化武器装备的运用。第二次世界大战以来，帝国主义、殖民主义和霸权主义所引起的领土争端、经济矛盾、民族矛盾和宗教矛盾等战争诱因，使局部战争和武装冲突此起彼伏。战争和冲突的双方都在努力争取胜利，因而他们都要不断地寻求新的、可以出奇制胜的战争手段。其中，除了要在谋略运用上千方百计地胜过对手外，一个亘古不变的规律，就是要不断寻求更有效、能达成技术突然性的物质力量和手段。这些都不断地刺激了信息化武器装备的发展，在战争中的实际运用推动了信息化战争的形成和发展。

3. 不断更新的作战理论是信息化战争形成的先导

信息化战争形成的一个重要特点，就是不断更新作战理论，发挥其重要的先导和牵引作用。这不是对技术决定战术的否定，而恰恰是对这一规律在更高层次上的肯定。因为人具有主观能动性，其可以认识和总结技术决定战术这一客观规律，更可以在实践中遵循并创造性地运用这一规律。人们既可以被动地做到"有什么武器打什么仗"，也可以在充分把握这一规律的基础上主动做到"需要什么武器就造什么武器"，即作战理论可以在一定限度内走在现有军事能力的前面，并确定对武器装备发展的要求，从而带动技术的进步，引起战争形态的变化。

4. 不断发生的局部战争是信息化战争形成的试验场

武器装备是为战争而生产的，而战争又要对武器装备进行选择。第二次世界大战后的每一场局部战争,都是一次对大量新式武器装备的试验。信息化武器在战争中突出的表现和显著的战绩,极大地促使各国政府重新考虑其武器装备发展策略。顷刻之间,导弹几乎成了各主要军事大国竞相发展的"宠儿",加速了精确制导武器时代的到来。同时,局部战争也成为信息化战争作战形式和作战方法的"试验场"。在第三次中东战争中,以色列以电子—火力交战方式显示出其优势后,这种新的作战方式,迅速被军事家所接受和广泛运用。美国在1991年的海湾战争、1998年空袭伊拉克的作战行动中,多次使用这种战法。

这些新的作战手段,在经过实战检验后,又不断得到总结、发展和完善,从而使信息化战争日臻完善。

（二）信息化战争的发展历程

信息化战争是一个关于战争形态发展的现实概念。它的产生和发展经历三个阶段,并将随着人类社会科学技术的进步而进一步发展。

1. 20世纪80年代以来的高技术局部战争拉开信息化战争时代的序幕

20世纪上半叶,世界范围的两次大规模战争结束后,世界局部范围的武装冲突就一直没有间断过。世界某些军事强国,出于自身利益的考虑,不同程度地将战后的局部战争变成自己发展尖端武器的试验场所。因此,第二次世界大战后频繁发生的局部战争,客观上起到了延续战争形态不断发展的作用。通过这些局部战争逐渐感觉到,人类战争形态正逐渐步入一个新的历史阶段。尤其是20世纪80年代以来,大量使用高技术武器装备的几场局部战争,更是不同程度地展现出不同于以往任何战争形态的战争特征。

美军入侵格林纳达、空袭利比亚、进兵巴拿马等,都因为大量使用带有信息处理功能的高尖端技术武器,完全占据主动,在极短的时间内,迅速达成行动目的,开创了被人们誉为"外科手术式"的战争新样式。

纵观20世纪80年代以来的局部战争,其共同的特点是:战争目的有限,规模不大,持续时间短;战场时空观发生变化,以电子信息领域的对抗贯穿于战争的始终,并对战争进程产生了巨大的影响。这一切都对人们头脑中传统的战争模式观念带来有力的冲击。人们逐渐发现,战争形态在变,战争形态正在步入一个新的历史发展阶段。然而,新的战争形态是什么？在当时,由于这种新的战争形态轮廓自身还很不明显,再加上人们对其认识也需要有一个过程,于是人们先是以"高技术战争"这一模糊的概念来界定这一新的战争形态。一时间,"高技术战争"成为各国军方普遍关注的热点和议论的话题。因此,80年代以来的所谓高技术局部战争,实际上已经悄悄地揭开人类战争形态发展新的一页,拉开信息化战争时代的序幕。

第四章　信息化战争

2. 20世纪90年代初的海湾战争是全面信息化战争的雏形

1991年1月17日至2月28日进行的海湾战争，多国部队投入新式武器之多、技术水平之高、战争方式之独特、综合协调能力之强，是以往战争所不能比的。因此，海湾战争在人类战争历史上具有划时代的意义，其中所展现的战争场景、采用的作战方式、体现的战争特点，都比80年代的高技术局部战争更具有信息化的特征，具体表现在以下三个方面。

（1）电子战成为战争中与物质摧毁与反摧毁同等重要的内容，直接关系战争胜负。例如，在"沙漠风暴"行动前5个小时，多国部队为夺取战场主动权，就动用了EF-11IA、EC-130、TR-A、F-4G、EH-60等各类型的电子战飞机，在电磁空间率先开始代之以"白雪"行动的战场信息领域对抗，从而使伊拉克军方的指挥控制系统瘫痪，通信系统失灵。在空袭过程中，多国部队又多次使用AGM-88A反雷达导弹准确地摧毁伊拉克军方防空火力。这些以电子战为主要形式的战场信息领域的激烈对抗，始终有效地保证多国部队的战场主动权。其激烈程度及其在战争中的地位与作用，均是以往战争中所不曾有的。

（2）具有战场信息处理功能的精确制导武器，成为战场火力摧毁的主要手段。战争中，多国部队和伊拉克军方都大量地使用带有战场信息处理功能的精确制导弹药，"战斧"巡航导弹、"海尔法"空对地反坦克导弹、"哈姆"空对地导弹、"响尾蛇"空对空导弹等，极大地提高了火力摧毁效果，从而改变了原来主要靠增大火力毁伤面积求得对目标毁伤的传统做法。其中最为精彩的当数"爱国者"导弹大战"飞毛腿"导弹，更是让人大开眼界，如图4-1所示。

（a）　　　　　　　　　　　　（b）

图4-1　"爱国者"导弹和"飞毛腿"导弹

（3）具有很强数据处理功能的军队C^4I系统，有效地将陆、海、空、天、电等五维战场空间的作战行动凝聚为一体，开创多维空间力量一体联合作战的成功先例。

在海湾战争中，多国部队方面参战国之多、力量成分之复杂、使用的武器种类之繁多，都是第二次世界大战结束以来少有的，而且其各种行动密切协调的程度也是十分罕见的。在空袭阶段，多国部队平均每天出动飞机2000多架次，这些飞机分别从不同基地起飞，沿不同空中层次袭击不同的目标，但却无一因协调控制不周而造成的自毁情况出现，这不能不归功于因信息技术革命带来强有力的自动化指挥控制系统。因此，有人把海湾战争称作世界战争史上的第一次信息化战争。

当然，海湾战争只能算是全面信息化战争的雏形，还不能说是成熟的信息化战争。这是因为，一方面，作为战争的一方，伊拉克军队不仅使用的武器装备大多是机械化时代的，而且战争指导者的思想观念、采用的作战方式仍是机械化时代的。因此，托夫勒用伊拉克以工业时代战争与美国的信息时代战争相抗衡来描述海湾战争。另一方面，就多国部队一方来说，在最后的地面作战阶段，仍大量使用机械化部队，并沿用的仍是具有明显机械化时代战争烙印的作战方式。因此，海湾战争还是信息化战争形态发展的初级阶段。

3. 地面部队数字化和作战行动一体化是信息化战争全面形成的标志

之所以将地面部队的数字化和作战行动方式的非线式一体化，作为信息化战争形态面形成的主要标志，主要有以下原因。

（1）地面部队成分改变及相应作战方式的变革，历来是人类战争形态发展全面步入新阶段的最主要标志。

比如，火药应用于战争之后，战争形态并没有立即由冷兵器战争发展为热兵器战争，而是经历了一个较长的冷热兵器共存时期。再比如，机械化战争的全面形成不是以20世纪初飞机和坦克首次用于战场为标志；而是在20世纪30年代末到40年代初，纳粹德国首先以坦克和装甲车辆组成专门实施地面作战的装甲机械化部队，并提出相应的"闪击战"作战理论，这才标志着机械化战争时期的全面到来。

同理，标志着信息化战争全面到来的，不是一两件信息化武器系统的使用，也不只是空军、海军等其他空间力量的主要武器装备的基本信息化，而是地面部队真正地实现数字化，以及相应的作战方式发生彻底变革，才标志着信息化战争的全面到来。

（2）地面部队数字化将改变传统力量的结构模式，引起作战方式的根本性变革，对战争产生的影响是全方位的。

地面作战力量的数字化是信息技术进步给军事领域带来的全新概念。数字化部队改变了传统军队战斗力的结构模式，其在继续维护部队火力、机动力和防护力的同时，将"通过改变战场信息的传送方式，来提高陆军部队的战斗力"。军队力量成分与结构模式的这一转变，是继坦克、飞机等机械化武器系统应用于战争后，也是继火药应用于战场以来，作战力量成分与构成方式的又一次飞跃。这一飞跃将使地面作战力量可以不用预先部署到位，而是在战场上实施无固定战线的流动性机动作战，各行动部队、武器系统，每个单兵、上下级之间，以及空中力量、海上力量和太空力量之间都可以实施实时的信息交流，从而围绕统一的意图，相互间主动协调行动，做到瞬时集中战斗效果，而不是集中兵力达成作战目的，这将是一幅全新的战争画面。

（3）在信息技术不断融入战争力量的过程中，几种传统战争力量间是不平衡的，地面部队相对慢些。

自铁甲战舰、飞机应用于军事以来，电子信息技术就一直是海上、空中作战平台及其武器系统的重要技术组成部分。比如，在现代军用普通飞机中，电子技术成本占工厂的50%，而先进的B-2隐形飞机中，机载计算机就有200多台，电子技术成本则高达60%以上。在现代化的军舰、飞机上，各种信息处理系统，如通信系统、目标探测系统、电子战系统等，早已成为相当重要的组成部分。然而，与海上、空中力量相比，地面作战力量的信息化步伐相对较慢些，有朝一日，一旦地面力量实现数字化，那么陆、海、空、天、电等多维战争力量也就全面实现信息化，这也就标志着全面信息化战争时代的到来。

视野拓展

我国第一款自主研制的预警机——空警-2000

空警-2000预警机（代号：KJ-2000，英文：Xian KJ-2000，北约代号：Mainring，中文：主环）是中国自主研制的大型全天候、多传感器空中预警与指挥控制飞机，它的列装提高了中国空军的整体作战能力，表明中国空军的空情信息掌握能力和范围大幅度增加（图4-2）。空警-2000预警机创造了世界预警机发展史上的9个第一，突破100余项关键技术，累计获得重大专利近30项，是世界上看得最远、功能最多、系统集成最复杂的机载信息化武器装备之一。美国知名智库詹姆斯敦基金会发表评论"中国采用柏拉阵技术的空警-2000预警机比美国的

图4-2 空警-2000预警机

E-3C 整整领先一代"。空警-2000 预警机装备以来，多次圆满完成空军组织的实兵对抗和实弹演练，并成功担负了第 29 届奥运会空中安保和新中国成立 60 周年国庆首都阅兵、空中安保等任务。

资料来源：https://baijiahao.baidu.com/s?id=1564258271694267&wfr=spider&for=pc。

三、信息化战争的发展趋势

21 世纪初期的信息化战争，呈现出力量集成化、战场数字化、指挥网络化、打击精确化、保障一体化的发展趋势，其作战方式从过去的以陆地为主、侧重对敌实施地面作战，发展为陆、海、空、天、电一体化的联合作战上来。从其他作战方式发展到联合作战，是战争发展的必然规律。联合作战作为战争发展的必然产物，在未来信息化战争中的作用将越来越大。

（一）武器装备高技术化

自古以来，最先进的科学技术总是优先应用于军事领域，最先进的武器装备总是首先应用于战争。自从高技术出现以后，世界各国特别是超级大国也总是把它们优先用来研制先进的武器装备，使得现代战争成为高技术武器装备的"试验场"，成为新型的高技术战争。

在海湾战争中，以美国为首的多国部队共运用了 500 多项高技术，使用空间作战系统、航空武器系统、精确制导武器系统、电子战武器系统、隐形武器系统、信息战系统等八大高技术作战系统和侦察卫星、E-8A 预警机、F-117 隐形飞机、空对地激光制导炸弹、斯拉姆导弹、爱国者导弹、战斧式巡航导弹和阿帕奇武装直升机等八大高技术明星武器。可以说海湾战争基本上是一场高技术战争。

由于高技术武器装备在战争中发挥了巨大作用，海湾战争以后，美军为确保其在高技术上的领先地位，美国国防部制定了《关键技术计划》，把计算机、软件、探测器、通信网络、电子器件、环境效应、材料与工艺、推进与能量转换、设计自动化等 11 项高技术作为重点发展的关键技术领域，着手研制新一代作战飞机和隐形坦克、隐形直升机、隐形舰艇、隐形导弹及战区高空区域防御系统等，拟在未来 10 年内，投资 140 亿美元实施战术导弹防御（TMD）计划；决定将现有的全球军事指挥与控制系统改建成反应更迅速、协调能力更强的全球指挥与控制系统，建立全球联合情报系统，设计新一代预警卫星系统等；加速改进"爱国者"反导弹武器系统；采取多种措施，提高 C^4I 作战系统的能力，保证和争取美军在未来军事科学技术上的优势地位。英国、法国、德国、日本、俄罗斯、加拿大等发达国家，为加快本国军队现代化建设，正集中大量人力、物力，研制动能武器、定向能武器、粒子束武器、人工智能武器、精确制导武器、新型燃烧武器、电磁炮、气象武器、次声武器、基因武器、生态武器等更先进的高技术武器装备。世界各国的国防科研费总额已达 1000 多亿美元，研制和装备高技术武器装备已成为世界性潮流。可以预计，在不久的将来，世界各国军队的武器装备将逐步实现技术化。

（二）作战方式更加多样化

随着大量高技术武器装备用于战场，必然会产生许多新的作战形式，作战形式更加多样化。众所周知，过去我军的基本作战形式是运动战、阵地战、游击战，人称"老三战"。当代信息化战争实践中出现了一些全新的作战样式，从信息化作战本身的特点来讲，可以划分为非接触作战、非线式作战、非对称作战，也称"三非作战"理论；从信息化作战要达成的效果来讲，可以划分为体系破击战、网络破击战、结构破击战等；从信息化作战的观念来讲，可以划分为舆论战、心理战、法律战等政治工作"三战"作战样式等。仅就信息化战争最主要的作战样式——信息战而言，不同的国家已提出不同的信息战样式类型。例如，日本的军事理论家认为，信息战是在和平时期、危机爆发时、危机加深时、爆发战争时、战争进行时、战争结束时和战后重建时的各个时期，在战略、战役、战术层次上，在竞争者、对手和敌我之间，使用各种手段以达成既定目标的信息行动，包括七种作战类型指挥控制战、以信息为基础的作战、电子战、心理战、黑客战、经济信息战和网络空间战。印度的军事专家认为，信息战包括多种作战样式，主要有指挥控制战、情报战、心理战、电子战、电脑战、黑客战、经济信息战等。随着信息化战争形态的发展及信息技术的不断进步，信息化战争的作战样式还会更加丰富。下面简要介绍几种作战形式。

1. 电子战

未来的电子战，将是在战术、战役乃至战略指挥员的组织指挥下，诸军兵种部队使用各种电子设备、武器和器材，采取各种手段的以侦察、干扰、欺骗、压制和摧毁敌指挥、通信、控制、情报（C^3I）系统为目的的作战。这种电子战将成为独立的战斗、战役和战争阶段，成为一种新的作战形式，其地位作用不亚于运动战、阵地战和游击战。

2. 电脑战

电脑战，又称电子计算机战。是作战双方使用特殊的电脑侦察设备和计算机"病毒"，获取敌方计算机的军事情报和使敌计算机失灵、瘫痪的一种特殊的作战形式。

3. 信息战

现代战争是信息战争,没有军事信息,就会处于挨打的地位。谁掌握的信息多、准确而及时,谁就能赢得战争的胜利。信息战像电子战一样,既是一种作战环节,又是一种作战领域,都是战争的内容,属于战争样式,而不是战争类型。信息战是信息领域内的战争,而不是其他领域内的武器作战的战争。所谓信息战,就是作战双方以数字化部队为基本作战力量、夺取战场主动权为目的、夺取和控制军事信息为主要内容、各种信息武器装备系统为主要手段的作战。信息战的主要内容包括电子计算机对抗、卫星对抗、通信对抗、雷达对抗、声呐对抗等,其主要手段包括信息侦察与反侦察、信息干扰与反干扰、信息欺骗与反欺骗、信息封锁与反封锁及对信息武器装备器材的摧毁与反摧毁等。

信息战的军事理论实质是获得信息优势,即把作战空间变得使敌方感到模糊不清,使己方部队感到透明。为己方部队创造一个全面感知战场空间的信息优势环境,而使敌方部队得不到作战必需的信息。随着信息技术(主要包括电子计算机、通信和控制技术)的迅速发展和数字化军队的建立,信息战同电子战一样,将贯穿于战争的全过程,渗透到陆、海、空、天各个战场的每一个"细胞",成为决定战争胜败的一种重要作战形式。

4. 火力战

火力战是使用导弹、航空兵、舰艇、炮兵、激光、粒子束等多种火力,摧毁敌方指挥中心、通信枢纽、交通要道、机场、港口、导弹基地、后方仓库等重要军事目标及打击敌重兵集团等的作战。

火力战的显著特点是不宣战、不接触、不占领、高速度。火力战一般都是不宣而战,采用突然袭击,双方作战部队相距数十千米、数百千米,甚至数千以至于上万千米,采用远程火箭、导弹,实施远程攻击或使用远程轰炸机实施远程奔袭;打击的方式通常采用"外科手术式"方法,从空中或从外层空间发起攻击,打完后就撤出战斗,一般不派兵占领敌国领土。火力战的进程和节奏非常快,一次大规模的作战行动,往往只用几个小时、几十分钟甚至几分钟。例如,美军袭击利比亚、联合国维和部队空袭波黑均属于火力战的性质。

火力战的最大好处是能充分发挥高技术武器装备的威力,先发制人、速战速决,对于武器装备优势的一方非常有利。随着高技术的发展和远程精确制导武器的不断增加,火力战将成为现代战争的"家常便饭",将成为强国对弱国、优势对劣势作战的一种重要作战形式。

5. 软杀战

软杀战是使用软杀伤武器削弱以致破坏敌军战斗力的作战。软杀战看不见刀光剑影，听不见猛烈的枪炮声，也不会出现尸横遍野、血流成河的悲惨场面，它是在一种比较温和的战场环境中，使敌丧失作战能力，所以软杀战又称"温和战"。

6. 自然战（地球物理战）

自然战是根据物理学的原理，利用高科技，人为地诱发或制造地震、海啸、山崩、雪崩、降大雪、下暴雨、刮台风、洪水、大火等自然灾害，造成部队机动、作战和后勤补给的巨大困难，以达到破坏敌军事行动之目的的一种作战形式。

随着各种地球物理武器的发展，人为制造自然灾害来作战将会越来越广泛。例如，在抗登陆作战中，可采用人工制造海啸、大浪、台风等阻止、破坏敌军登陆；在防空作战中，可用人工降暴雨方式使敌飞机不能起降；在山地作战中，可用定向爆破制造山崩、滑坡、雪崩等，阻塞交通，限制敌军机动，切断敌后方运输；在低洼地和水网稻田地作战中，可用人工降暴雨，制造水灾和大面积泥泞地带，给敌军作战行动造成巨大困难；在冬天作战中，可用人工降雪给敌人作战行动和后勤保障增加困难。总之，可以肯定，人为地制造自然灾害作战，将是一种重要的作战形式。

7. 太空战

太空战又称空间战，是作战双方或一方使用激光、粒子束、电磁炮、人造卫星、宇宙飞船、航天飞机、空间站等武器装备，在外层空间的作战。

1957年10月24日，苏联成功地发射了人类第一颗人造地球卫星。当时有人预言，人类将在太空开辟第四战场。

未来的战争，可能首先从太空开始，太空将成为作战双方争夺的制高点，没有制天权就没有制空、制海、制地、制电磁权，就难以取得战争的胜利。因此，太空战将成为现代战争的一种重要作战形式。

8. 心理战

心理战又称攻心战，是针对敌军心理上的弱点，采用军事打击与政治瓦解相结合的战法，对敌军施加心理影响，瓦解敌人士气，降低敌军战斗力、实现"不战而屈人之兵"的目的。自古以来，世界各国军事家都十分重视心理战。不过，过去的心理战，它只是作为一种作战的辅助手段。

（三）作战指挥高度自动化

现在军队的自动化指挥系统，虽然初具规模，但自动化水平还不是很高，还有许多薄弱环节。一是系统不完善，各军兵种的自动化指挥系统还未联成一体；二是生存能力低，易遭火力攻击和核效应影响；三是保密系统不健全，还未能对所有应保密的部分采取保密装置；四是缺乏足够的抗干扰电子设备，抗干扰能力差；五是互通性差，各军兵种之间、战略与战役系统及同友军之间信息互通能力不能满足作战要求；六是智能水平低，离不开人的操纵和控制。总之，目前军队指挥自动化还是局部的和低水平的。

为克服上述弱点，提高自动化水平，世界各国都在千方百计加强自己军队指挥自动化系统的建设。一是研制神经网络计算机和光子计算机，从根本上提高自动化指挥系统的人工智能水平。二是采用标准化计算机网络，提高各种指挥自动化系统的互通性和工作效率；采用多级保密技术，使用国防部标准高级语言编写软件，以防泄露和失窃；提高指挥中心的生存能力，发展地面机动的国家级指挥中心，完善空间监视中心，提高对空间目标的监视、判断能力，增强反卫星、反导弹指挥能力。三是发展新一代通信卫星，建立新的通信系统。四是健全和完善自动化体系，实现全军统一的自动化指挥系统。五是建设"信息高速公路"，实现军事信息共享和信息大量高速传输。

（四）战场与作战行动高度立体化

现在，世界上一些国家除了加紧研制陆、海、空、天、电一体作战武器装备外，还在研究陆、海、空、天、电一体作战计划。将来如果发生战争，太空中有卫星战，空中有空战和导弹战，低空有直升机战，地面有坦克战、地下有地道战，海面有舰艇战，水下有潜艇战，陆、海、空、天、电是一个高度统一、不可分割的大战场。

（五）战法新型化

海湾战争后，世界许多国家都在根据高技术战争的要求，研究新的战略战术，以取代旧的战略战术。美军认为，随着冷战时代的结束，在欧洲爆发大规模战争的可能性基本消失，美国今后将更多地面临地区性武装冲突的威胁，在总结海湾战争经验教训和对潜在的地区性强国进行预测性研究后，认为要打赢下一场"海湾战争"式的战争，关键在于制定更能有效地利用高技术武器的战略战术。于是，对过去的战略和三军的作战理论全面审查，于1992年正式提出以对付局部战争威胁为主要目的的"地区防务战"战略，将同时打赢两场大规模的局部战争作为美国军队今后建设的目标。根据这个战略和未来作战的要求，美国陆军将空地一体战理论发展为空地海天一体战理论，强调多军兵种联合作战是未来作战的主要方式，并将原空地一体战理论的"主动""灵敏""纵深""协调"四项原则，增加"多能"一项，改为五项原则。美国海军提出"从海到陆"的新战略，把作战的重点由控制海洋作战，转向应急远征作战；从在海上单独作战，转向在沿海地带同陆军、空军部队联合作战。美国空军提出灵活使用空军力量，打破战略力量不能执行战术任务、战术力量不能执行战略任务的界线；强调同陆军、海军联合作战；要求每支空军联队要在编制上符合应急作战、独立作战的要求。此外，美国政府还将"星球大战"计划改为弹道导弹防御计划，把反导弹防御的重点由空间反导防御转为陆基弹道导弹防御。在防御目标上，由重点防御大规模战略导弹改为重点防御战区和战术导弹；在防御范围上，由原来主要保卫美国本土改为除美国本土之外，还要保卫海外战区目标、海外部队及其盟国；在使用手段上，放弃部署天基武器平台，侧重发展陆基战区和战术性反导系统及对付远程导弹的陆基防御体系。

（六）军队建设数字化、小型化、职业化

随着大量高技术武器不断发明并装备部队，不仅要引起军队体制、编制的不断变化，而且还将引起军队建设上的新革命。从 21 世纪整个世界军队建设的发展趋势看，主要是"数字化、小型化、职业化"。

（七）作战方式远战化

所谓远战是指作战双方军队在不接触的情况下，使用导弹、航空兵、火箭、激光等人力和电磁波等的远距离作战。这种作战方式，作战双方兵力不接触，所以又称"非接触性作战"。

由于大量远战武器装备不断用于战场，远战在战争中的作用不断提高，远战化问题引起世界各国的高度重视，正在成为大多数军事家的共同看法和研究重点。

随着军事科学技术的不断发展，军队远战武器装备越来越多，远战的能力越来越强，远战的作用越来越大。在未来的高技术局部战争中，远战可能逐渐取代近战，成为作战的主要方式。

（八）后勤保障整体化

未来的高技术局部战争，是综合国力的对抗。战场空前广阔，兵力高度分散；参战军兵种多，组织指挥复杂；武器装备非常先进、技术保障要求高；战场情况瞬息万变，作战方式多种多样；物资消耗巨大；伤亡人数大大增加。这些作战特点对后勤保障提出更高的要求，增大了困难。在战争中，任何一个军兵种都不能单独完成后勤保障任务，单靠军队的力量没有地方的参加也不可能完成后勤保障任务。必须建立整体化的后勤保障体系，将军队诸军兵种后勤和地方后勤联成一体，把作战物资的生产、采购、运输、存储、分配联为一体，把陆运、水运、空运、天运联成一体，把物资保障、技术保障、卫勤保障及作战联成一体；建立集中统一的组织指挥体系，实施统筹、统供、统管；充分发挥全民全军整体保障的威力，才能保障战争的胜利。因此，从总的发展趋势看，后勤保障将向整体化方向发展。

第二节　信息化战争的特征

　　信息技术的迅猛发展，特别是计算机、网络和人工智能技术在军事上的广泛运用，标志着世界军事领域开始进入信息化战争时代。信息化战争的基本特征是在以往机械化战争形态基础上发展演变而来的。20世纪90年代以来发生的局部战争，几乎都运用全新的武器、全新的战法，每场战争都给人以耳目一新的感觉。可以从这几场战争的悬殊对抗和胜负结果中认识信息化战争的主要特征。虽然目前对信息化战争基本特征的分析也存在不同看法，但基本点是相同的。

一、信息成为战争的主导因素

　　不同的战争形态，战争体系中的制胜要素是不同的。信息化战争中，"信息化"是核心，是关键，是信息时代战争的根本标志和主要特征。战争工具决定着战争形态，信息时代的战争工具主要是信息化武器装备，信息化武器装备的主要特征是实现武器装备的信息化、智能化和一体化。

　　信息化武器装备主要包括硬杀伤性和软杀伤性信息化武器及新概念武器。硬杀伤性信息武器，是指对敌目标及其功能具有直接杀伤、摧毁和破坏作用，并以现代信息技术为支撑点的武器，主要是精确制导武器和遥感性杀伤武器。软杀伤性信息武器，是对目标并不具有直接的杀伤摧毁作用，而对敌方各种信源、信道、信宿等目标的信息破坏、干扰、压制和弱化，并以现代信息技术为主要支撑的武器，主要包括信息干扰武器、计算机病毒武器等。新概念武器，是应用高新技术特别是高新信息技术和新的毁伤机制制造完全不同于传统武器装备的全新信息武器，如动能武器、定向能武器、人工智能武器、思维控制武器和微型机电武器等。武器系统的信息化使大量智能武器应运而生。这些武器包括智能 C^4I 系统、军用机器人、无人驾驶飞机、无人驾驶快艇、智能导弹、智能炮弹、智能地雷等。武器装备的智能化，深刻反映在现代武器装备中科学技术正在把人类大脑的部分功能，通过计算机、大规模集成电路及相应的软件加以实现。

　　能量结构及能量释放方式是决定武器杀伤机理的基本要素。从能量构成要素来看，信息化战争中，战争能量从传统的体能、化学能、电能、电磁能、核能等物理能量转变为智能。智能是信息化战争的主导能量，它通过对其他物理能量的控制而产生效能。信息化战争中，机械时代的动力、平台、武器等仍具有重要作用，但能量释放结构产生变化，电子信息装备由辅助性、保障性装备变为主导型装备，并通过系统方式渗透、融合到动力、平台、武器中去，对能量及能量释放的时机、方式、数量、比例等精确控制，从而达到投入最小、效益最高的目的。

机械化战争主要强调数量和规模的累加，信息化战争则强调质量对效能的控制。传统战争主要通过火力摧毁来达成杀伤破坏的目的；信息化战争中，信息技术除对多种不同能量和武器装备相互融合外，还可对能量释放效能有效控制，控制的结果更加精确，能够通过较少的能量释放获取极大的作战效果。因此，在战斗毁伤效能方面，不再强调装药量的多少，而是突出精确有效的原则。精确高效的度量指标是效费比，高效费比是指战争中投入较少、效益较高，通常可达1∶10以上。要想达到这样的目的，必须提高武器装备的信息化程度，以提高命中精度。

二、战争的可控性强

信息化战争目的的有限性，是指战争发动者无论有多大的优势，通常都会把战争目标规定在谋求有限的、特定的国家利益范围内。这表现为对战争目的、作战范围、打击目标、作战手段、投入兵力、持续时间诸方面的有限控制。在战争目的的控制上，通常不是以威胁对方生存和全面剥夺对方军事能力为目标，而是"不必打死它，只要打服它"；在作战范围控制上，往往不是依据己方所拥有的作战能力来确定交战的地理范围，而是把作战行动限制在一定区域内；在打击目标控制上，主要是打击指挥控制枢纽、重要军事设施和重兵集团等军事目标，尽可能减少无谓的破坏特别是平民的伤亡；在作战手段控制上，基本遵守国际法，注意控制在常规武器范畴内；在投入兵力控制上，不强调人多势众，而是注意合理够用；在战争持续时间上，由于战争目的有限，作战能量高效，战争节奏大大加快，速决性更加突出。现代局部战争不仅受国际社会强有力的影响和制约，常常在国际社会的干预下，通过政治外交途径得以解决。由于以往战争的目的和手段不同，战争缺乏可控性。当战争机器启动后往往不以人的意志为转移，使战争的规模和进程难以控制，战争不仅难以达到预期的目的，而且造成资源的大量消耗和人员的大量伤亡。例如，第二次世界大战，参战国61个，动员军队1.1亿人，军民死亡7000万人，财产损失高达4万亿美元，直接战争费用13 520亿美元。而高技术武器装备则是杀伤破坏力可以有效控制的战争手段，因此战争这个难以驾驭的机器，也具有了可控性，成了政治家实现政治目的的有效工具。信息化战争的可控性，主要表现在以下三个方面。

（一）能有效控制打击的目标

精确制导武器的发展为控制战争提供了相对有效的工具，与传统武器相比，精确制导武器可以有效控制实现战争目的，而相对减少对非打击目标的毁伤程度，使"点穴"式精确打击代替了"地毯式"的狂轰滥炸，以前需要多次轰炸的目标，现在只需一两次精确攻击即能达到目的。

（二）能有效控制战争的规模

对战争规模的控制，除政治因素外，关键在于武器装备的高技术化。高技术武器装备精度高、威力大。一方面，它能够有效控制交战双方的兵力兵器投入的数量。因为在战场上，交战双方都追求较高的军事经济效益。一般来说，能使用少量的兵力、兵器完成的任务，就无须投入更多的兵力。另一方面，技术武器装备可控制战争的升级和避免战火的外延。虽然信息化战争可能在核威慑下进行，但由于某些高技术兵器的精度与威力空前提高，可达到或超过小型核武器的毁伤力。因此，可避免动用核武器而引起战争升级。此外，武器的高精度也能有效避免战火的扩散和战争的升级。

（三）能有效控制战争的进程

信息化战争由于作战兵器侦察范围广，打击距离远，战争不再像以往那样，从战场的前沿到纵深逐次进行，高技术武器已经能够通过对纵深重要目标的打击，直接达成战略目的，这样也就避免了战争的久拖不决，缩短了战争的进程，使战争能按照预先计划的那样如期结束。以往战争的时间都比较长。且不说历史上长达103年的英法百年战争，就是较近的几场战争持续时间也都相当长。比如，第一次世界大战持续了4年，第二次世界大战持续了6年，朝鲜战争持续了4年，越南战争持续了14年，两伊战争持续了8年。而信息化战争通常以天、小时甚至以分、秒来计算，第四次中东战争只持续了18天，美军入侵巴拿马只用了15天，美军入侵格林纳达只用了8天，美军空袭利比亚只用了18分钟就宣告结束，而以色列攻击伊拉克的核反应堆，仅用了2分钟。英阿马岛战争、海湾战争这两个中等规模的战争也只分别持续了74天和42天。特别是在海湾战争被称为"沙漠军刀"的地面作战中，多国部队仅用100小时就达到作战目的，结束了地面作战。

三、战争行动在多维化战场空间同时展开

作战空间，随着科学技术和武器装备的发展逐渐呈现出日益拓展的趋势。在信息化战争中，一方面，两军直接交战的战场空间缩小，使用的力量高度集中，对目标的打击高度精确；另一方面，由于大量高技术综合运用于战场，战争已由陆地、海洋、空中的三维空间，扩展为陆、海、空、天、电多维空间，军队的战略机动能力、远程打击能力和情报侦察能力显著增强，前线与后方、进攻与防御的界线模糊，战争的相关空间大大扩展。

四、体系与体系的一体化对抗突出

军事对抗从来就是一种系统对抗。在信息化战争中，这种对抗表现得更为突

出。随着高技术的发展，武器系统"一矛一盾"相互制约的状况已被"多矛多盾"相互制约的系统对抗所代替。武器战斗效能的发挥，不仅取决于其战斗部的杀伤威力，而且还取决于构成战斗体系的情报探测系统、指挥控制系统、通信系统、信息处理系统、机动系统、防护系统等各个子系统的共同作用。整个作战体系的作战效能不再是各个作战系统效能的简单相加，而是整体大于部分之和的倍增关系，特别表现为几个关键性系统效能之乘积。现代战争不再是单个或数个作战力量单元之间的对抗，而是整个作战体系的较量。其体现在作战力量一体化，作战行动一体化，作战指挥一体化，综合保障一体化。

五、作战样式多样化

从战争史来分析，技术决定战术，有什么样的武器，就有什么样的作战方式。在冷兵器战争时期，双方使用的是刀枪剑戟，当时采用的是集团战术，非常重视摆兵布阵，无论怎么打，都要求自己的阵形不能散，阵脚不能乱。到了热兵器战争时期，枪的出现使作战队形发生变化，原来的密集整齐的队形，变成疏开零散的队形。机关枪、铁丝网出现以后，堑壕战成为一种比较管用的作战方式，当坦克出现以后，又发展成机动作战。到了信息化战争，由于一大批高技术群在战争中的广泛运用，出现了各种各样的作战方式。例如，导弹袭击式的"精确战"，"外科手术式"的"点穴战"，破坏结构式的"瘫痪战"，非致命式的"软杀战"，指挥控制式的"信息战"，陆、海、空、天、电一体的"全维战"，此外还有环境战、太空战、心理战等。作战方式这个"大家族"已进入空前未有的繁荣时期。分析这些作战样式，不外乎两类，一类是全新的作战样式，如非致命战、计算机病毒战等；另一类是传统的作战方式，高技术的运用又赋予传统作战方式新的内涵。信息化战争中的各种新型武器拓展了传统的地球表面作战空间，使线性作战规模面临挑战，也使非接触作战和非对称作战成为信息化战争的重要作战样式。

总之，作战方式多样化，为指挥员提供了新的回旋余地，增强了作战选择的灵活性。

六、信息域、认知域和太空成为信息化战争的战略制高点

信息化战争是多维战略空间的争夺，各空间的作用是不同的。美军将作战空间区分为三域，即物理域、信息域和认知域。物理域包括陆、海、空和天，是物理平台及连接平台的通信网络所在的领域。信息域和认知域属于无形空间。信息域包括电磁空间和网络空间。认知域是指人的心理空间。

（1）信息域成为信息化战争的主导性空间。在信息化战争中，各种作战平台和通信平台都是电磁波的发射源，使各种电磁波纵横交错，在广阔的空间中形成

密集的电磁频谱网,确保对各军兵种部队的指挥控制,但同时也使电磁空间的争夺异常激烈。

(2)心理空间也成为信息化战争的一个重要作战空间。心理空间主要指人的感知空间、思维空间和情绪空间,它属于人的内心世界。在信息时代,把心理空间视为人类"第六维战争空间",主要依据有:一是使用现代技术,包括信息技术、生物技术、物理化学方法等都可以显著地影响、改变甚至控制人的心理;二是思维行动化,即把过去只能在人脑思维空间中的思维,拿到思维空间以外的信息网络空间中通过软件的形式进行,如"深蓝"与象棋大师卡斯帕罗夫的对弈。思维行动化对战争变革具有革命性意义,它意味着人与机器之间存在共性,机器可代替人进行战争。

(3)制太空权将在很大程度上决定战争的胜负。宇宙空间是指垂直于地表120千米以上的微重力空间,是人类的共同疆域。目前人类尚无法大规模进入太空。但在近几场高技术局部战争中,战场监视、信息传输、导航定位、精确制导等,主要都是依赖外层空间的卫星来支持。没有制太空权,就不可能掌握制信息权和制空权,更谈不上制海权和制陆权。早在20世纪60年代,美国总统肯尼迪就曾说过:"谁能控制太空,谁就能控制地球。"2001年1月22~26日,美军在科罗拉多州一个隐蔽的高度设防的基地里,举行了有史以来的首次以太空为"主要战场"的大规模军事演习。2010年4月22日,美国发射X-37B无人太空飞机,意味着太空军事化进程加快。制太空权已经成为继制空权、制海权和制信息权之后的又一重要战争控制权,成为夺取信息化战争主动权不可或缺的重要因素。

七、基于信息系统的体系作战能力成为信息化战争战斗力的基本形态

计算机走上战场,也给指挥手段带来了革命性变化,其标志就是军队指挥自动化系统的产生。自20世纪70年代以来,大量新技术兵器应用于战场,参战军兵种不断增多,战场日益扩大;使得部队机动高速化,战场情况变化急剧,战机稍纵即逝,战争指挥的工作量大大增加,而用于指挥的时间却大大缩短。这就要求指挥员和指挥机关对瞬息万变的战场情况能实时掌握和了解,周密分析,准确判断和迅速下定决心,已成为军队指挥的头等重要的问题。微电子技术和计算机技术的迅速发展,为军队作战指挥提供了新型的指挥工具,于是发生了军队指挥方式上的重大变革——实施自动化指挥。

在高技术条件下的战场空间上,在极短的时间内,要对多种作战力量、多种作战方式实施有效的指挥,发挥整体威力,没有高度自动化的指挥控制手段,是很难完成作战任务的。例如,在海湾战争中,美军在海湾建立的战区自动化指挥

系统，通过通信卫星和地面通信设备构成通信网，与美国五角大楼、中央总部及参战各国军队的指挥系统联为一体。美军中央总部每天都要协调 30 多个国家 78 万人的各类作战行动，指挥协调来自 12 个国家 40 多个型号的 2000 多架次飞机，从数十个机场和多艘航空母舰上起飞，共出动 11 万多架次，对伊拉克上千个目标进行轰炸，仅每日发布的"空袭任务程序"就长达 700 多页，整个战争期间处理的军事信息达上千万字，相当于一部大型百科全书的文字量。这完全得益于它先进的指挥自动化系统。

八、战争消耗巨大

从作战保障这个角度看，信息化战争呈现消耗巨大的特点，其主要原因有以下两个方面。

（一）武器装备费用上升

由于武器装备日益向着自动化、智能化、集约化方向发展。一件先进的武器装备，往往集中了许多科学研究成果，研制难度大、周期长、风险高。因此，研究生产高技术武器装备的费用和购置费用的投入明显增加。在海湾战争中，武器装备的价格比以前以几十倍，甚至上百倍的上升。例如，M1 坦克为 200 万美元，相当于第二次世界大战时 40 辆坦克的价格；"爱国者"导弹为 110 万美元；F-15 战斗机为 5040 万美元，相当于二战时 500 架飞机的价格；F-117 隐形战斗轰炸机为 1.06 亿美元；航空母舰达 35 亿美元，也比以前提高了近 500 倍。仅海湾战争多国部队投入的武器装备价值就达 1020 亿美元，而第一次和第二次世界大战各国投入的武器装备总价值才分别为 20 亿和 400 亿美元。例如，美国第四代战斗机 F-22，研制费约 200 亿美元，单机采购费 1 亿美元；B-2 隐形轰炸机，研制费约 450 亿美元，单机采购费达到 10 亿美元。

海湾战争后，武器装备的价格进一步上涨，特别是新一代的高技术武器装备，其价格更是呈几倍甚至几十倍增长。

（二）战场物资消耗增多

以单兵每天平均物资消耗为例，第二次世界大战时是 20 千克，越南战争时是 90 千克，海湾战争时已达 200 千克。再看战场每月弹药消耗，朝鲜战争是 1.8 万吨，越南战争是 7.7 万吨，海湾战争时已达 35.7 万吨。战场物资消耗猛增，使后勤面临严重困难。为了保证美军在海湾作战，美国建立了第二次世界大战以来最庞大的后勤运输体系。在空运上，动用军事空运司令部 90%的运输机，还租用国内、韩国和德国等 30 多家航空公司的飞机；在海运上，军事海运司令部出动了 135 艘运输船，后备役船队出动了 170 艘商船，还租用了 70 艘外籍船；在地面运输上，美国本土动用了 7 个州的 2400 节火车皮，在沙特阿拉伯组织了 5000 辆运输车。有人计算，海湾战争中，美国从国内运往中东的各种物资总量达 1.86 亿吨，等于把美国像亚特兰大这样一个中等城市搬运到海湾。信息化战争的军费消耗也相当惊人。第二次世界大战时，美军日消耗军费只有 1.94 亿美元；越南战争时，也只有 2.3 亿美元；而海湾战争中，美军平均一天的军费消耗高达 14 亿美元。

第三节　信息化战争与国防建设

信息化战争的实质是交战双方的作战体系均以实现信息化的条件下的战争，即以计算机网络和通信网络为核心的指挥系统和信息化、数字化、智能化的武器装备相结合作战的高技术战争。它是信息时代战争形态发展的必然结果，是相对于工业时代的机械化战争而言的一种新型战争形态。

信息化战争对我们的国防建设提出了更高的要求。只有紧抓信息化战争的特点，才能有针对性地加强我国的国防建设，从而立于不败之地，而后谋求战争的胜利。"十二五"规划中"加强国防和军队现代化建设"部分提出，进一步拓展和深化军事斗争准备，以提高基于信息系统的体系作战能力为根本着力点，深入推进军事训练转变，坚持科技强军，加强国防科研和武器装备建设，加快全面建设现代后勤步伐，加紧培养新型高素质军事人才，提高以打赢信息化条件下局部战争能力为核心的完成多样化军事任务的能力。

针对我国国情，在保证国家经济稳步发展、人民生活安定的前提下，如何高效、稳健地提高国防的强度、深度是一个值得深思的问题。

从我国国家发展战略上考虑，首先要正确处理国家经济建设与军队信息化建设的关系。坚持国防建设与经济建设协调发展，谋求经济建设与军队信息化建设的同步发展。其次要正确处理机械化半机械化与信息化建设的关系。我军的信息化建设是在机械化、半机械化基础上起步的，必须打破常规，走跨越式发展道路，一手抓机械化建设，一手抓信息化建设，双管齐下向前推进。长远来看，可以从以下几个方面着手加强信息化时代下的国防建设。

一、牢固树立与信息化战争相适应的国防观念

信息化战争的挑战与实践，不但改变了传统的战争方式，也深刻影响着人们应对信息化战争的国防观念。中华人民共和国的公民，每个人都有义务和责任保

家卫国，都应该具备基本的国防观念和国防素质。通过之前关于中国近现代国防的学习，我们深刻感悟到国家与我们个人是密切相关的，有国才有家，否则就会被动挨打。特别是在信息化战争的时代，更有必要增强自身的国防观念和素养。在信息化战争时代，国防观念不仅需要守护实体国防设施，更有深层次的要求。

首先，紧紧把握重大战略机遇期的观念。所谓战略机遇期，是指对国家发展具有重要影响的历史时期和机遇。信息化战争作为一种新兴的战争形态，各国都在摸着石头过河，西方国家利用自己的优势，取得了一些经验，为我们做出了示范。21世纪前20年，是我们国家发展的重要战略机遇期，也是国防和军队现代化发展的重要战略机遇期。因此，我们要牢固树立机遇意识，把握住这个机遇期，坚持科技强军战略，走以信息化带动机械化，以机械化促进信息化的跨越式发展道路，努力加强国防建设，增强打赢信息化战争的能力。

其次，牢固树立维护国家信息安全的观念。所谓信息安全，是指要保护信息系统或信息网络中的信息资源免受各种类型的威胁、干扰和破坏，保证信息的安全性。信息安全作为一种新型安全，不同于传统的财产安全、政治安全或军事安全，而是一种资源安全和战略安全。信息成为比物质更为重要的国家安全资源。信息安全概念的提出，不仅极大地突破了传统国家安全的范畴，而且使其从有形的领域扩展到无形的信息网络空间。例如，常用的地图搜索，我们有时通过一些好奇的标注，无意中就会暴露一些重要的信息目标。因此，公民应当自觉树立维护国家信息安全的观念，增强信息安全意识，遵守国家信息安全法规和制度，为保护国家信息安全做出应有的贡献。

最后，科学树立信息化人民战争的新观念。人民战争是我国传统军事文化，在人民战争中积累了丰富的经验，也具有优良的人民战争传统，这是我军的革命传统和法宝，我们要打的信息化战争，也必然离不开人民，也一定是人民战争基础上的信息化战争。人民战争只有借助信息化战争的理论和组织实施，才能更好地发挥作用。

二、着力培养高素质军事人才，全面提高军队质量

未来战争能否取得胜利，最终的决定性因素还是人。如何适应信息化战争要求，努力培养高素质军事人才，已是一项刻不容缓的任务。

立足信息化建设目标，确立人才培养的高起点。实现信息化建设目标，最关键的就是要实现军事人才的跨越式发展。因此，要紧紧围绕信息化建设的目标，确立人才培养的高起点，实现人才培养大转型。一方面，要按照信息化建设的目标培养人才。未来的信息化战争，是先进的作战理论、高超的军事谋略和战法、先进的武器装备的综合较量，这对未来军人的能力素质要求更高、更严。从目前部队人才队伍建设的现状看，科学文化水平偏低、信息作战能力弱、高新装备专

业技术人才紧缺的问题突出，与信息化建设差距较大。另一方面，要着眼于信息化战争的特点与规律，在实践中锻造人才。实践是增长才干的最好课堂，岗位是提高素质的基本平台。要着眼于信息化战争的非对称性、精确性、突发性等特点和规律，积极拓展人才培养的新办法、新形式和新路子。

围绕信息化战争要求，规划和加速人才的培养。一是要注重顶层设计，搞好人才培养规划。既要防止和克服重眼前、轻长远的急功近利思想，又要防止和克服好高骛远、脱离实际的片面认识，妥善处理好人才培养中近期目标与长远目标、急需人才与储备人才之间的关系，既要培养和储备未来信息化作战需要的人才，又要抓紧培养军事斗争准备急需人才的培养。因此，贯彻落实人才战略工程，搞好人才建设的规划，确定建设目标和发展思路，制定明确具体的措施，尽快使人才培养规范化、制度化。二是采取超常措施加速人才培养步伐。①充分发挥院校人才培养主渠道、基础性的作用，使其成为信息化建设的主力军。同时，要加大依托院校、联合办学培养力度，进一步扩大干部送学的数量，提高送学的层次。②加强信息人才的引进。信息化建设急需的尖子人才，部队自己一时难以培养，要树立人才市场化的观念，积极参与全社会的人才竞争，大胆引进信息技术特殊人才，充分发挥他们的长处，直接为部队信息化建设服务。③加强信息知识技能的学习。目前，大部分官兵学习热情普遍较高，但学实用型知识居多，学高科技、信息知识和现代指挥等内容的少，因此要以创建学习型军营活动为载体，形成人人学习、全程学习的氛围，大幅度提升官兵的信息素质。

在确保高素质军事人才在未来国防建设中发挥重要作用的同时，必须加强国防科研力度，加速高技术武器装备的发展，从软件、硬件两个方面提高整体国防能力。尤其是军用信息技术，因其在信息化战争中不可取代的地位更应放在优先发展的行列。

三、加大国防科研力度，加速发展高技术武器装备

现代化国防的关键在于军队的现代化，而军队的现代化在当今世界越来越倾向于信息化。以信息技术为核心的新军事革命正在引起军事领域的深刻变革，这场变革的实质是工业社会的机械化军事形态向信息社会的信息化军事形态转变。伴随这一历史性转变，军队信息化成为加速实现军队现代化的重要手段，同时也成为军队现代化建设的重要内容。

军队信息化建设需要强大的经济实力做后盾，在有限军费的条件下，需要采取适当的经费倾斜政策。一是加速发展高速军用信息网络。重点加强主要战略方向的通信与指挥自动化建设，加速全军指挥自动化系统的网络化和一体化建设，以形成有效的战场预警、监视、指挥、控制、管理体系。二是加强重点装备建设。

应突出指挥自动化系统、精确制导武器、电子战装备、数字化装备等重点装备建设；围绕高效能、多功能、通用化、模块化、一体化、高可靠性和可维修性的要求，抓好现有装备的信息化改造；重视新概念武器的超前研制与发展，争取有所作为。三是加快后勤信息化建设。抓紧后勤信息化装备、后勤指挥自动化、后勤信息化保障手段建设，提高后勤保障社会化、可视化、精确化水平。四是提高军事教育训练实战化水平。应更新教育训练内容，加强信息战战役、战术训练；加强信息战训练基地建设；加速实现教育训练手段的模拟化。五是加强军事信息资源战略管理。应抓好信息资源的标准化建设，在统一软件规范和硬件标准、统一规划和设计各类计算机管理信息系统的基础上，实现计算机联网和资源共享。

四、优化军队编制体制，提高部队战斗力

在高技术条件下，军队作为执行政治任务的武装集团的根本职能并没有改变，通过信息化加速提升现代作战能力成为军队建设的必然要求，也是国防建设的重中之重。

坚持精兵、合成、提高效能、平战结合的原则，优化军队的编制体制。军队的编制体制是连接人与武器的纽带。编制体制科学合理，才能最大限度地发挥人和武器的作用，提高整体作战效能。我们的方针是，建设一支精干的常备军，同时大力加强后备力量建设。

五、加强信息化战争的理论研究，创新军事理论

理论是行动的先导，要打赢未来信息化战争，首先必须认真研究信息化战争的规律和战略指导对策。知识军事时代的到来，必然引发军事领域里的深刻变革。未来战争胜负的天平将毋庸置疑地偏向那些勇于创新和不断进取的军队。而军事领域的创新与发展，首先取决于能否在理论上有所突破。因而，准确把握军事理论创新的发展趋向和规律，对取得未来军事发展的战略主动权具有重要意义。

军事理论创新的关键在于提供思路并应用于实践。列宁说："能发现问题是最大的发现。"不可否认，在这个军事理论激荡变革的年代，能提出和发现问题本身就是一种开创。但要强调的是，军事理论创新的真实含义，并非指随意提出一些新概念、新名词、新问题，关键是看其能否给出解决问题的思路与途径，方法与手段，看能否在未来军事实践中得到应用。创新不能停留在口头上和书面上，重要的是思路上的构建和行动上的体现。不能提供具体思路，无法应用于实践的新理论、新思想、新观念，不仅无益于军事理论的创新，还会扰乱军事理论发展的正常步伐。

六、完善国防动员体制机制

现代化的国防仅仅依靠军队是远远不够的，过去的历史告诉我们，最强大的力量来自人民。国防科技动员机制是指与军事相关的科学技术和战争需求的联结关系及运转方式，是把民用科技变为军用科技的转换器。要动员数量充足的科技人员、科技设备和科技成果支援未来军事斗争，必须抓紧建立和完善"背靠市场、面向战场"的国防科技动员机制。

七、加强国防后备力量建设

强大的国防是由常备军、后备力量、国防科技、国防工业、军事理论、战略战术思想等多种因素构成的。其中，常备军和后备力量是构成国防的两大基本要素。常备军是骨干，后备力量是基础。没有常备军的国防或者没有后备力量的国防，都是不完整的国防，都不算强大的国防。所以说，强大的国防后备力量是我国武装力量的重要组成部分，是现代国防的重要基础。国防后备力量，是指除国防现实力量以外的经过一定准备必要时可以动员用于国防事业的所有物质和能量。

审视信息化战争对我国国防后备力量建设的新要求，我国的国防后备力量建设与打赢信息化战争的要求还有较大差距，因此必须着眼于维护国家安全和打赢信息化战争的需要，遵循有利于坚持人民战争思想、有利于提高后备力量的整体质量、有利于战时快速动员、有利于适应社会主义市场经济发展的原则，在加强后备力量建设中正确处理后备力量建设与经济建设的关系、后备力量建设中数量与质量的关系、后备力量建设与常备军同步发展的关系、后备力量平时建设与战时动员的关系、后备力量建设内部结构诸要素的关系、后备力量建设外延投入和内涵挖潜的关系、后备力量建设中潜力储备与实力转化的关系、后备力量建设实践与理论指导的关系、后备力量建设坚持中国特色与借鉴国外经验的关系、后备力量建设中政治建设与组织建设及军事训练的关系，逐步建设"数量充足，质量较高，动员快速，机制完善"的后备力量体系。

视野拓展

习近平军事变革剑指四个方向

1. 剑指世界潮流

习近平提出要"改变机械化战争的思维定式，树立信息化战争的思想观念"。这个思想转变，是从世界发展趋势角度着眼的。机械虽然仍是军事的基础，但当前"信息化"已成为军事创新和变革的核心，也是中国军队必须适应的世界军事变革大潮流。眼下，网络和空天都已经成为新边疆,最近中美就所谓"解放军黑客"攻击问题频频过招,其实就是一种信息战的战争形态。在这个看不见硝烟的战场,弱势一方的损失可能比机械化战争的损失还大。习近平提到的这个思想转变,其实具有相当的紧迫性。

2. 剑指国家安全

习近平提出要"改变维护传统安全的思维定式,树立维护国家综合安全和战略利益拓展的思想观念"。这个思想转变是从维护国家利益角度阐述的。十八大以来,新一届中央领导集体高度重视国家安全,一个表征就是"国安委"的设立。习近平提到的这个思想观念转变,与设立"国安委"来统筹国内国际两个安全一脉相承。传统安全主要是维护国土安全、主权安全,这是军队的基本职责;而综合安全则更加重视网络安全和海外利益,这是现代化军队的重要使命。目前中国面临的国际环境日趋复杂,国土安全等传统安全领域面临严峻挑战;同时随着中国海外政治经济活动的深入,维护海外必要的战略高地也成了中国利益的合理延伸。在此背景下,军队在维护国家安全中的作用不是减弱了,而是增强了。军队任务的改变也就成了题中之意。这种转变必然首先是思想的转变,其次才是走出去。军队只有适应这种变化,才能更好维护国家安全,争取更加有利的外部环境。

3. 剑指实战形态

习近平提出"改变单一军种作战的思维定式,树立诸军兵种一体化联合作战的思想观念"。这一转变是从实战来着眼和布局的。由于中国安全问题的多样性与复杂性,未来安全面临的威胁不可能是单一的,而是多方向的,各个战略方向之间存在明显的战略对应关系,因而多兵种联合作战的必要性凸显。军队方面事实上已经开始这方面的探索。例如,针对外媒传播的中国设立东海联合作战指挥中心的消息,国防部发言人2014年8月1日回应时称,建立联合作战指挥体制,是信息化条件下联合作战的必然要求。"根据党的十八届三中全会做出的决定,下一步我们要在充分研究论证的基础上,适时深化改革,走出一条具有中国特色的联合作战指挥体系改革之路。"国防部的这种表态值得品读,未来的探索更是值得每个中国人关注。

4. 剑指统筹保障

习近平提出"改变固守部门利益的思维定式,树立全军一盘棋、全国一盘棋的思想观念"。这个思想转变是从宏观协作与统筹保障角度来考量的。外界注意到,2014年解放军在渤海、黄海、东海、南海四大海域分别进行了海军演习,在东南沿海的军区也进行了陆空演习。特别是2014—朱日和军演,打破了"红军必胜、蓝军必败"的思维定式,以军事斗争现实为出发点的实事求是精神,抵消了既有利益模式的干扰和侵袭,是军事思想领域变革的重要一步。在这一思想观念转变的指引下,未来也不排除在军事建制领域的新改革,以适应"一盘棋"统筹的大趋势。

近年来,中国国家利益不断面对来自美国重返亚太,以及日本、菲律宾等制造海洋争端的侵害,这加重了社会对军队改革紧迫性的认知。表面上看,习近平提出的"四个转变"是对军事思想的一次梳理,军事创新的目标针对的也是外来威胁,可以看作是一种"外向型指向";但本质上讲,这更多的还是军队深化改革提出的"内生型要求"。习近平从世界潮流、国家安全、实战形态和统筹保障等角度阐述军队变革与创新的轨迹,是在中国军队多年未战的大背景下,变军事被动为军事主动的一次战略大调整。

对中国人而言,中国梦也包括强军梦。而要实现这种强军梦,显然必须有"十年磨一剑"的勇气。而这柄利剑,就是习近乎所强调的解放思想,跳出思维定式,实现思想转变。思想转变是件痛苦的事情,但唯有闯过这一关,才能真正锻造出一支能打仗、打胜仗的铁军。

资料来源:刘志辉. 平易近人——习近平的语言力量(军事卷)[M]. 上海:上海交通大学出版社,2017.

第五章 条令教育与队列训练

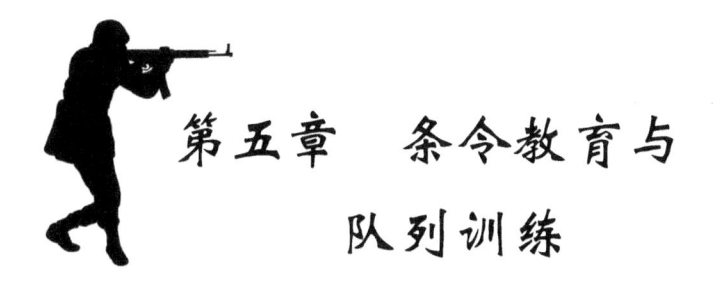

军事技能训练课是大学生的必修课之一。通过军事技能训练课的学习，大学生增强组织纪律观念，培养顽强拼搏和集体主义的精神、了解轻武器的战斗性能，掌握射击的动作要领，学会单兵战术，认识并运用地形图，了解行军、宿营、野外生存的方法，从而养成良好的军人姿态和初步具备军人的良好素质。

第一节 三大条令

现行的《中国人民解放军内务条令》（简称《内务条令》）、《中国人民解放军纪律条令》（简称《纪律条令》）和《中国人民解放军队列条令》（简称《队列条令》）经 2010 年 5 月 4 日中央军委常务会议通过，自 2010 年 6 月 15 日起施行。

一、《内务条令》

《内务条令》是规范中国人民解放军的内务制度、加强内务建设的条令，是全军行政管理教育的依据。

《内务条令》体现无产阶级建军思想、宗旨和原则，贯彻新时期军事战略方针和政治合格、军事过硬、作风优良、纪律严明、保障有力的总要求。它是我军进行管理教育、继承和发扬优良传统、建立和维护良好的内外关系和规范内务制度及生活制度、指导各类人员履行职责的依据和行动准则。

《内务条令》共 21 章 420 条，另有附录 11 项。

第一章 总则，即整个条令的纲，集中阐述我军的性质、宗旨和任务，指出我军在新的历史时期建军的总方针，强调党对军队的绝对领导和政治工作的生命线地位，强调要进行马克思列宁主义、毛泽东思想和邓小平理论教育，保证全军上下在思想上、政治上、行动上都与党中央保持高度一致，加强社会主义精神文明建设，培养有理想、有道德、有文化、有纪律的革命军人，塑造军队文明之师、威武之师的良好形象。

第二章　军人宣誓。强调军人必须履行自己的神圣职责和光荣使命。为了保卫社会主义祖国，保卫人民的和平劳动，在任何情况下，军人都要忠于党、忠于国家、忠于社会主义、忠于人民、无私奉献、勇于牺牲、报效祖国、决不背叛。同时，规定宣誓的基本要求和宣誓大会的程序。还规定军人退出现役前，士兵、军官应举行向军旗告别仪式。

第三章　军人职责。规定士兵职责、军官职责、首长职责、主管人员职责等。

第四章　内部关系。规定军人的相互关系及各机关、部队之间的相互关系。规定军官和文职干部爱护士兵必须做到的六条要求，以及士兵尊重军官和文职干部、服从领导和管理的六条要求。强调"部属、下级必须服从首长、上级"。

第五章　礼节。主要讲军队内部的礼节，军人和部队对军外人员礼节的规定。

第六章　军容风纪。规定军人着装、仪容、称呼和举止的具体要求。还规定了军容风纪检查制度。

第七章　对外交往。规定军人在对外交往中必须遵纪守法，坚决维护国家和军队的利益。规定军人不得私自经商，军队单位不得以部队番号、代号从事以营利为目的的活动。

第八章　作息。规定一日时间的分配，一日生活的具体项目、内容和要求。

第九章　日常制度。规定会议、请示、报告、请假、登记统计、查铺、查哨、军官留营住宿、点验、证件、印章管理和保密制度等。

第十章　值班。值班是保证军队指挥不间断，保证军队常备不懈，维护军队内部秩序和保障安全的组织措施。规定各级值班制度、值班人员一般职责和换班交接等内容。

第十一章　警卫。为保卫首长、机关、部队和装备设施的安全，防止遭受袭击和破坏，规定警卫注意事项和一般守则。

第十二章　零散人员管理。规定首长、机关要加强对公勤人员、单独外出人员的管理教育，使他们保持良好的军人形象和严格的作风纪律，维护军队荣誉。

男军人发型如下（图5-1）。

(正面) (侧面) (背面)
(a) 刚健型(平头)

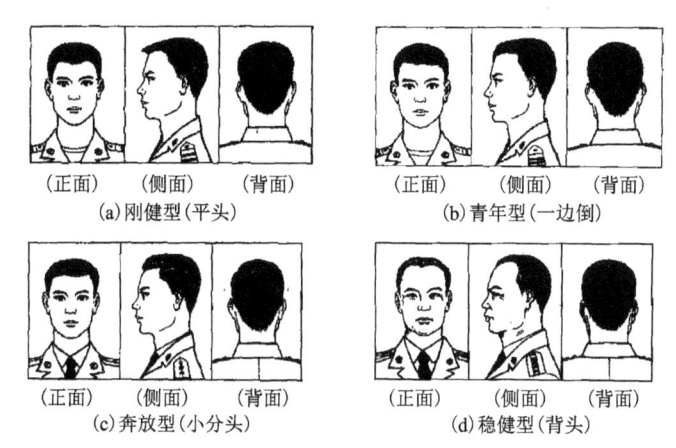

(正面) (侧面) (背面)
(b) 青年型(一边倒)

(正面) (侧面) (背面)
(c) 奔放型(小分头)

(正面) (侧面) (背面)
(d) 稳健型(背头)

图 5-1 男军人发型

女军人发型如下（图 5-2）。

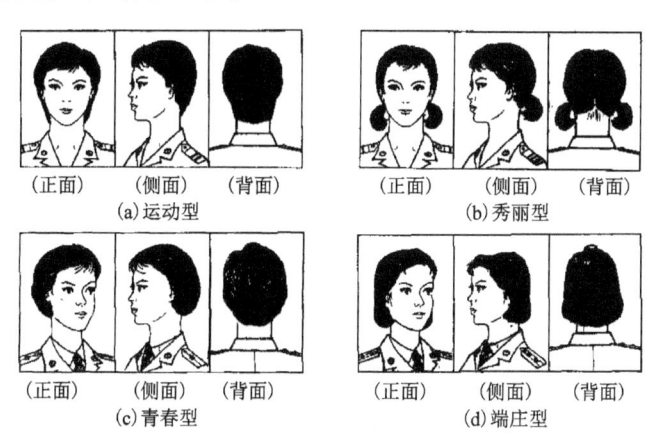

(正面) (侧面) (背面)
(a) 运动型

(正面) (侧面) (背面)
(b) 秀丽型

(正面) (侧面) (背面)
(c) 青春型

(正面) (侧面) (背面)
(d) 端庄型

图 5-2 女军人发型

第十三章 日常战备和紧急集合。规定部（分）队要高度重视战备工作，建立正规的战备程序，保持良好的战备状态。为锻炼提高部（分）队紧急行动能力，检查战备状况，规定部（分）队首长根据部（分）队的任务进行定期或不定期的紧急集合。

第十四章 装备日常管理。规定对装备的保管、使用、检查，以及车、炮场、机械场、港口、基地有关装备设施的管理，保证装备处于良好状态。

第十五章 财务和伙食、农副业生产管理。规定部（分）队首长必须加强财务、农副业生产和伙食的管理，做到严格监督、日清月结、账款相符、精打细算、改善伙食。

第十六章 卫生。规定军人个人卫生的内容和要求，明确室内外环境卫生标准和卫生清扫、检查制度。

第十七章　营区、营产管理。主要明确营区、营产管理及营区治安管理的规定。保证安全和营区环境优美、整洁，秩序井然。

第十八章　野营管理。对部（分）队在野营前、野营中应当注意的事项做了明确规定。

第十九章　安全工作。主要是对保证安全、防止事故工作做出了明确规定。

第二十章　主要对国旗、军旗、军徽的使用和国歌、军歌的奏唱做出明确的规定。

第二十章　附则。

二、《纪律条令》

《纪律条令》是全军维护纪律、实施奖惩的依据。现行的《纪律条令》共7章197条，8个附录。其内容大致分为三个部分：总则、奖励和处分，我军维护纪律的有关措施与条令的附则。

总则指出，我军的纪律是建立在政治自觉基础上的严格的纪律，是军队战斗力的重要因素，是团结自己、战胜敌人和完成一切任务的保证。全体军人必须自觉地遵守，无论在任何艰难危险的情况下，都应忠诚地履行保卫社会主义祖国、保卫人民的神圣职责，坚决执行命令，不允许有任何违反纪律的现象。其基本内容是执行党的路线、方针、政策，遵守国家的宪法、法律、法规，执行军队条令、条例和规章制度，执行上级的指示和命令，执行"三大纪律八项注意"，规定每个军人必须做到的十条。

明确奖惩的目的、原则、项目和条件及实施奖惩的具体权限、要求和方法。奖励是维护纪律的积极手段，其目的在于鼓励先进，调动官兵的积极性、创造性，发扬爱国主义、共产主义和革命英雄主义精神，保证作战训练和其他各项任务的完成。对个人和单位的奖励项目分为嘉奖、三等功、二等功、一等功、荣誉称号。

贯彻在法律面前人人平等的原则。处分是维护纪律的辅助手段，其目的在于严明纪律，增强团结，加强集中统一，巩固和提高部队的战斗力。处分应当坚持惩前毖后、治病救人的原则，对一次错误只能给一次处分。处分有警告、严重警告、记过、记大过、降职或降衔（级）、撤职、开除军籍等。

明确保障法律赋予军人的民主权利的方法。对控告和申诉的目的、条件、程序形式和要求，以及控告军外人员的注意事项做了具体的规定。规定各首长应当以身作则、严于律己，严格遵守和执行纪律，并对部属进行纪律教育；规定军人委员会、军人代表会应履行职责，正确行使民主权利，对首长、机关执行和维护纪律情况实行监督。规定奖惩报表的格式等。

三、《队列条令》

《队列条令》是全军队列训练的基本依据和队列生活的准则。现行的《队列条令》共 11 章 71 条，4 个附录。其内容大致分为六个部分。

（1）总则。着重指出制定本条令和加强队列训练的目的是培养良好的军姿、严整的军容、过硬的作风、严格的纪律性、协调一致的动作，促进军队正规化建设，巩固和提高战斗力。要求军人在队列生活中做到：坚决执行命令，令行禁止；姿态端正、军容严整、精神振作、严肃认真；按照规定的位置列队，集中精力听指挥，动作迅速、准确、协调一致；保持队列整齐，出、入列应当报告并经允许。

（2）队列指挥。对队列指挥位置、指挥方法和指挥要求等方面做了明确规定：队列指挥要做到位置正确，姿态端正，精神振奋，动作准确；口令准确、清楚、洪亮；清点人数，检查着装，认真验枪；严格要求，维护队列纪律。

（3）队列队形。对队列的基本队形、队列间距和班、排、连、营、团、军兵种部（分）队的队形做了明确规定。

（4）队列动作。对从单个军人的队列动作到班、排、连、营、团和军兵种部（分）队的队列动作，以及团以下分队集合、离散、整齐、报数、出列、入列、行进、停止、队形、方向变换、指挥员位置的变换等做了明确规定。

（5）敬礼、国旗的掌持、升降和军旗掌持、授予与迎送。

（6）阅兵、晋升（授予）军衔、授枪和纪念仪式。

第二节　队　列　动　作

一、立正、跨立、稍息

（一）立正

立正是军人的基本姿势，是队列动作的基础。军人在宣誓、接受命令、进见首长和向首长报告、回答首长问话、升降国旗和军旗、奏国歌和军歌等严肃庄重的时机和场合，均应当自行立正。

口令：立正。

要领：两脚跟靠拢并齐，两脚尖向外分开约 60°；两腿挺直；小腹微收，自然挺胸；上体正直，微向前倾；两肩要平，稍向后张；两臂下垂自然伸直，手指并拢自然微屈，拇指尖贴于食指第二节，中指贴于裤缝；头要正，颈要直，口要闭，下颌微收，两眼向前平视（图 5-3）。

图 5-3　徒手立正姿势

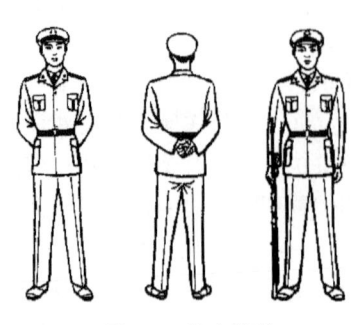

图 5-4 跨立姿势

（二）跨立（即跨步站立）

口令：跨立。

要领：左脚向左跨出约一脚长，两腿自然挺直，上体保持立正姿势，身体重心落于两脚之间。两手后背，左手据右手腕，右手手指并拢自然弯曲，手心向后。携枪时不背手（图 5-4）。

（三）稍息

口令：稍息。

要领：左脚顺脚尖方向伸出约全脚的 2/3，两腿自然伸直，上体保持立正姿势，身体重心大部分落于右脚。携枪时，携带的方法不变，其余动作同徒手。稍息过久可自行换脚。

（四）停止间转法

1. 向右（左）转

口令：向右（左）——转；半面向右（左）——转。

要领：以右（左）脚跟为轴，右（左）脚跟和左（右）脚掌前部同时用力，使身体协调一致向右（左）转 90°，身体重心落在右（左）脚，左（右）脚取捷径迅速靠拢右（左）脚，成立正姿势。转动和靠脚时，两腿挺直，上体保持立正姿势。

半面向右（左）转，按向右（左）转的要领转 45°。

2. 向后转

口令：向后——转。

要领：按照向右转的要领向后转 180°。转动时，动作要快，两腿夹紧，上体保持立正姿势。

二、行进和立定

（一）行进

行进的基本步法分为齐步、正步和跑步，辅助步法分为便步、踏步和移步。

1. 齐步

当听到"齐步——走"的口令后，左脚向正前方迈出约 75 厘米，按照先脚跟后脚掌的顺序着地，同时身体重心前移，右脚照此法动作；上体正直，微向前倾；手指轻轻握拢，拇指贴于食指第二节；两臂前后自然摆动，向前摆臂时，肘部弯曲，小臂自然向里合，手心向内稍向下，拇指根部对正衣扣线，并与最下方衣扣同高，离身体约 25 厘米；向后摆臂时，手臂自然伸直，手腕前侧距裤缝线约 30 厘米。行进速度每分钟 116～122 步。齐步是军人的常用步伐，一般用于队列的整齐行进。

2. 正步

听到"正步——走"的口令后，左脚向正前方踢出约 75 厘米（腿要绷直，脚尖下压，脚掌与地面平行，离地面约 25 厘米），适当用力使全脚掌着地，同时身体重心前移，右脚照此法动作，上体正直，微向前倾；手指轻轻握拢，拇指伸直贴于食指第二节；向前摆臂时，肘部弯曲，小臂略成水平，手心向下，手腕下沿摆到高于最下方衣扣约 10 厘米处，离身体约 10 厘米，向后摆臂时（左手心向右，右手心向左），手腕前侧距裤缝向约 30 厘米。行进速度为每分钟 110～116 步。正步主要用于分列式和其他礼节性等场合。

3. 跑步

听到"跑步"的预令时，两手迅速握拳（四指蜷握，拇指贴于食指第一关节和中指第二关节），提到腰际，约与腰带同高，拳心向内，肘部稍向里合。听到"走"的动令后，跑步是最经济的运动上体微向前倾，两腿微弯，同时左脚利用右脚掌的蹬力跃出约 85 厘米，前脚掌先着地，身体重心前移，右脚照此法动作；上体保持正直，两臂前后自然摆动，向前摆臂时大臂略直，肘部贴于腰际，小臂略平，稍向里合，两拳内侧各距衣扣线约 10 厘米；向后摆臂时，拳贴于腰际。行进速度为每分钟 170～180 步。跑步主要用于快速行进。

4. 便步

听到"便步——走"口令后，用适当的步速、步幅行进，两臂自然摆动，上体保持良好的姿态。便步用于行军、操练后恢复体力及其他场合。

5. 踏步

两脚在原地上下起落（抬起时，脚尖自然下垂，离地面约 15 厘米，落下时前脚掌先落地），上体保持正直，两臂按齐步或跑步摆臂的要领摆动。踏步用于调整步伐，以保持队形的整齐。

6. 移步

1）右（左）跨步

口令：右（左）跨×步——走。

要领：上体保持正直，每跨1步并脚一次，其步幅约与肩同宽，跨到指定步数停止。

2）向前或后退

口令：前向×步——走；后退×步——走。

要领：向前移步时，应当按照单数步要领进行（双数步变为单数步）。向前1步时，用正步，不摆臂；向前3～5步时，按照齐步走的要领进行。向后退时，从左脚开始，每退1步靠脚一次，不摆臂，退到指定步数停止。移步用于调整队列位置。

（二）立定

口令：立——定。

要领：齐步和正步时，听到口令后，左脚再向前大半步着地（脚尖向外约30°），两腿挺直，右脚取捷径迅速靠拢左脚，成立正姿势。跑步时，听到口令后，再跑两步，然后左脚向前大半步（两拳收于腰际，停止摆动）着地，右脚靠拢左脚，同时将手放下，成立正姿势。踏步时，听到口令，左脚踏1步，右脚靠拢左脚，原地成立正姿势（跑步的踏步，听到口令，继续踏两步，再按照上述要领进行）。

三、坐下、蹲下与起立

（一）坐下

口令：坐下。

枪靠右肩——坐下。

要领：左小腿在右小腿后交叉，迅速坐下（坐凳子时，听到口令，左脚向左分开约一脚之长），手指自然并拢放在两膝上，上体保持正直。

携枪（筒）坐下时，枪（筒）靠右肩（枪面向右、筒面向左），右手自然扶贴护木（折叠式冲锋枪，移扶复进机盖后端；40火箭筒，握护板），左手手指自然并拢，放在左膝上。肩冲锋枪、81式自动步枪（40火箭筒）坐下时，听到预令，将枪（筒）取下：右手移握护木，使枪背带从肩上滑下；肩折叠式冲锋枪时，右手移握散热孔，将枪口转向左前，左手虎口向右握弹匣，右手打开枪托后，移握散热孔；肩40火箭筒时，用右手腕的旋转力，迅速将筒转到右肩前，同时左手接握护板，右手移握护板。携60迫击炮坐下时，可以先架炮。

背背包时，听到"放背包"的口令后，两手握背包带，取下背包，转体向右，右手将背包横放在脚后，背包口向左，按照口令坐在背包上。携枪（筒）放背包时，先置枪（架枪、筒）或两腿夹枪，然后放背包。

（二）蹲下

口令：蹲下。

要领：右脚后退半步，前脚掌着地，臀部坐在右脚跟上（膝盖不着地），两腿分开约60°，手指自然并拢放在两膝上，上体保持正直。蹲下过久，可以自行换脚。

持枪时，右手移握护木（冲锋枪、81式自动步枪、40火箭筒和60迫击炮的携带方法不变），左手手指自然并拢，放在左膝上。

（三）起立

口令：起立。

要领：全身协力迅速起立，成立正姿势或者成持枪（炮）、肩枪（筒）立正姿势。

60迫击炮架炮、班用机枪架枪和40火箭筒架筒时，起立后取炮、枪、筒。

四、脱帽、戴帽与敬礼

（一）脱帽

口令：脱帽。

要领：双手捏帽檐或者帽前端两侧，将帽取下，取捷径置于左小臂，帽徽向前，掌心向上，四指扶帽檐或者帽墙前端中央处，小臂略成水平，右手放下。

（二）戴帽

口令：戴帽。

要领：双手捏帽檐或者帽前端两侧，取捷径将帽迅速戴正。

（三）敬礼

1. 举手礼

口令：敬礼。

要领：上体正直，右手取捷径迅速抬起，五指并拢自然伸直，中指微接帽檐右角前约2厘米处（戴无檐帽或者不戴军帽时微接太阳穴，与眉同高），手心向下，微向外张（约20°），手腕不得弯曲，右大臂略平，与两肩略成一线，同时注视受礼者。

2. 注目礼

要领：面向受礼者成立正姿势，同时注视受礼者，并目迎目送（右、左转头角度不超过 45°）。

3. 行进间敬礼

行进间敬礼时（跑步时换成齐步），转头向受礼者行举手礼（手不随头移动），并继续行进，左臂仍自然摆动，待受礼者还礼后礼毕。

五、队列队形和队列动作

队列的基本队形为横队、纵队、并列纵队。需要时，可以调整为其他队形。队列人员之间的间隔（相邻队员两肘之间）通常约 10 厘米，距离（前一名队员脚跟与后一名队员脚尖距离）约 75 厘米。需要时，可以调整人员之间的间隔和距离。

（一）集合

集合，是使单个军人、分队、部队按照规范队形聚集起来的一种队列动作。

集合时，指挥员应当先发出预告或者信号，如"全连（或者×排）注意"，然后，站在预定队形的中央前，面向预定队形成立正姿势，下达"成××队——集合"的口令。所属人员听到预告或者信号，原地面向指挥员成立正姿势；听到口令，跑步到指定位置面向指挥员集合（在指挥员后侧的人员，应当从指挥员右侧绕过），自行对正、看齐，成立正姿势。

1. 班集合

口令：成班横队（二列横队）——集合。

要领：基准兵迅速到班长左前方适当位置，成立正姿势，其他士兵以基准兵为准，依次向左排列，自行看齐。

成班二列横队时，单数士兵在前，双数士兵在后。

口令：成班纵队（二路纵队）——集合。

要领：基准兵迅速到班长前方适当位置，成立正姿势；其他士兵以基准兵为准，依次向后排列，自行对正。

成班二路纵队时，单数士兵在左，双数士兵在右。

2. 排集合

口令：成排横队——集合。

要领：基准班在指挥员前方适当位置，成班横队迅速站好，其他班成班横队，以基准班为准，依次向后排列，自行对正、看齐。

口令：成排纵队——集合。

要领：基准班在指挥员右前方适当位置，成班纵队迅速站好，其他班成班纵队，以基准班为准，依次向右排列，自行对正、看齐。

3. 连集合

口令：成连横队——集合。

要领：队列内的连指挥员或者基准排，在指挥员左前方适当位置，成横队迅速站好；各排和连部成横队，以连指挥员或者基准排为准，依次向左排列，自行对正、看齐。

口令：成连纵队——集合。

要领：队列内的连指挥员或者基准排，在指挥员前方适当位置，成纵队迅速站好；各排和连部成纵队，以连指挥员或者基准排为准，依次向后排列，自行对正、看齐。

口令：成连并列纵队——集合。

要领：队列内的连指挥员或者基准排，在指挥员左前方适当位置，成纵队迅速站好；各排和连部成纵队，以连指挥员或者基准排为准，依次向左排列，自行对正、看齐。

（二）离散

离散，是使列队的单个军人、分队、部队各自离开原队列位置的一种队列动作。

1. 离开

口令：各营（连、排、班）带开（带回）。

要领：队列中的各营（连、排、班）指挥员带领本队迅速离开原列队位置。

2. 解散

口令：解散。

要领：队列人员迅速离开原列队位置。

（三）整齐

整齐，是使列队人员按照规定的间隔、距离，保持行、列齐整的一种队列动作。整齐分为向右（左）看齐和向中看齐。

口令：向右（左）看——齐，向前——看。

要领：基准兵不动，其他士兵向右（左）转头（持枪、炮时，听到预令，迅速将枪、炮稍提起，看齐后自行放下），眼睛看右（左）邻士兵腮部，前四名能通视基准步兵，自第五名起，以能通视到本人以右（左）第三人为度。后列人员，先向前对正，后向右（左）看齐。听到"向前——看"的口令后，迅速将头转正，恢复立正姿势。

口令：以×××为准，向中看——齐，向前——看。

要领：当指挥员指定"以×××为准（或者以第×名为准）"时，基准兵答"到"，同时左手握拳高举，大臂前伸与肩略平，小臂垂直举起，拳心向右（图5-5）。听到"向中看——齐"的口令后，其他士兵按照向左（右）看齐的要领实施。听到"向前——看"的口令后，基准兵迅速将手放下，其他士兵迅速将头转正，恢复立正姿势。

一路纵队看齐时，可以下达"向前——对正"的口令。

（四）报数

图5-5 整齐

口令：报数。

要领：横队从右至左（纵队由前向后）依次以短促洪亮的声音转头（纵队向左转头）报数，最后一名不转头。数列横队时，后列最后一名报"满伍"或者"缺×名"。连集合时，由指挥员下达"各排报数"的口令，各排长在队列内向指挥员报告人数，如"第×排到齐"或者"第×排实到××名"。

必要时，连也可以统一报数。

（五）出列、入列

单个军人和分队出列、入列通常用跑步（5步以内用齐步，1步用正步），或者按照指挥员指定的步法执行，然后，进到指挥员右前侧适当位置或者指定位置，面向指挥员成立正姿势。

1. 出列

口令：×××（或者第×名），出列。

要领：出列军人听到呼点自己姓名或者序号后应当答"到"，听到"出列"的口令后，应当答"是"。

（1）位于第一列（左路）的军人，按照本条上述规定，取捷径出列。

（2）位于中列（路）的军人，向后（左）转，待后列（左路）同序号的军人向右后退1步（左后退1步）让出缺口后，按照本条的上述规定从队尾（纵队时从左侧）出列；位于"缺口"位置的军人，待出列军人出列后，即复原位。

（3）位于最后一列（右路）的军人出列，先退1步（右跨1步），然后，按照本条有关规定从队尾出列。

2. 入列

口令：入列。

要领：听到"入列"口令后，应答"是"，然后依出列的相反程序入列。

（六）行进、停止

横队和并列纵队行进以右翼为基准，纵队行进以左翼为基准（一路纵队行进以先头为基准）。

1. 行进

指挥员应当下达"×步——走"的口令。听到口令后，基准兵向正前方前进，其他士兵向基准翼标齐，保持规定的间隔、距离行进。纵队行进时，排、连通常成三路纵队，也可以成一路、二路纵队。行进中，需要时，用"一二一"（调整步伐的口令）、"一二三四"（呼号）或者唱队列歌曲，以保持步伐的整齐和振奋士气。

2. 停止

指挥员应当下达"立——定"的口令。听到口令后，按照立定的要领实施，分队的动作要整齐一致。停止后，听到"稍息"的口令，先自行对正、看齐，再稍息。

第三节 阅 兵

一、阅兵起源

中国史书中，关于"阅兵"的最早记载，要追溯到4000多年前的涂山会盟。《淮南子·原道训》中就说，从前，夏部落的首领鲧建造了很高的城墙来保卫自己，大家都想离开他，其他部落对夏虎视眈眈。后来禹当了首领，拆毁城墙，填平护城河，把财产分给大家，毁掉了兵器，用道德来教导人民。于是大家都各尽其职，别的部落也愿意来归附。禹在涂山邀请诸侯会盟。

据说，在大会上，禹的手下手持用羽毛装饰的兵器，和着乐曲载歌载舞，表示对南方部落首领的隆重欢迎。而前来会盟的氏族部落首领都带着玉器和丝绸一类的贵重物品，表示对禹的臣服。涂山会盟中，尽管禹没有发动一兵一卒，但他的武力展示足以威慑诸侯，从而"化干戈为玉帛"。禹的行为，实际上也就是"阅兵"的雏形。

二、师以上部队阅兵

（一）组织

师以上部队组织阅兵，应当建立相应的指挥机构，设阅兵指挥和副指挥，负责阅兵的组织指挥。成建制阅兵时，由受阅部队最高首长担任指挥；不同军兵种和不同建制部队联合阅兵时,由合成军队的最高首长或者由上级指定的首长担任指挥。阅兵指挥陪阅时,由阅兵副指挥接替其指挥。

(二)阅兵式

受阅部队可以根据阅兵的目的、场地条件和部队的数量、装备等情况确定阅兵队形。一般分为徒步方队(通常按照陆军、海军、空军和第二炮兵序列排列)和装备方队(通常按照陆军、海军、空军和第二炮兵序列排列,也可以按照装备类型统一排列)。装备方队的车辆通常成3~4路、4~6列;车与车的间隔为2~3米,车与车的距离:坦克为5米,步兵战车(装甲输送车、伞兵突击车)和汽车均为 2~3 米;人员一般在本方队车辆前成数列横队列队(力求与车辆排面宽度一致),后列人员与车辆相距3~5米。

首长乘车阅兵时,阅兵指挥乘车到达首长车的右前方(两车头相距约5米)停车向首长报告。之后,在首长车的右后侧(指挥车前轮与首长车后轮在一线上,两车间隔2米)陪阅。首长车距受阅队列10~20米,以每小时15~20公里的速度从队列前通过,返回阅兵台时,以每小时约40公里的速度行驶。

(三)分列式

分列式开始前,应当设好标兵。标兵的间隔可以适当调整;需要时,可以增设若干个辅助标兵(枪上不插标兵旗)。

分列式行进时,按照徒步方队、装备方队的顺序行进。装备方队之间的距离为 20 米。装备方队长径大于二、三标兵之间的间隔时,可以分别下达"向右——看"和"向前——看"的口令。车与车的距离:坦克为 13 米,步兵战车(装甲输送车、伞兵突击车)和汽车均为 10 米;车与车的间隔:坦克为2~3米,步兵战车(装甲输送车、伞兵突击车)和汽车均为 4 米;时速:从第一标兵线起为 10 公里,通过第四标兵后为10~15公里。各装备方队的指挥员应当站立于指挥车上,坦克、步兵战车(装甲输送车、伞兵突击车)的乘员(除一炮手、驾驶人员外)和载员应当站在自己的位置上。汽车打开驾驶室右门玻璃窗,坦克、步兵战车(装甲输送车、伞兵突击车)开窗驾驶。

标兵就位和撤收的时机、方法由阅兵指挥确定。

(四)军旗

师以上部队组织阅兵时,持受阅部队最高单位的军旗;不同军种团以上部队联合阅兵时,分别持各军种团以上建制部队最高单位的军旗。均不统一组织迎送军旗。乘车受阅时,将军旗插在指挥车上(坦克、步兵战车、装甲输送车或者伞兵突击车插在指挥塔门右侧,汽车插在前车厢板的中央)。

（五）首长讲话

阅兵首长通常在阅兵式结束后讲话。

（六）武器携带

武器携带方式由阅兵指挥规定。其他动作，参照摩托化步兵团阅兵的规定实施。

视野拓展

高灵魂、有本事、有血性、高品德——新一代合格革命军人的标准

灵魂、本事、血性、品德，是人应有的基本素养品质。习近平强调要培养有灵魂、有本事、有血性、有品德的新一代革命军人，在这普通的四个词前面加上"有"字，就形象生动地为当代合格革命军人应具备的素质能力画了一幅特有肖像，指出了当代军人在政治素质、军事素质、战斗精神、作风品德等方面必须具备的能力素质标准和目标追求。

强国大略，人才为本；强军事业，军人为根。国家的强盛，有赖于人的奋斗；全队的强大，有赖于军人的担当。"但使龙城飞将在""安得猛士兮守四方"，反映的就是古代将士守疆卫国的抱负、血性、豪情。我军作为党绝对领导下的新型人民军队，始终坚持革命军人是人民子弟兵的本色要求，"脚踏着祖国的大地，背负着民族的希望"，在革命、建设、改革的不同历史时期，都展示出非凡的军人风采，为党和人民所称颂。实现中国梦、强军梦的伟大使命，新时代的军人也必然应有新的标准和使命担当。习近平提出有灵魂、有本事、有血性、有品德，实际是为新一代革命军人确立的时代标准，是在继承基础上对我们党铸魂育人思想的重大创新。

有灵魂就是信念坚定、听党指挥。"魂者，器物之统摄也。"人无魂不生，军无魂不立。一个人如果没有灵魂，就无所谓出生、无所谓生命；一支军队如果没有灵魂，就不可能凝聚意志力量，战胜困难，立于世界强军之林。我军作为一支从山沟里、窑洞里、地道里、青纱帐里、芦苇荡里"钻"出来的部队，武器装备远远落后于敌人，何以能够攻坚克难，战胜强敌，不断从胜利走向胜利？原因是多方面的，但起主导和决定作用的因素就是有灵魂，广大官兵具有坚定的共产主义理想，有坚决听党指挥的信念，始终在党的绝对领导下行动和战斗。邓小平指出"为什么我们过去能在非常困难的情况下奋斗出来，战胜千难万险使革命胜利呢？就是因为我们有理想，有马克思主义信念，有共产主义信念"。

有本事就是素质过硬，具有能打仗、打胜仗的过硬素质和高超本领。执干戈以卫社稷。军人因战争而生，为打赢而存。如果不能打仗、不能打胜仗，就如同农民不会种地、工人不能做工一样，就失去了存在的意义。如果把军人的追求看成一座宝塔的话，胜利就是塔尖上那颗璀璨的明珠，而本事则是摘取这颗明珠的实力和支撑。古往今来，军人最大的荣耀，莫过于身怀绝技，在战场扬威，谈笑凯歌还；最大的遗憾，莫过于当祖国和人民需要的时候，尽管满腔热血、壮怀激烈，却苦于没有过硬的本领而饮恨沙场。所以，新一代革命军人，应特别注重学习掌握现代条件下作战的基本理论、基本知识、基本技能；特别注重在真刀真枪的环境中，在艰难困苦的环境下磨炼意志、锤炼本领；特别注重与信息化武器装备的结合，锻造打赢信息化战争的精兵利器。

有血性就是要英勇顽强、不怕牺牲。血性，就是刚强正直、视死如归的战斗意志和战斗精神。军队作为武装集团，从根本上决定了军人比其他社会成员面临更多的生与死、血与火的考验。扛枪打仗、效命疆场、卫国戍边、冲锋陷阵，都需要军人的血性担当。因此，军人血性是军人信念、情感、意志、胆略和行为等浓缩升华而成的一种气质特征、精神状态，是合格军人的重要标志和特有品质，更是军队能打胜仗必须具备的精神气概。信息化条件下，战争的残酷性、激烈程度大大增加，对官兵的血性要求不是降低了，而是更高了，不是变少了而是更全了，更需要发扬大无畏的英雄气概和英勇顽强的战斗作风。面对战争和危险考验，必须做到"宁可前进一步死，决不后退半步生"，敢于用热血甚至生命换取最后的胜利。

有品德就是要情趣高尚、品行端正。品德，就是道德品质，是指个体依据一定的社会道德准则和规范行动时，对社会、对他人、对周围事物所表现出来的稳定的心理特征或倾向。普通人品德，关系个人荣辱成败；军人军队品德，关系国家生死存亡。革命军人有品德，就是知荣明耻、情趣高尚、品行端正、自律慎独。我军作为党领导下的人民军队，其人民军队的本质属性、全心全意为人民服务的根本宗旨、艰苦奋斗的政治本色、不断传承光大的"红色基因"，都体现着一代代革命军人共同的道德追求。从被群众追随的"共产党的队伍""人民的子弟兵"，到被全社会誉为"最可爱的人""共和国卫士"等，都是军人和军队"情趣高尚、品行端正"的集中反映。新形势下，军人的思想品德正在经受复杂严峻的考验，军人的品德、价值观念也正经受着前所未有的巨大冲击和影响。"木之折也必通蠹，墙之坏也必通隙。"面对拿枪的敌人，革命军人从来没有被打败过。置身新的时代条件，新一代革命军人必须直面挑战，坚决抵制各种腐朽思想文化的侵蚀影响，面对"市场"心不动，情系"操场"志不移，瞄准"战场"弦不松，努力成为一个高尚的人、纯粹的人、脱离低级趣味的人、有益于人民的人。

一代军人有一代军人的样子，一代军人有一代军人的风貌。在为实现中国梦、强军梦而奋斗的新形势下，有灵魂、有本事、有血性、有品德，就是我们这一代革命军人应有的风采、应具备的样子。这个样子，应是你的样子，我的样子，是每一名当代革命军人都要努力营造的好样子。

资料来源：刘志辉. 平易近人——习近平的语言力量（军事卷）[M]. 上海：上海交通大学出版社，2017.

第六章 轻武器射击

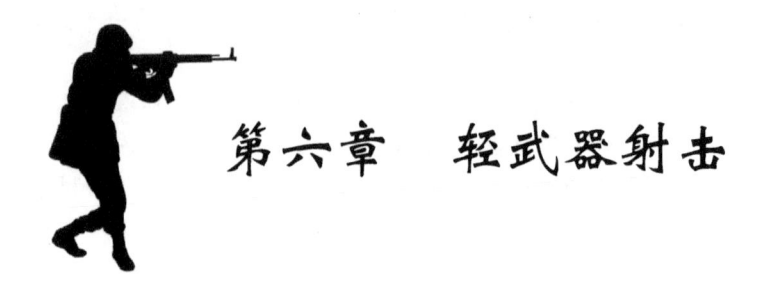

轻武器的传统概念是指手枪、步枪、冲锋枪、轻机枪等。根据现代战争的特点，轻武器所包含的范畴已扩大到包括单兵或班组使用的其他武器，如手榴弹、火箭筒及单兵防空导弹、步兵反坦克导弹等。

第一节 轻武器的基本常识

中国现代的轻武器主要包括枪械和手榴弹、枪榴弹、榴弹发射器、火箭发射器和无后坐力发射器，此外还有轻型燃烧武器和单兵便携式导弹等。这里主要介绍手枪、步枪、冲锋枪、机枪等枪械和单兵便携式防空导弹。

一、手枪

手枪是一种单手握持瞄准射击或本能射击的短枪管武器，通常为指挥员和特种兵随身携带，用以在 50 米近程内自卫和突然袭击敌人。现代手枪的基本特点是：变换保险、枪弹上膛、更换弹匣方便，结构紧凑，自动方式简单（图 6-1、图 6-2）。现代军用手枪主要有自卫手枪和冲锋手枪。自卫手枪射程一般为 50 米，弹匣容量为 8～15 发，发射方式为单发，重量在 1 千克左右；冲锋手枪亦称战斗手枪，全自动，一般配有分离式枪托，弹匣容量为 10～20 发，平时可当冲锋枪使用，有效射程可达 100～150 米。

图 6-1 80 式冲锋手枪　　图 6-2 92 式 9 毫米手枪

二、步枪

步枪是单兵肩射的长管枪械。其主要用于发射枪弹，杀伤暴露的有生目标，有效射程一般为 400 米；也可用于刺刀、枪托格斗；有的还可发射枪榴弹，具有点面杀伤和反装甲能力。

步枪按照自动化程度可以分单发步枪、手动步枪、半自动步枪和自动步枪；按照用途可以分为民用步枪、军用步枪、警用步枪、突击步枪、骑枪（卡宾枪）和狙击步枪。

（一）81 式自动步枪

81 式自动步枪是中国人民解放军装备的一种制式步枪。于 1979 年下达研制任务，1981 年设计定型，在 1983 年正式投入大量生产、正式装备中国人民解放军。包括采用木质固定枪托的称为 81 式自动步枪和采用折叠金属枪托的称为 81-1 式自动步枪（又称八一杠）（图 6-3）。81 式自动步枪与 81 式 7.62 毫米轻机枪组成 81 式枪族。这三种枪械的主要结构相同，自动机、复进机、击发机构、导气系统、供弹具都能在枪族内各枪互换使用，约有 65 种零部件可以互换通用。连同其他零部件通用率达到 70%。

图 6-3　81 式自动步枪

（二）95 式自动步枪

95 式自动步枪是由中国北方工业集团公司研制的突击步枪，属于 95 式枪族的一部分，为目前中国人民解放军的制式自动步枪之一，它是中国研制的第二种小口径步枪，也是解放军第一种大规模列装部队的小口径自动步枪。95 式自动步枪是世界上最短、最轻、威力最大和软目标杀伤能力最弱的小口径自动步枪（图 6-4）。

图 6-4　95 式自动步枪

（三）97 式自动步枪

97 式自动步枪（1999 年刚公布图片时曾被称为 99 式，在 2000 年的刊物上正式称为 97 式）是 95 式自动步枪的出口型，口径为西方国家流行的 5.56 毫米

NATO枪弹，主要是发射SS109规格的步枪弹（图6-5）。97式自动步枪整枪的特点与95式自动步枪基本相同，在外观上最明显的区别是两枪的机匣外形和弹匣。97式自动步枪在供弹具的位置上有一个向下凸出的接口，而95式自动步枪比较平坦；97式自动步枪的供弹具是直插装卸、侧面卡制的"直弯直"型铝合金弹匣，即M16标准的弹匣，而95式自动步枪采用前后卡制、转动装卸的"全弯"型塑料弹匣。

图6-5 97式自动步枪

（四）03式自动步枪

03式自动步枪是中国研制的一种小口径步枪（图6-6）。03式自动步枪是在《兵器知识》2004年11期首次公开的。根据文章介绍，该枪在2003年12月设计定型。尽管在半公布状态时被称为95A，但实际上两枪结构大不相同，枪机也完全不能互换。所以这种自动步枪最终定型时采用"03"这个名称。

图6-6 03式自动步枪

（五）56式半自动步枪

1956年式7.62毫米半自动步枪，即56式半自动步枪，苏联SKS半自动卡宾枪即西蒙洛夫半自动卡宾枪的仿制型。为中国人民解放军历史上第一支制式列装的国产半自动步枪，和56式轻机枪、56式自动步枪（又称为56式冲锋枪）统称56式枪族。56式半自动步枪是步兵使用的单人武器，它以火力、刺刀及枪托杀伤敌人（图6-7）。

图6-7 56式半自动步枪

三、冲锋枪

冲锋枪通常是指双手持握、发射手枪子弹的单兵连发枪械，曾被称作"手提机关枪"。它是介于手枪和机枪之间的武器，比步枪短小轻便，便于突然开火，射速高，火力猛，适用于近战或冲锋，因而得名"冲锋枪"。冲锋枪的基本特点可概括为：体积小，重量轻，灵活轻便，携弹量大，火力猛烈。但由于冲锋枪枪弹威力较小，有效射程较近，射击精度较差，加之步枪、冲锋枪合一的突击步枪的问世，第二次世界大战后，其战术地位逐步下降。从国外轻武器发展势头来看，除了微型冲锋枪、轻型冲锋枪、微声冲锋枪仍有生命力以外，常规冲锋枪将被小口径突击步枪所取代。

（一）85 式 7.62 毫米微声冲锋枪

85 式 7.62 毫米微声冲锋枪是我国设计制造的第二代微声冲锋枪（图 6-8）。其已装备特种部队和公安部门。该枪的主要机构除枪管和消声筒外与 85 式轻型冲锋枪大体相同，可与 85 式轻型冲锋枪实现主要零件的通用互换。该枪的微声效果比 64 式微声冲锋枪低 1～2 个分贝，有良好的三微（微声、微光、微烟）效果。

图 6-8　85 式 7.62 毫米微声冲锋枪

（二）85 式 7.62 毫米轻型冲锋枪

85 式轻型冲锋枪主要装备炮兵、侦察兵、通信兵、防化兵、装甲兵、中降兵、海军陆战队等特殊兵种，该枪采用自由枪机式自动原理，可单发、连发射击（图 6-9）。瞄具是片状准星，舰孔照门翻转式表尺。其主要以单发和点射火力杀伤 200 米以内敌方有生目标，具有结构简单、体积小、重量轻、精度好、近距离火力强、携带使用方便的特点。

图 6-9　85 式 7.62 毫米轻型冲锋枪

四、机枪

机枪指全自动、可快速连续发射的枪械。口径 20 毫米以上的叫"机炮"。机枪为了满足连续射击的稳定需要，通常备有两脚架及可安装在三脚架或固定枪座上，主要发射步枪或更大口径（12.7 毫米/14.5 毫米）的子弹，能快速连续射击，以扫射为主要攻击方式，透过密集火网压制敌方火力点或掩护己方进攻。除了攻击有生目标之外，也可以射击其他无装甲防护或薄装甲防护的目标。

根据装备对象，机枪又分为野战机枪（含高射机枪）、车载机枪（含坦克机枪）、航空机枪和舰用机枪。

（一）轻机枪

轻机枪装有两脚架，重量较轻，携行方便。可卧姿抵肩射击，也可立姿或行进间射击，战斗射速一般为 80～150 发/分，有效射程 500～800 米。95 式 5.8 毫米轻机枪是 95 式班用枪族中的轻机枪，它与 95 式自动步枪构成班用枪族，现已陆续装备部队（图 6-10）。该枪采用无托式结构；自动方式为导气式，机头回转闭锁，可单发、连发射击，供弹具有 30 发塑料弹匣和 75 发快装弹鼓两种，机械瞄准装置照门为觇孔式。其配有降噪声、降火焰的膛口装置。

图 6-10　95 式 5.8 毫米轻机枪

（二）重机枪

重机枪被美、英等国称为"中型机枪"，是装配有固定枪架，能长时间连续射击的机枪。与轻机枪相比，重量重，枪架稳定，有好的远距离射击精度和火力持续性，能较方便地实施超越、间隙、散布射击。其主要用于歼灭和压制1000 米内的敌集群有生目标、火力点和薄壁装甲目标，封锁交通要道，支援步兵冲击，必要时也可用于高射，歼灭敌低空目标。重机枪由枪身、枪架、瞄准装置三大部分组成。枪身重 15～25 千克，枪身长 1000～1200 毫米，一般可高射与平射两用，平射有效射程 800～1000 米，高射有效射程 500 米，战斗射速 200～300 发/分钟。

89 式 12.7 毫米重机枪系统以平射为主，用以杀伤敌集群目标，压制轻型武器火力点，毁伤轻型装甲目标；必要时，它还可实施高射，对武装直升机等低空目标射击。该系统由重机枪、白光瞄准镜、微光瞄准镜、穿爆燃弹和穿燃弹曳等组成。有效射程 1500 米，弹箱容量 50 发。

（三）通用机枪

通用机枪（又称轻重两用机枪），是一种既具有重机枪射程远、威力大，连续射击时间长的优势，又兼备轻机枪携带方便、使用灵活，紧随步兵实施行进间火力支援的优点的一种机枪，是机枪家族中的后起之秀。从 20 世纪 50 年代起，各国普遍用通用机枪取代轻机枪与重机枪。如今，轻重两用机枪已经基本取代重机枪的地位。

88 式 5.8 毫米通用机枪是中国 5.8 毫米口径枪械系列的一个重要组成部分，是确保步兵威力的一种武器（图 6-11）。重机枪状态在枪架上挂装容弹量 200 发的弹箱，有效射程 1000 米。5.8 毫米通用机枪的主要战术任务是歼灭 1000 米暴露的敌步兵，压制敌方火力点。必要时，也可对低空飞行的敌机、直升机和伞兵射击。该枪弹箱容弹量大，可与枪身或枪架连接，保证机枪无论是在轻机枪状态还是在重机枪状态，均可随战士运动中射击。

图 6-11　88 式 5.8 毫米通用机枪

（四）大口径机枪

大口径机枪一般是指口径在 12 毫米以上的机枪，美、英等国称为重型机枪，主要用于射击地面薄壁装甲目标和火力点，也可用于射击 2000 米以内的空中目标。目前有 50 多个国家装备，广泛配装在轻型吉普车和装甲车辆上，作为地面支援武器使用。以下机枪皆为大口径机枪。

美国的勃朗宁 M2、XM312 重机枪、XM806 重机枪（LW50）、GAU19（三管）。

中国的 85 式高射机枪、89 式重机枪、W85 式高射机枪、W95 式重机枪、CS/LM3、CS/LM6、CS/LM5（三管）、QJK99 航空机枪、QJC88 式 12.7mm 车装机枪。

俄罗斯的 DShK/DShKM 大口径机枪、NSV 重机枪、KORD 岩石[该枪的军队编号为"NSV"，即三位设计师姓氏的首字母组合，苏联红军给它起名"岩石"（Kord）]。

第二节　简易射击学理

一、发射与后坐

（一）发射

火药气体压力将弹头从膛内推送出去的现象，称为发射。

发射过程是击针撞击子弹底火，使弹壳底缘内的起爆药发火，火焰通过导火孔引燃发射药，产生大量火药气体，在膛内形成很大的压力，迫使弹头脱离弹壳沿膛线旋转加速前进，直至推出枪口。

发射过程可分为四个阶段。

第一阶段（准备阶段）：由发射药开始燃烧起到弹头开始运动时止。击针撞击子弹底火，使起爆药发火，火焰通过传火孔引燃发射药。发射药燃烧，产生大量火药气体，在膛内形成很大压力，作用于弹头底部的压力迫使弹头嵌入膛线。开始发射药在等容积条件下燃烧，气体压力不断增加。当气体压力足以克服弹头的运动阻力时，弹头即从静止转入运动。弹头完全嵌入膛线所需要的气体压力，称为起动压力。各种枪的起动压力为 250～500 千克力/厘米^2（81 式自动步枪的起动压力为 300 千克力/厘米^2）。

第二阶段（基本阶段）：自弹头开始运动到发射药燃烧完为止。此阶段内发射药在迅速变化的容积内燃烧，膛内压力随着火药气体的增加迅速增加，弹头开始运动并逐渐加速，当弹头在膛内前进 6～8 厘米时膛内压力最大，此时的压力称为最大膛压,各种枪的最大膛压为 1400~3400 千克力/厘米^2(81 式自动步枪的最大膛压为 2800 千克力/厘米^2)。随着弹头速度的增加,弹头后部的容积逐渐增大,当容积增大的速度超过发射药燃烧产生火药气体的速度时,膛压开始下降。发射药燃烧完毕时,火药气体对弹头仍保持一定的压力,弹头随火药气体作用时间的增长继续加速前进。

第三阶段(气体膨胀阶段):自发射药燃烧完到弹头底部脱离枪口前切面时止。这一阶段中,虽然发射药燃烧完毕,新的火药气体不再生成,但由于火药气体的压力还很高,仍能膨胀做功,弹头速度继续,火药气体压力不断降低,直至弹头脱离枪口。弹头飞离枪口时的压力称为枪口压力。各种枪的枪口压力为 200~600 千克/厘米。

在枪械中,发射药燃烧的结束位置接近枪口前切面;在短枪管武器中,发射药燃烧的结束位置几乎在枪口以外,所以在短身管的武器中有时在膛内不存在发射的第三阶段。严格地讲,各种枪械的发射药在膛内都是未燃烧尽的。

第四阶段(火药气体作用的最后阶段):自弹头从底部脱离枪口前切面时起到火药气体停止对弹头作用时止。弹头飞离枪口时,火药气体形成一股气流,从膛内喷出,其速度大于弹头的速度,因此在距枪口一定距离内(各种枪为 5~50 厘米),火药气体仍然能继续对弹头施加压力,加大弹头的速度,直至火药气体压力与空气阻力相等时为止。此时,弹头达到最大速度。这一阶段亦称为武器的后效阶段。

从发射的四个阶段可知,膛压的变化规律是:从小急剧增大,而后逐渐下降。弹头速度的变化规律是:由静到动,由慢到快,始终是加速运动。

(二)后坐

发射时,武器向后运动的现象,称为后坐。

从力学观点看,力是一个物体对另一个物体的作用。所以,只要有力的作用,就一定有两个物体同时存在,也就是作用力和反作用力同时存在,并且它们大小相等、方向相反。发射时,子弹以一定的速度飞出,其反作用力作用于武器,因此使武器向后运动,这样就形成后坐。

1. 形成后坐的原因

发射药燃烧时,产生气体同时作用于各个方向,作用于膛壁周围的压力为膛壁所抵消;向前作用于弹头后部的压力推送弹头前进;向后作用于弹壳底部的压力经过枪机传给整个武器,使武器向后运动,形成后坐。武器的后坐和弹头的运动是同时开始的。在弹头脱离枪口的瞬间,大量的火药气体随弹头后部从膛内向外喷出,形成反作用力,使武器后坐更加明显。

2. 后坐对命中的影响

后坐对单发（连发首发）射击的命中影响极小。因为弹头在膛内运动的时间极短，约 1/1000 秒，并且枪身比弹头重得多，所以弹头在脱离枪口前，枪的后坐距离只有 1 毫米左右，而且是正直向后运动的，加之衣服和肌肉的缓冲，射手是感觉不出来的。射手感觉到的后坐，主要是弹头在脱离枪口的瞬间，火药气体猛烈向枪口外喷出形成的反作用力造成的。此时，弹头已脱离枪口。因此，后坐对单发（连发首发）射击的命中影响极小。

后坐对连发射击的命中有一定的影响。因为连发射击时，第一发子弹发射后，由于枪的明显后坐改变原来的瞄准线，所以对第二发以后的射弹命中有一定的影响。但只要射手据枪要领正确，适应连发武器射击的后坐规律，就能减小后坐对连发命中的影响，提高射击精度。现代新式武器多采用枪口制退器，它对减小武器后坐也会有一定的作用。

3. 减小后坐对连发武器命中影响的方法

（1）身体与射向的角度尽量要小，概略在一线上，以适应后坐规律。

（2）射手抵肩要准确，使枪托和身体结为一体，两手用力协调一致方向正直向后，力量不宜过大，使枪在射击时，不发生角度的摆动。

（3）轻、重机枪架枪位置的土质软硬要适当。架枪时，枪架要在一线上，同时要在一个水平面上。利用依托时，枪的重心尽量放在依托物上。

（4）射手在击发时，要不加外力，保持姿势、力量不变，不耸肩，不松臂。

二、初速及实用意义

（一）初速

弹头脱离枪口前切面瞬间运动的速度，称为初速。初速是以米/秒为单位表示的。

弹头要杀伤目标，必须具有相当的能量，这个能量一般以枪口动能来表示，衡量一支武器的杀伤力和侵彻力都是以弹头命中目标时所具有的活力来判定的，通常规定：弹头通过枪口前切面时所具有的能量称为枪口活力，常用千克/米来表示，而运动物体的动能可以表示为 $E = 1/2mv^2$，式中，E 为能量；m 为物体质量，以千克为单位；v 为速度，以米/秒为单位。公式表明，运动物体的能量主要取决于飞行物体的质量及其飞行的速度。对子弹来讲，弹头质量是一定的，因此弹头的速度就成了衡量其动能的唯一因素。弹头在后效作用结束后是依靠惯性飞行的，其初速越大，飞行距离就越远，弹头动能就越大。因此，提高初速就可以增大弹头的飞行距离，提高侵彻力和杀伤力，同时弹道更加低伸。

决定初速大小的条件：①弹头的重量。在其他条件都相同的情况下，弹头轻，初速大；弹头重，初速小。②装药的重量。在其他条件都相同的情况下，装药量多，所产生的火药气体多，压力大，弹头的初速也就大；相反，如果装药量少，其初速也就小。③枪管的长度。在其他条件都相同的情况下，用同样的子弹，在一定限度内加大枪管的长度，则初速提高。因为枪管长，能延长火药气体对弹头的作用时间，使火药气体做更多的有用功。例如，发射56式普通弹，81式班用轻机枪枪管长520毫米，初速为735米/秒，81式自动步枪枪管长440毫米，初速为710米/秒。应当指出，过分增长枪管反而会降低弹头的初速，并使武器重量增加，影响枪的其他使用性能。④发射药燃烧的速度。在其他条件都相同的情况下，发射药燃烧的速度越快，火药气体对弹头的压力增加也就越快，从而使弹头在膛内运动的速度加快，初速也就越大。一般短身管武器适宜选用速燃火药，以使发射药尽可能在膛内燃完，有利于提高弹头的射击精度，而长身管的武器则尽可能选用缓燃火药。

（二）初速的实用意义

初速大小是判定武器战斗性能的重要因素之一。在弹头相同的条件下，初速大的实用意义有以下几点。

（1）能增加弹头的飞行距离。

（2）弹道更为低伸。

（3）能减小外界条件对弹头飞行的影响。

（4）能加大弹头的侵彻力和杀伤力。

三、选定表尺分划和瞄准点

根据射击对象的不同，武器的瞄准具可分为对地面目标射击的普通瞄准具和对空中运动目标射击的高射瞄准具；根据构造的不同，又可分为机械瞄准具和光学瞄准镜。尽管现有的瞄准具千姿百态、形状各异，但其作用是相同的。

（一）瞄准具的作用

根据弹头在膛外运动的规律，对一定距离上的目标射击，要使弹头准确地命中目标，必须赋予枪身一定的射角和射向。射角的大小可由各种枪的基本射表查出。射角的大小是根据射弹在不同距离上的降落量来确定的。距离越远，降落量越大，所需要的射角也就越大；距离越近，降落量越小，所需要的射角也就越小。

瞄准具就是根据上述原理设计而成的。由于缺口上沿到火身轴线的高度大于准星尖到火身轴线的高度,射击时,是通过缺口上沿中央和准星尖的平正关系对目标瞄准的,因此就抬高枪口,使火身轴线与火身口水平面之间构成一定的射角。表尺位置高,射角就大,相应的射击距离就远;表尺位置低,射角就小,相应的射击距离就近。各种枪的表尺板上都刻有不同的表尺分划,装定表尺分划,就是改变表尺的高低位置,实际上也就是装定射角。

（二）瞄准要素

瞄准基线：缺口的上沿中央（觇孔中央）到准星尖的直线。瞄准线：视线通过缺口上沿中央（觇孔中央）和准星尖的延长线。瞄准点：瞄准线所指向的一点。瞄准角：射线与瞄准线的夹角。高低角：瞄准线与火身口水平面的夹角（目标高于火身口水平面时,高低角为"+"；目标低于火身口水平面时,高低角为"-"）。瞄准线上的弹道高：弹道上任何一点到瞄准线的垂直距离。落点：弹道降弧与瞄准线的交点。弹着点：弹道与目标表面或地面的交点。命中角：弹着点的弹道切线与目标表面或地面所夹的角。命中角通常以小于 90°的角计算。表尺距离：起点到落点的距离实际射击距离,起点到弹着点的距离。瞄准具就是赋予瞄准角大小的,表尺分划大,瞄准角大；表尺分划小,瞄准角小。

（三）选定表尺（瞄准镜）分划和瞄准点

为了使射弹更准确地命中目标,射击时,射手应根据目标距离、目标大小和武器的弹道高,正确地选定表尺分划和瞄准点。其方法是：①定实距离表尺分划,瞄目标中央。目标距离为百米整数时,可根据目标的距离,装定相应的表尺分划,瞄准点选在目标中央。由于相应表尺距离上的该点处弹道为零,故能瞄中央打中央。②定大于或小于实距离表尺划,适当降低或提高瞄准点。目标距离不是百米整数时,通常选定大于实距离表尺分划,根据武器在该距离上的弹道高,相应降低瞄准点射击；也可选定小于实距离的表尺分划,根据武器在该距离上的负弹道高相应提高瞄准点射击。③常用表尺分划,小目标瞄下沿中央,大目标瞄下部中央。

四、外界条件对射击的影响及修正

（一）阳光对瞄准的影响及克服方法

1. 阳光对瞄准的影响

阳光对瞄准的影响主要表现在使用机械瞄准具的武器上,在阳光下瞄准时,由于阳光的照射,缺口部分产生虚光,形成三层缺口：虚光部分、真实缺口、黑实部分。如果不能辨明真实缺口的位置,就容易产生误差,使射弹产生偏差。

（1）若用虚光瞄准，射弹就偏向阳光照来的方向。阳光从右上方照来时，缺口左边和上沿产生虚光，用虚光部分瞄准，准星实际上偏右上，因此射弹偏右上。

（2）若用黑实部分瞄准，射弹就偏向阳光照来的相反方向。阳光从右上方照来时，用黑实部分瞄准，准星实际上偏左下，因此射弹偏左下；阳光从左上方照来，射弹则偏右下。

（3）在阳光照射下，缺口和准星尖同时产生虚光时，若用虚光部分瞄准，射弹偏低；若用黑实部分瞄准，射弹偏高。

2. 克服的方法

（1）平时要保护好瞄准具，使其磨亮反光。武器的准星和缺口均有砝蓝层保护，一般不反光。但是，使用不当或保护不好，会使砝蓝层脱落，造成瞄准具反光，如果不能克服阳光对瞄准的影响，射弹就会产生偏差。

（2）正确辨清真实缺口。可在不同的阳光照射下练习瞄准，采用不遮光瞄准和遮光检查、遮光瞄准和不遮光检查的方法，反复练习，直到能熟练地辨清真实缺口的位置和正确瞄准的景况。

（3）注意合理地保护视力。瞄准时间不宜过长，否则容易造成视神经疲劳、视力模糊，而产生偏差。

（二）气温对射弹的影响及修正

气温对射弹的影响。气温升高时，空气密度减小（稀薄），射弹在飞行中受到的空气阻力就小，射弹就打得远（高）。气温降低时，空气密度增大（稠密），射弹在飞行中受到的空气阻力就大，射弹就打得近（低）。其修正方法：气温修正是可以用公式求的，距离（高低）修正量＝（气温差/10）×气温±10°时的距离（高低）修正量。

（三）高低角对射弹的影响修正

高低角对射弹的影响。射击时，当目标高于或低于火身口水平面时，就产生了高低角。在有高低角的条件下射击时，射弹会打得远（高）。当高低角变化时，地心引力的方向与弹道切线所成的角度起了变化，从而使地心引力对射弹的作用也起了变化。随着高低角的逐渐增大，地心引力的方向与弹道切线之间的角度就逐渐减小。

修正方法：各种枪在高低角不超过±20°的条件下射击时，弹道形状变化很小，用同一瞄准角射击，其斜距离约与水平射程相等。因此，不必修正。高低角超过±25°射击时，可根据高低角对射弹影响的大小，适当地减小尺分划或降低瞄准点，其修正量参见高低角的距离修正量表（表6-1～表6-4）。

表6-1 重机枪、连用轻机枪高低角的距离修正量表（弹头质量9.6克，初速820~865米/秒）

斜距离/米	高低角/(°)											
	100	200	300	400	500	600	700	800	900	1000	1100	1200
−35	−20	−40	−50	−60	−70	−80	−90	−100	−100	−100	−110	−110
−30	−10	−30	−40	−40	−50	−60	−60	−70	−80	−80	−80	−80
−25	−10	−20	−30	−30	−30	−40	−50	−50	−60	−60	−60	−60
−20	0	−10	−20	−20	−20	−20	−30	−30	−40	−40	−40	−40
−15	0	−10	−10	−10	−10	−10	−20	−20	−20	−20	−20	−20
−10	0	0	0	0	−10	−10	−10	−10	−10	−10	−10	−10
−5	0	0	0	0	0	0	0	0	0	0	0	0
0	0	0	0	0	0	0	0	0	0	0	0	0
+5	0	0	0	0	0	0	0	0	0	0	0	0
+10	0	0	0	−10	−10	−10	−10	−10	−10	−10	−10	−10
+15	0	−10	−10	−10	−10	−10	−10	−20	−20	−20	−20	−20
+20	−10	−10	−20	−20	−20	−20	−20	−30	−30	−30	−30	−30
+25	−10	−20	−30	−30	−30	−30	−40	−50	−50	−50	−60	−60
+30	−10	−30	−40	−40	−50	−50	−60	−70	−70	−70	−90	−90
+35	−20	−30	−50	−50	−70	−70	−80	−90	−90	−100	−110	−110
+40	−20	−40	−60	−70	−90	−100	−110	−100	−120	−130	−140	−140

表6-2 1956年式班用轻机枪、半自动步枪、突击步枪，1981年式自动步枪、班用机枪高低角的距离修正量表（弹头质量7.9克，初速710~735米/秒）

斜距离/米	高低角/(°)											
	100	200	300	400	500	600	700	800	900	1000	1100	1200
−40	−30	−43	−56	−68	−80	−89	−96	−100	−116	−128	—	—
−35	−23	−32	−40	−50	−60	−69	−76	−82	−90	−99	—	—
−30	−18	−24	−28	−36	−42	−50	−55	−61	−67	−74	—	—
−25	−14	−18	−22	−26	−30	−35	−40	−44	−48	−52	—	—
−20	−10	−12	−14	−16	−18	−20	−21	−22	−23	−24	—	—
−15	−6	−6	−7	−7	−8	−9	−10	−11	−12	−13	—	—
−10	−2	−2	−2	−3	−3	−3	−4	−4	−4	−4	—	—

续表

斜距离/米	高低角/(°)											
	100	200	300	400	500	600	700	800	900	1000	1100	1200
−5	0	0	0	0	0	0	0	0	0	0	—	—
0	0	0	0	0	0	0	0	0	0	0	—	—
+5	0	0	0	0	0	0	0	0	0	0	—	—
+10	−2	−2	−2	−3	−3	−3	−4	−4	−4	−4	—	—
+15	−6	−6	−7	−7	−8	−9	−10	−11	−12	−13	—	—
+20	−10	−12	−14	−16	−18	−20	−21	−22	−23	−24	—	—
+25	−14	−18	−22	−26	−30	−34	−36	−37	−38	−40	—	—
+30	−18	−24	−28	−36	−42	−48	−50	−53	−56	−60	—	—
+35	−23	−32	−40	−50	−60	−66	−70	−75	−80	−83	—	—
+40	−30	−43	−56	−68	−80	−86	−92	−99	−105	−112	—	—

表 6-3 1995 年式自动步枪、班用机枪高低角的距离修正量表（弹头质量 4.2 克，初速 945 米/秒）

斜距离/米	高低角/(°)											
	40	35	30	25	20	15	10	5	0	−5	−10	−15	−20	−25	−30
100	−23	−18	−13	−8	−5	−4	−1	0	0	0	−2	−4	−5	−8	−14
200	−42	−32	−24	−17	−10	−6	−3	−1	0	−1	−3	−6	−10	−17	−24
300	−58	−45	−33	−23	−15	−8	−4	−1	0	−1	−4	−8	−15	−23	−33
400	−74	−56	−41	−28	−18	−10	−4	−1	0	−1	−4	−10	−18	−28	−41
500	−85	−65	−47	−33	−21	−11	−5	−1	0	−1	−5	−11	−21	−32	−47
600	−95	−72	−53	−36	−23	−13	−6	−1	0	−1	−5	−12	−22	−35	−51
700	−103	−78	−56	−39	−25	−14	−6	−2	0	−1	−6	−13	−23	−37	−54
800	−108	−82	−59	−41	−26	−15	−7	−2	0	−1	−6	−13	−24	−38	−56
900	−113	−85	−62	−43	−28	−16	−7	−2	0	−1	−6	−13	−24	−39	−57
1000	−118	−90	−66	−46	−29	−17	−8	−2	0	−1	−6	−14	−26	−41	−60

表 6-4 狙击步枪高低角的射击距离修正量表（弹头质量 4.8 克，初速 910 米/秒）

斜距离/米	高低角/(°)											
	40	35	30	25	20	15	10	5	0	−5	−10	−15	−20	−25	−30
100	−23	−18	−14	−8	−5	−4	−1	0	0	0	−1	−4	−5	−8	−14
200	−42	−33	−24	−17	−10	−6	−3	−1	0	−1	−3	−6	−10	−17	−24
300	−60	−46	−34	−23	−15	−8	−4	−1	0	−1	−4	−8	−15	−24	−34

续表

斜距离/米	高低角/(°)													
	40	35	30	25	20	15	10	5	0	−5	−10	−15	−20	−25	−30
400	−76	−58	−42	−29	−19	−10	−5	−1	0	−1	−5	−10	−19	−29	−42
500	−90	−68	−49	−34	−22	−12	−5	−1	0	−1	−5	−12	−22	−34	−49
600	−101	−77	−56	−39	−25	−14	−6	−2	0	−1	−6	−13	−24	−38	−55
700	−110	−84	−61	−42	−27	−15	−7	−2	0	−1	−6	−14	−26	−41	−60
800	−118	−89	−65	−45	−29	−16	−7	−2	0	−1	−6	−15	−27	−43	−62
900	−124	−93	−68	−47	−30	−17	−8	−2	0	−1	−6	−15	−28	−44	−64
1000	−129	−97	−71	−49	−32	−18	−8	−2	0	−1	−6	−15	−28	−45	−66
1100	−135	−102	−75	−52	−33	−19	−9	−2	0	−1	−7	−16	−30	−47	−69
1200	−142	−108	−79	−55	−15	−20	−9	−3	0	−2	−7	−17	−31	−50	−73

第三节　射击动作与方法

一、验枪

口令："验枪""验枪完毕"。

动作要领：听到"验枪"的口令后，两手协同打开枪带扣右手取出手枪置于右胸前，大臂自然下垂，手与肩同高，枪口指向前上方，拇指按压弹匣卡笋，左手取出弹匣交给右手，握手枪的左侧，54 式手枪扳击锤向后成待发状态（64 式、77 式手枪打开保险）。然后，拇指和食指捏握筒后部，当指挥员检查时，拉套筒向后。验过后，自行送回套筒，装上弹匣，使击锤处于保险位置（64 式、77 式手枪击发后关上保险）。

听到"验枪完毕"口令后，将枪装入枪套内，并扣好枪套扣。

二、射击准备

（一）向弹匣内装、退子弹

左（右）手握弹匣，使托弹板向上（64 式手枪弹匣，可用拇指尖压下侧齿），右（左）手将子弹后部对准弹匣口宽大部，两手协力将子弹压推入弹匣内。装填后，轻板弹匣，使子弹对位。在不间断射击时，可用膝窝（或其他方法）夹住弹匣，一手射击，一手装弹。

从弹匣内退出子弹时，以拇指顶住子弹底缘并向前推送，逐一退出弹匣内子弹。

（二）立姿装退子弹

听到"立姿——装子弹"的口令后，以左脚掌为轴，身体大半面向左转，同时右脚顺势向前迈出一步（约与肩同宽），身体保持正直，体重落于两脚。右手从枪套内取出手枪，置于右胸前，大臂自然下垂，手与肩同高，枪口指向前上（约成45°角）。左手取出空弹匣交给右手，握于枪的左侧，然后向从弹闸套内取出实弹匣装入枪内，要将空弹匣装入弹匣套内。54式手枪扳击锤向后成待发状态（64式、77式手枪打开保险）。拉套筒向后到位（77式手枪还可扣压扳机活动护圈）并松开，推子弹上膛，将击锤送于保险位置（64式、77式手枪枪关上保险），左臂自然下垂将手叉于腰际。

听到"退子弹"的口令后，左手取出实弹夹给右手，握于枪的左侧，54式手枪扳击锤向后到定位（64式、77式手枪打开保险），拉套筒向后退出膛内子弹，松回套筒，将退出的子弹装入实弹匣内。左手从弹匣套内取出空弹匣装于枪内，再将实弹匣装入弹匣套。然后，54式手枪使击锤处于保险位置（64式、77式手枪击发后关上保险），将枪装入枪套内并扣好。身体大单面向右转，左脚靠拢右脚，恢复立正姿势。

（三）跪姿装退子弹

口令"跪姿——装子弹""退子弹——起立"。

动作要领：听到"跪姿——装子弹"的口令后，右脚向左脚前方迈出一步；同时左膝向左跪下，臀部坐在左脚跟上，右小腿垂直。两腿约成90°角，然后按要领装子弹，右大臂自然下垂，右手与肩同高，枪口指向前上方，左臂自然下垂。

听到"退子弹——起立"的口令后，按要领退出子弹，右脚尖向外打开，起立的同时两手将枪装入枪套内并扣好，左脚靠拢右脚，恢复成立正姿势。

三、据枪、瞄准、击发

（一）据枪

据枪的要领是：右手虎口对正握把后方，以手掌肉厚部分和中指、无名指的合力握住握把；拇指自然伸直，贴于枪身左侧，食指第一节贴于扳机上，食指内侧与枪之间应留有不大的空隙，右臂自然伸直，手腕要挺住，枪面要平并概指向目标(若没有指向目标，应移动左脚或右脚进行调整，切不可扭动手腕勉强修正)。

据枪要领可归纳为七个字，即稳、正、握、贴、挺、直、平。就是站立姿势要稳；握把要正确，大拇指伸直贴靠于枪身左侧、手腕要挺住，右臂自然伸直，枪面要平（图6-12、图6-13）。

图6-12　卧姿有依托据枪　　图6-13　卧姿无依托据枪

（二）瞄准

正确瞄准：右眼通视缺口或准星，使准星尖位于缺口中央并与上沿平齐，指向瞄准点，就是正确瞄准。正确的瞄准景象，应是准星与缺口的平正关系看得清楚，而目标看得比较模糊。

手枪射击瞄准时，枪和手晃动是常见现象，只能做到在瞬间内相对稳定。手枪射击不要苛求瞄准点，而是允许瞄准线在一定范围内晃动，这个晃动范围称为瞄准区，瞄准区中央就是理想的瞄准点。瞄准点的选择应根据武器的弹道来确定。77式手枪对25米处的胸环靶射击，瞄准点应选在胸环靶中内10环以下12.5厘米处，即以8环中央为圆心，半径15厘米的圆圈就称为瞄准区，64式手枪的瞄准点则在胸环靶下沿的中央位置，只要瞄准线指向这个区域内时枪响，就可以命中8环以内。

（三）击发

正确的击发要领：食指均匀正直地向后压扳机，余指力量不变直至枪响，正确击发的关键是扣压板击的力量要均匀正直。其要点是：压力是缓慢增加的，不是用爆发力；压力是均匀加重逐步增大直至枪响，不能忽大忽小；食指压力的方向要正，与虎口形成合力。

击发与瞄准是同时进行的两个技巧性很强的动作。要做到瞄中扣，扣中瞄，动中响。

第七章 军事地形学

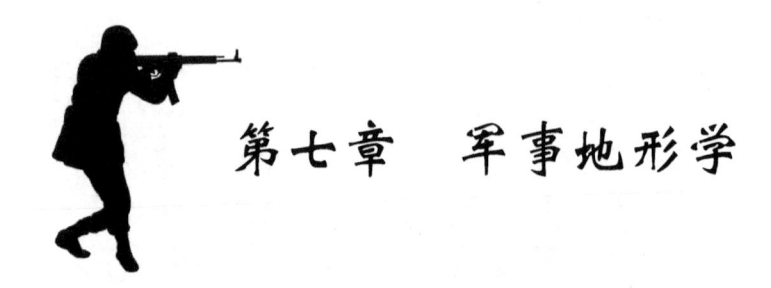

军事地形学是军事上研究和利用地形的一门学科，是军事训练的共同科目之一。其主要研究地形对战斗行动影响的规律，军用地图和航空、航天图像的识别与应用原理，战场简易测量方法及调制要图的要领等。军事地形学所研究的内容，都是围绕研究利用地形而选定的。现代战争的需要和军事测绘技术及其新成果的不断发展，特别是地图品种的增多，将为军事地形学增添新的内容。

第一节 地形对作战行动的影响

地形是地貌和地物的统称。地形是组织指挥作战所依据的重要条件，是影响部队作战行动的基本因素之一，利用地形为历代军事家所重视。不同的地形对作战行动有着不同的影响。

一、地形的分类

地貌与土质、居民地、道路、水系和植被是构成地形类型的基本要素，地形诸要素的不同结合，形成各种地形。军事上通常以地貌要素的三种起伏形态为基础，按其与其他地形要素的结合情况，划分为不同的地形类别，并以对作战行动起主导作用的要素名称或特征命名。例如，山地地貌形态与大面积森林相结合形成的地形称作山林地形。按此地形划分的类别有山地、丘陵、平原、水网、城市居民地、山林、石林、黄土丘陵、海岸与岛屿、沙漠戈壁、草原与沼泽等地形和高海拔地形。

军事上为满足某些特殊需要，有时又以通行、切割为标志，对地形进行分类。

二、几种主要地形的特点及其对作战行动的影响

（一）平原地形

地面平坦宽广，一般海拔在 200 米以下的地区称平原。它以较小的高程区别

于高原，以较小的起伏区别于丘陵地。我国的平原面积约占国土总面积的12%，主要有东北平原、华北平原、长江中下游平原等。

1. 平原的地形特点

地面平坦、交通发达、人烟稠密、物产丰富，大部分为耕种地。因其地理位置不同，特点也不同。

北方平原，如华北平原、东北平原等。地势平坦开阔，起伏和缓，间有小的岗丘、垄岗，高差一般在50米以下；道路成网，四通八达，一般集镇之间有公路相通，村与村之间有大路相连；江河、湖泊较少，水量变化大，雨季洪水暴涨，河水较深，枯水季节河水较浅；耕地多为旱田，夏季高秆作物生长茂盛，冬季无农作物生长；居民地多属集团式，房屋大部分为砖瓦结构，地下水位较低。

南方平原，如长江三角洲、珠江三角洲等。地势平坦开阔；乡村路窄而弯曲，而且多桥梁；江河、湖泊遍布，沟渠纵横；耕地大部分为水稻田；村镇分散，建筑不甚坚固；地下水位较高。

2. 平原对作战行动的影响

军队在平原地区作战，便于机动，尤其是北方平原，能发挥坦克、机械化部队的机动性能，便于军队组织指挥。但是在雨季，江河对作战行动有较大的阻碍作用。

平原展望良好，视界、射界宽广，便于观察射击，能较好地发挥各种火器的效能。北方平原，利于构筑工事，修筑野战机场；南方平原，因水稻田多，地下水位高，不便于构筑地下工事。平原地区为军队宿营、后勤补给提供较好的条件。

平原地区地形平坦开阔，一般无险可守，因此居民地，特别是较大的村镇，常成为防御的重要依托。而独立高地，高大的土堆、土堤及建筑物等，则常成为攻防双方争夺的要点。

平原地区适于大兵团作战。例如，解放战争期间，名震中外的辽沈、平津、淮海三大战役，主要战场就是在平原地区。

（二）丘陵地形

地面起伏较缓，一般高差在200米以下的高地称丘陵。许多丘陵错综连绵的地区称丘陵地。我国丘陵分布较广，约占国土总面积的10%，较大的有东南丘陵、山东丘陵和辽西丘陵等。

1. 丘陵的地形特点

高差不大，山顶圆浑，谷宽岭低，坡度平缓，山脚附近多为耕地、梯田和谷地，它是介于山地与平原的过渡地形。

丘陵地区，一般人烟较稠密，农产品丰富；居民地多依山傍谷，大的城镇多在广阔的谷地和水陆交通要冲；交通较发达，仅次于平原；江河水流平缓，河面较宽，河道弯曲，多浅滩。

北方和南方的丘陵也有各自不同的特点。

2. 丘陵对作战行动的影响

丘陵对军队的机动和各种兵器器材的使用一般限制较小。

在丘陵地区，不论攻防均便于部署兵力兵器，攻者便于隐蔽接近敌人，实施迂回包围；防者可以利用纵深高地组织多层次、支撑点式环形防御。

丘陵与平原一样适于大兵团作战。恩格斯指出："总的说来有一点是显而易见的，就是我们现代的军队在平原和小丘陵相间的地形上能够最好地发挥自己的力量。"由于丘陵地貌的起伏，攻防战斗已不像平原那样以争夺居民地为主，而主要是利用错综的丘陵，其制高点、重要高地则是攻防双方争夺的要点。

（三）山地地形

地面起伏显著，一般高差在 200 米以上的高地称山。群山连绵交错的地区称山地。我国山地面积分布很广，约占国土总面积的 33%，较大的有东北的大兴安岭、小兴安岭和长白山；北部的阿尔泰山、阴山和燕山；西部的天山、昆仑山、唐古拉山和喜马拉雅山；西南的横断山；东南的南岭和武夷山；中部的秦岭、太行山、大别山等。

1. 山地的特点

山地的特点是山高坡陡谷深，地形断绝，山顶高耸，山背、山脊纵横起伏。我国山地高程多在 1000 米以上，西部山地多在 4000 米以上；高差一般为 500～1500 米，有的地方可达 2000～4000 米；坡度一般为 30°～50°，有的达 50°以上。

山地道路稀少，尤以铁路、公路最为缺乏，主要道路为乡村路，多小路、隘路，有的地方仅有栈道，道路质量差，弯多坡大；河床窄，岸陡流急，水位涨落急剧；人烟稀少，物资缺乏；高山地区空气稀薄，气象多变，山顶与山脚及昼夜之间温差较大。

山地由于所处地理位置不同，其特点各不相同。

2. 山地对作战行动的影响

军队在山地作战，因地面起伏急剧，形成的地形割裂断绝，军队行动困难，坦克、炮兵和机械化部队仅能沿公路、平坦谷地行动，大兵团行动也受道路限制，人马体力消耗增大；判定方位困难，容易迷失方向；观察、射击死角多，通信联络、指挥协同较困难，但选择良好的制高点、观察所、指挥所，便于隐蔽伪装。

山地的制高点、山垭口和隘路，往往是山地作战双方争夺的要点，夺取这些地方，对确保战斗的胜利有重要意义。

山地地形对攻防战斗各有利弊，但一般来说还是易守难攻。

（四）山林地地形

许多树木聚生的山地称山林地。我国山林地约占国土总面积的 10%，面积较大的有云南山区、南岭、武夷山、长白山、小兴安岭北部、大兴安岭、鄂西山区、大别山、吕梁山北部、中条山等山林地，另西藏东部山区边缘、天山、阿尔泰山也有大面积的森林。

1. 山林地的特点

山林地的特点与山地基本相似，只是地形更隐蔽，人烟更稀少，交通更不便。由于所处地理位置不同，其特点也不一样。

南方山林地，如滇、粤、桂南部地区的热带山林地，山高坡陡，谷深岭窄，林密草深，荆棘藤蔓丛生；高温多雨，潮湿多雾，四季不明显，一年之中寒暑差异不大，只有旱季和雨季之分；毒虫多，流行性疾病多；山林区村寨少，城镇多在坝区；民族多，风俗习惯各异。

北方山林地，如长白山和大兴安岭、小兴安岭，山岭较平坦、浑圆，土壤层较厚，地形割裂程度较小。大兴安岭多为针叶林，小兴安岭和长白山为针叶和阔叶混合林，林内藤蔓较南方山林地少，居民地和道路稀少，气候寒冷，冬季较长，积雪较厚。

2. 山林地对战斗行动的影响

山林地利于隐蔽集结和接近敌，易达成战斗的突然性；便于轻装部（分）队活动，开展游击战；便于控制要点据险扼守，节省兵力；便于就地取材，修筑工事，设置障碍；便于采集野生食物，短期克服困难。

在山林地作战，观察、指挥、协同不便，通信联络困难；炮兵不易选择良好阵地，不易发挥火力，射击效果降低；战斗队形不便展开，展开后又易失掉联系；在山林地作战，航空兵作用大大降低；武器、弹药、器材和被服易受潮发霉变质，疾病、虫害对部队危害大；补给困难，后勤保障任务繁重。

（五）高原地形

地势高而地面比较平缓宽广，海拔一般在 500 米以上的地区称高原。它以较大的高程区别于平原，又以较大的平缓地面和较小的起伏区别于山地，如青藏高原、云贵高原、内蒙古高原等。

1. 高原的地形特点

地势高亢，地面平坦开阔，多数为盆地，少数为宽谷地。青海湖盆地、柴达木盆地与塔里木盆地等面积宽广，为戈壁、丘陵地、草原相间，形成许多盐湖和沼泽；藏北高原为大片草原，地面开阔，多为圆浑平缓的丘陵地，中间夹着许多盆地，其低洼处湖泊较多；藏南高原多为山间谷地；云贵高原多为小盆地；内蒙古高原为开阔高原，地面起伏平缓，多宽阔的浅盆地，北部为大片草原，西南部为大片沙漠。

高原地区空气稀薄，气象多变，气压低，温差大；大多数地区人烟稀少，物产贫乏，道路甚少，有些地区，气候寒冷，风多，风向不定，多风暴和雪崩。

2. 高原对战斗行动的影响

高原地区，通视广阔，观察良好；由于交通不便，部队机动困难，特别是技术兵器使用受到限制；因空气稀薄，部队行动时，体力消耗大，运动速度降低。

在高原地区作战的部队，人员均会有不同程度的高山反应，容易发生冻伤、雪盲、呼吸和消化系统的疾病，非战斗减员增多；同时武器及技术装备的效能也会受到一定的影响，射击误差大，因物产贫乏，就地基本不能补给，后勤保障任务繁重。

（六）居民地

人们按照生产和生活需要而形成的集聚定居的地区称居民地。根据性质和人口多少分为城市、集镇、村庄等。

1. 居民地的地形特点

大的城市居民地，通常是某一地区的政治、经济和文化中心，又多是交通枢纽。一般依山、临河或滨海、濒湖而筑，人口众多，房屋密集，建筑物高大而坚固。

集镇，是一种较大的居民地，房屋较多，其建筑形式比较简单。村庄，是较小的居民地，人口不多，房屋矮小。

2. 居民地对战斗行动的影响

居民地对战斗行动的影响程度，主要取决于它的大小、所在位置、建筑物状况和附近地形条件等。

大的居民地通常是攻防要点，也是敌人航空兵、炮兵、原子弹、导弹和化学武器袭击的目标。居民地便于构成坚固的防御阵地，利于近战、夜战和小分队活动；利用城市电信设备可组织部队通信联络，便于军队宿营和后勤补给，但观察、指挥和协同不便，战斗队形易被分割。城市附近的高地、隘路、交通枢纽、桥梁、渡口和机场、火车站、发电厂、水源及重要的工业区等，常成为攻防双方争夺的地方。

总之，地形对作战行动有着广泛的、重要的影响，了解地形对作战行动的影响，自觉地趋地形之利，避地形之害，并根据需要，能动地改造地形，以便赢得战斗的胜利。

视野拓展

史迪威公路

约瑟夫·沃伦·史迪威（Joseph Warren Stilwell，图7-1），1873年出生于佛罗里达，毕业于西点军校，参加过第一次世界大战，先后在中国担任过美国驻天津军官、美国驻北平使馆武官等职，能说流利的中文，被视为是"中国通"。第二次世界大战期间，他出任中国战区统帅部参谋长，中缅印（中国、缅甸、印度）战区美军总司令、东南亚战区副总司令。

负责指挥缅甸战役的史迪威将军怀揣着一个不灭的梦想，徒步带领小分队到达印度，准备东山再起。从此，他开始了整训中国军队、打通史迪威

图7-1 史迪威将军

公路漫长而艰苦的旅程。滇缅公路被切断以后，美国开辟了"驼峰航线"，向中国战场运送战略物资，可是，"驼峰航线"每运送一吨汽油，就有大量的飞机失事。1942年12月10日，中印公路终于在印度雷多破土动工。1943年8月的魁北克会议，在商议盟军在法国诺曼底登陆的同时，中国作为反攻日本的基地，打通中印公路和铺设中印输油管也被提到了重要的议事日程，修筑后来被命名为"史迪威公路"的中印公路才步入正常轨道。

后来打通这条道路的滇西、缅北战役也被人称为"东方诺曼底登陆"。1943年10月，史迪威将军发布命令，中国驻印度军队38师112团开始开赴野人山，扫荡日军，掩护中印公路的修筑。1943年12月27日，中美工兵克服无数艰难险阻，公路跨越野人山延伸到新平洋，比计划提前了4天，新平洋终于成为掩护筑路、打通公路战役的战略基地！

坚守在缅北河谷指挥作战的史迪威将军，一方面要运筹帷幄，决胜于胡康河谷、勐拱河谷、密支那等战役，另一方面要面对来自方方面面

的对于打通公路的非议与阻挠，还要顾及印度、英帕尔及中国滇西怒江战役的配合与呼应。

紧跟着作战部队筑路的工程部队，跟着步兵走，跟着炮声走，把公路一步步修向密支那。日本驻缅甸方面军组建 33 军，集结密支那，把能否阻止中印公路的打通当成日本胜败的关键，特别是以密支那的得失为前提。企图在雨季以前，把中美军队阻止在加迈以北，以阻挠和滞延史迪威将军打通中印公路。

面对不可一世的日军，史迪威将军以超人的胆略，采取了一个大胆的步骤。1944 年 4 月 28 日拂晓，史迪威将军派出的中美联合突击队从缅北胡康河谷的勐拱冒雨出发，开始了奇袭密支那的"眼镜王蛇行动"。与此同时，在史迪威等人的敦促下，驻于滇西怒江东岸的远征军也于 5 月 11 日分四路渡江，声势浩荡地向高黎贡山发起猛烈的攻击。滇西民众肩挑马驮，为前线运送弹药、物资。滇西缅北战场彼此呼应，打响了一场惊心动魄的"交通运输线"之战。

1945 年 1 月，中印公路通车。为纪念史迪威将军的卓越贡献，和在他领导下的盟军及中国军队对缅甸战役发挥的巨大作用，这条公路被命名为"史迪威公路"。

资料来源：王威，杨德宇，张亚利. 大学军事教程——知军事 观天下[M]. 北京：国防大学出版社，2016.

第二节　地形图基本知识

一、地图概述

（一）地图的定义

地图是地球表面的缩写。它是按照一定的数学法则，用特定的图式符号、颜色和文字注记，将地球表面的自然和社会现象，经过一定的制图综合测绘于平面图纸上的图，称为地图。

按照这个定义来说，地图必须具备以下五个特点。

1. 有一定的数学法则

地球是一个极不规则的自然球体，它的表面是一个复杂的、起伏不平的曲面。而地图则是一张平面图纸，要把这个曲面展绘成平面图形，就必须通过一定的数学法则，即采用适当的投影方法和一定的比例关系，才能将地球表面的自然现象和社会现象描绘到平面图纸上,这样才能在平面图纸上进行长度(距离)、角度、高度、面积和坐标等的量读和计算。

2. 有特定的图式符号

地面上的物体种类繁多,形状、大小不一,有些物体能依比例表示,有些物体不能依比例表示,有些是无形事物,为了将其恰当地表示在地图上,就必须采用特定的图式符号,才能使地图清晰醒目,便于识别和使用。

3. 有规定的颜色

地球表面各种物体的自然色彩是十分丰富的,由于技术等原因,在图上不可能原本地表示出来,为了增强地图的地理景观和艺术感,规定在地图上以与自然相类似的颜色表示,如森林用绿色、水系用蓝色、地貌用棕色等。

4. 有规定的文字、数字注记

物体的名称、质量和数量等,在实地有的是看不见的,在图上用符号也是难以表达的,为了提高地图的表现力和使用价值,在地图上以规定的字体和大小,用文字和数字予以注明,使看不见的现象变成看得见的实体。

5. 经过一定的制图综合

由于地球表面的自然现象和社会现象是无穷的,测绘时,不可能也没有必要全部表示在地图上。因此,制图时就必须按照制图规范,对那些数量较多的物体,按其重要程度取舍;对那些形态比较复杂的物体,按其质量状况简化,以保证地图更加清晰易读。这种方法称为地图综合。

(二)地图的分类和用途

地图的分类,就是根据地图的某些特征,把它们分别归纳成一定的种类。地图按其内容可分为普通地图和专门地图两大类。

1. 普通地图

普通地图,就是一种人们常见的、通用的地图。它综合地反映地球表面地理景观的外貌,比较全面地表示自然条件、社会经济要素,以及人类改造自然的成果。它所表示的内容有水系、居民地、道路、地貌、土壤植被、境界及经济现象、文化标志等。其具体内容的详简程度,则由地图比例尺的不同而定。

地形图是按一定的比例尺表示地物、地貌平面位置、形状和高程的正射投影图。地形图是普通地图的一种,它是国家经济建设、国防建设和军队作战、训练不可缺少的重要地形资料。根据需要和用途,每个国家都有自己的比例尺系列,并且具有很强的连续性。我国地形图比例尺系列为 1∶10 000、1∶250 000、

1∶50 000、1∶100 000、1∶200 000、1∶500 000 和 1∶1 000 000 几种。

1∶10 000、1∶250 000 比例尺地形图为实测图，显示内容详细、准确，对重要城市和要塞、基地、重点设防地区和可能的预设战场测制。其主要供团以下分队研究地形和组织战斗时使用，另外，还用于国防工程设计和国家经济建设勘察、设计。

1∶50 000 比例尺地形图也是实测图，是师、团两级组织训练和指挥作战的基本用图。在图上可以量测和计算，确定炮兵射击诸元等。

1∶100 000 比例尺地形图多数为编绘图，少数地区，如草原、戈壁地区是经实地调查测绘的。其主要供装甲、机械化部队和师、集团军指挥机关组织战斗时使用，还可供炮兵射击、空降兵选定着陆场使用。它也是合成军队的基本用图。

1∶200 000、1∶500 000 比例尺地形图主要供集团军以上的指挥机关拟定战役计划、研究兵力部署、指挥陆空大兵团协同作战时使用。

1∶1 000 000 比例尺地图主要供陆海空军及战略导弹部队研究战役方向，战略、战役规划和部署，以及解决战略、战役方面的作战任务时使用。

2. 专题地图

专题地图又称专门地图或主题地图。它是以普通地图为底图，着重表示某一个专题内容的地图，如地质图、地貌图、水文图、人口图、交通图、历史图等。随着国民经济建设、国防建设和科学文化对地图需求的日益增长，专题地图的内容会越来越广泛，品种会越来越多。

二、地形图比例尺

（一）比例尺的概念

地球表面面积很大，要把它展绘在平面图纸上，就必须缩小。缩小时，地图上的长度与相应实地长度必须保持一定的比例关系，以这种比例关系作为两者之间的量算尺度，这个尺度称为地图比例尺。因此，比例尺的定义是：图上某线段的长与相应实地水平距离之比。即

地图比例尺 = 图上长/相应实地水平距离。

如图上两点长为 1 厘米，实地该两点的水平距离为 50 000 厘米，那么这幅地图的比例尺则为 1/50 000，或 1∶50 000。

比例尺是一种没有单位的比值，相比的两个量的单位必须相同，单位不同不能比。地图比例尺的分子通常用 1 表示，以便了解地图缩小的数据。例如，1∶50 000 即缩小为 1/50 000，1∶100 000 即缩小为 1/100 000。

地图比例尺的大小，是按比值的大小来衡量的，比值的大小可按比例尺分

母确定，分母小则比值大，比例尺就大；分母大则比值小，比例尺就小。例如，1∶25 000 大于 1∶50 000，1∶50 000 大于 1∶100 000。

由于地图的使用目的和使用要求不同，因而地图的比例尺也就不同。不同的比例尺，图上长度相当于实地的水平距离也就不一样。

一幅地图，当图幅面积一定时，比例尺越大，其图幅所包括的实地范围就越小，但图上显示的内容就越详细；比例尺越小，图幅包括的实地范围就越大，但图上显示的内容就越简略。

因为地图的精度是随着比例尺的缩小而降低的，所以，地图比例尺越大，则误差越小，图上量测的精度越高；比例尺越小，误差越大，图上量测的精度也就越低。

由于地图比例尺大小的不同，地图的特点也不一样，因而在使用地图时，应根据任务和需要适当选用。

（二）比例尺的表示形式

地图比例尺通常绘注在南图廓的下方，其表示形式有：①数字式。它是用比例式或分数式表示的，如 1∶50 000 或 1/50 000。②文字式。它是用文字叙述的形式予以说明的，如"百万分之一""二万五千分之一"或"图上一厘米相当于实地距离 500 米"等。③图解式。将图上长与实地长的比例关系用线段、图形表示的，称为图解比例尺。图解比例尺有直线比例尺、投影比例尺等。地形图上多采用直线比例尺。

（三）图上距离的量算

1. 用直尺量算

用直尺量算距离时，先用米尺从图上量取所求两点间的长度（厘米），然后乘以该图比例尺的分母，即得相应的实地水平距离（米或千米）。其换算公式为

实地距离 = 图上长 × 比例尺分母

例如，在 1∶50 000 地形图上量得某两点间的长度为 3.4 厘米，则实地水平距离为

3.4 厘米 × 50 000 = 170 000 厘米 = 1700 米

为了计算方便，可先将比例尺分母消去两个零，即

3.4 米 × 500 = 1700 米

若已知实地距离，同样可以算出图上长，其公式为

图上长 = 实地距离/比例尺分母

例如，已知两点间实地水平距离为 5000 米，在 1∶50 000 地形图上，其长度

· 179 ·

则为：5000 米/50 000 = 10 厘米。

2. 在直线比例尺上比量

直线比例尺上注记的数字表示相应实地的水平距离。尺身注记千米数，用以量取整千米距离；尺身注记米数，用以量取不足整千米的距离。在直线比例尺上量距离时，先用两脚规（或直尺、纸条）量出两点间的长度，并保持其张度，再到直线比例尺上比量，比量时，先使两脚规的一脚落在尺身的整千米数上，再使另一脚落在尺头上，即可直接读出两点间实地水平距离。

3. 用里程表量读

在地形图上量取弯曲路段或曲线距离时，使用指北针上的里程表比较方便。里程表由表盘、指针及滚轮三部分组成，表盘上有 1∶100 000、1∶50 000、1∶25 000 等比例尺注记和千米数注记，每个数字均表示相应实地水平距离的千米数。

量读时，先使指针归 0（即指针对准盘内 0 处），然后手持里程表，将滚轮放在起点上（使指针按顺时针方向），沿所量线段滚至终点，指针在相应比例尺分划圈上所指的千米数，即为所求实地距离。

三、地物符号

地面上的地物，在地图上是用统一规定的符号结合注记表示的，这些规定的图形符号称为地物符号。它是构成地图的重要因素，是地图的语言。要识别地物符号，并了解它在军事上的意义，就必须首先了解地物符号的规律及其相互关系。

（一）符号的分类

按符号与实地地物的比例关系，符号可以分为四类（图 7-2）。

1. 依比例尺符号（又称轮廓符号）

实地面积较大的地物，如大居民地、森林、江河、湖泊等，其外部轮廓是按比例尺缩绘的，内部文字注记是按配置需要填绘的。在图上可了解其分布、形状和性质，量算出相应实地的长、宽和面积。这类符号的轮廓线与实地地物的轮廓一致，特别是轮廓转折点的位置精度较高，可供部队指示目标用。但轮廓内的文字注记，并不代表实地物体的真实位置，只有说明物体性质的作用。

2. 半依比例尺符号（又称线状符号）

实地的窄长线状地物，如道路、土堤、通信线等，其转折点、交叉点位置是按实地精确测定的，其长度是按比例尺缩绘的，而宽度不是按比例尺缩绘的。因此，在图上只能量测位置和相应的实地长，而不能量取宽度和面积，地物的转折点、交叉点可作为方位物和明显目标。

3. 不依比例尺符号（又称点状符号）

实地上一些对部队战斗行动有影响或有方位意义的地物，如突出树、亭、塔、油库等，因其实地面积较小，不能按比例尺缩绘，只能用规定的符号表示。在图上可了解实地地物的性质和位置，但不能量取大小。

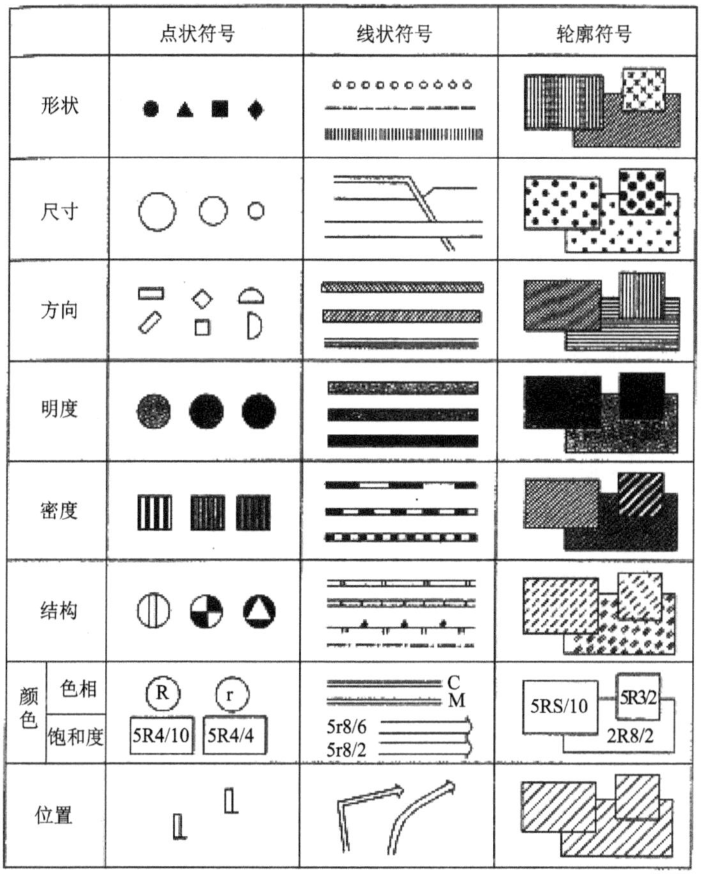

	点状符号	线状符号	轮廓符号
形状	● ▲ ■ ◆		
尺寸	○ ○ ○		
方向			
明度	● ● ●		
密度			
结构			
颜色 色相	ⓡ ⓡ	C M	5RS/10 5R3/2
颜色 饱和度	5R4/10 5R4/4	5r8/6 5r8/2	2R8/2
位置			

图 7-2　地图符号的类别和图形变量的作用效果

4. 说明和配置符号

说明和配置符号主要是用来说明、补充上述三种符号不能表示的内容。说明符号是用来说明某种情况的，如表示街区性质的晕线、表示江河流向的箭头等。配置符号是用来表示某些地区的植被及土质分布特征的，如草地、果园、疏林、道旁行树、石块地等。说明和配置符号只表示实地地物的分布情况，并不表示地物的真实位置和数量。

（二）符号的有关规定

1. 标记规定

地物符号，只能表示地物的形状、位置、大小和种类，但不能表示其质量、数量和名称，因此，还需用文字和数字予以注记，作为符号的补充和说明。注记共有三种。

1）名称注记

居民地名称：城镇居民地用等线体字和中等线体字，农村居民地用仿宋体字注出。注记，一般用水平字列，必要时才用垂直、雁行字列。

山和山脉名称：独立高地、山隘等一般用长中等线体字，并以水平字列注在山顶的上方；山岭、山脉走向等用耸肩等线体字（字的竖划垂直南图廓），注在山岭、山脉走向的中心线上。

水系名称：包括海洋、海峡、海港、海湾、江河、沟渠、湖泊、水库、池塘等，都用蓝色左斜宋体字，按地物的面积均匀注出。

地理单元名称：岛屿、草原、沙漠、滩礁、海角等，均用宋体字；群岛名称则用扁等线体字，按地形的面积和长度适当注出。

2）说明注记

说明注记是用来说明地物的性质和特征的，如水的咸、淡，公路路面质量，徒涉场底质，塔形建筑物的性质等，均用细等线体字简注在符号内或一旁。

3）数字注记

数字注记是用来说明地物的数量特征的。图上注记分为分数式和单个数字两种形式。分数式注记中，分子一般表示地物的长度、宽度和高度，分母表示地物的深度、粗度和载重量。单个数字注记一般表示地物的高度、深度、比高、流速、里程、界碑编号、山隘通行和时令河有水的月份等。里程碑、千米数及界碑、界桩编号等用斜宋体字，其他数字用正等线体字，各种数字注记的颜色，均与相应的符号颜色一致。

2. 颜色的规定

为了提高地图表现力和丰富地图内容，使地图层次分明、清晰易读，地物符号采用不同的颜色来区分地物的性质和种类。目前，我军出版的地形图为黑色、蓝色、绿色和棕色四种颜色。

居民地、道路、地物、境界、方里网、地名和注记等，都是要突出表示的，所以用黑色；水是透明的蓝色，所以江河、湖泊、水库、水渠、池塘等都用蓝色；各种植物都是绿色的，地图上就把森林、苗圃、果园等地区印成浅绿色；1978年以后出版的地图，除突出树和树丛仍用黑色外，其余植被符号都一律印成绿色；

地表面多为土黄色,所以地图上就用近似土黄的棕色表示高低起伏的自然形态。

四、地貌判读

地貌,主要是指地球表面高低起伏的变化形态,如山地、丘陵地、平原、谷地等,它和水系一起构成图上其他要素的自然基础。

(一)等高线表示地貌的原理

等高线,是由地面上高程相等的各点连接而成的曲线。一到水库,就会看到水面周围的边沿,有一条一条的水涯线,由此就可以联想出等高线的构成原理。假想把一座山从底到顶按相等的高度,一层一层地水平切开,这样,在山的表面就出现许多大小不同的截口线,再把这些截口线垂直投影到同一平面上,便形成一圈套一圈的曲线图形,因为同一条曲线上各点的高程都相等,所以称为等高线(图7-3)。地图就是根据这个原理来显示地貌的。等高线表示地貌的特点如下。

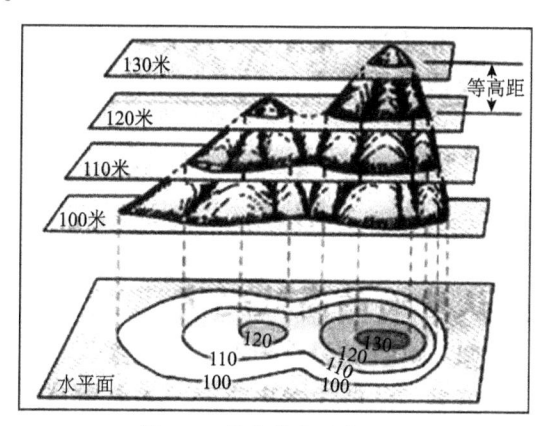

图7-3 等高线表示的山地

(1)在同一条等高线上各点的高度相等,每条等高线都是闭合曲线。

(2)在同一幅地图上或同一等高距的条件下,等高线多,山就高;等高线少,山就低;凹地则与此相反。

(3)在同一幅地图上或同一等高距条件下,等高线间隔密,实地坡度陡;等高线间隔稀,实地坡度缓。

(4)图上等高线的弯曲形状与相应实地地貌形状相似。

(二)等高距的规定

相邻两条等高线间的实地垂直距离称为等高距。等高距的大小,在很大程度上决定着地貌表示的详略,等高距越小,等高线越多,地貌表示得就越详细;等高距越大,等高线越少,地貌表示得就越简略。

(三)等高线的种类和作用

等高线按其作用不同,分为以下四种。

(1)首曲线,又称基本等高线,是按规定的等高距,由平均海水面起算而测绘的细实线,线粗 0.1 毫米,用以显示地貌的基本形态。例如,在 1∶50 000 图上的首曲线,依次为 10 米、20 米、30 米……

(2)计曲线,又称加粗等高线,规定从高程起算面起,每隔四条首曲线(即五倍等高距的首曲线)加粗描绘一条粗实线,线粗 0.2 毫米,用以数计图上等高线与判读高程。例如,在 1∶50 000 图上的计曲线,依次为 50 米、100 米、150 米……

(3)间曲线,又称半距等高线,是按 1/2 等高距描绘的细长虚线。用以显示首曲线不能显示的某段微型地貌,如小山顶、阶坡或鞍部等。

(4)助曲线,又称辅助等高线,是按 1/4 等高距描绘的细短虚线。用以显示间曲线仍不能显示的某段微型地貌。

间曲线和助曲线只用于局部地区,所以它不像首曲线那样一定要各自闭合。除描绘山顶和凹地的曲线各自闭合外,表示鞍部时,一般只对称描绘,并终止于适当位置;表示斜面时,一般终止于山脊两侧。

对于独立山顶、凹地及不易辨别斜坡方向的等高线,还要绘出示坡线。示坡线是与等高线相垂直的短线,是指示斜坡的方向线,绘在曲线拐弯处,其不与等高线连接的一端指向下坡方向。

(四)高程起算和注记

我国规定:把"1956 年黄海平均海水面"作为全国统一的高程起算面,高于该面为正,低于该面为负(负值前面要加负号),称"1956 年黄海高程系"。

从黄海平均海水面起算的高程,称真高,也称海拔或绝对高程。从假定水平面起算的高程,称假定高程或相对高程。地貌、地物由所在地面起算的高度,称比高,它是相对高程的一种。起算面相同的两点间高程之差,称高差。

地形图上的高程注记有三种,即控制点高程、等高线高程和比高。控制点的高程注记,用黑色,字头朝向北图廓;等高线的高程注记,用棕色,字头朝向上坡方向;比高注记与其所属要素的颜色一致,字头朝向北图廓。

五、坐标

确定平面上或空间中某点位置的有次序的一组数值，称为该点的坐标。地形图上的坐标有地理坐标和平面直角坐标。地理坐标，确定地面某点位置的经度、纬度数值，称该点的地理坐标，通常用度、分、秒表示。在海军、空军、边防和外交斗争中，常用以指示舰艇、飞机和目标等位置。平面直角坐标，确定平面上某点位置的长度值为该点的平面直角坐标，它的值是用千米和米表示的。我国地形图上采用的是高斯平面直角坐标系。

（一）地理坐标网的构成

地理坐标网是由一组经线和纬线构成的。经、纬网的构成和起算，全世界是统一的。经度，从英国格林尼治天文台为零点起算，向东、西各 180°；纬度，从赤道起算，向南、北各 90°。这样，地球表面上任意一点，都有一条经线和一条纬线通过。因此，用一组经度、纬度数值，就可以指示或确定地球表面上任意一点的位置。

（二）地理坐标网在地形图上的表示

地形图是按经度、纬度分幅的，所以地形图的南、北内图廓线就是纬线，东、西内图廓线就是经线。由于地图比例尺不同，表示地理坐标网的形式也略有区别。

1∶25 000～1∶100 000 地形图，只绘平面直角坐标网，不绘地理坐标网。

1∶200 000～1∶1 000 000 地形图，只绘地理坐标网，不绘平面直角坐标网。

地形图上坐标值均以千米数为单位注记在内外图廓线之间。在东西图廓间横线上，由下向上增大的为纵坐标值（简称纵坐标），在南北图廓间纵线上，由左向右增大的为横坐标值（简称横坐标）；在图廓四角，注记坐标的全部数值，在图廓间只注记末两位数，横坐标值均为三位数，即百千米数，三位数前面的为投影带号。

（三）坐标的起算和注记

纵坐标（X）以赤道为零起算，向北为正，向南为负。我国位于北半球，所以纵坐标都是正值。横坐标（Y）如以中央经线为零起算，向东为正，向西为负，这样 Y 坐标在中央经线以西就都是负值，使用时非常不便。为了使用方便，避免 Y 坐标出现负值，规定各带中央经线（纵轴）从 500 千米起算，这样在中央经线以东的横坐标值均大于 500 千米，以西的均小于 500 千米。

六、方位角与偏角

方位角与偏角是地形图的数学要素之一。在作战训练中，判定方位、标定方位、标定地图、指示目标、确定射向及保持行进方向等，常会用到方位角与偏角。尤其是磁方位角对单兵用图及定向越野运动竞赛最为重要。

（一）方位角

从某点的指北方向线起，依顺时针方向到目标方向线之间的水平夹角，称为该点的方位角。它是用密位或度来表示的。

根据现地使用地图的需要，在地形图上定向，采用了三种不同的起始方向线，即真子午线、磁子午线、坐标纵线。因此，从某点到同一目标，就有三种不同的方位角。

1. 真子午线和真方位角

真子午线，就是通过任一点的经线，因为经线是通过地球南北极的，所以它所指的方向是真正的南北方向，故称真北。

从某点的真子午线起，依顺时针方向到目标方向线之间的水平夹角，称为该点的真方位角。通常在精密测量中使用。

2. 磁子午线和磁方位角

磁子午线，就是地面上任一点磁针所指的南北方向线，故称磁北。磁子午线通过地球的南北磁极，南北磁极与地球南北极不在一处，根据1975年测量，北磁极位于北纬76°12′、西经100°36′，南磁极位于南纬65°48′、东经139°24′。在地形图南、北图廓上绘有磁南、磁北（或P、P′），其两点的连线，就是该图的磁子午线。

从某点的磁子午线起，依顺时针方向到目标方向线之间的水平夹角，称为该点的磁方位角。在航空、航海、炮兵射击、军队行进时，都广泛使用。

3. 坐标纵线和坐标方位角

地形图上的纵方里线就是坐标纵线，它是大致指向北方的，故称坐标北。

从某点坐标纵线起，依顺时针方向到目标方向线之间的水平夹角，称为该点的坐标方位角。炮兵使用较多，它不但便于从图上量取，还可换算成磁方位角。

（二）偏角

由于真子午线、磁子午线、坐标纵线（简称三北方向线）三者方向不一致，所构成的水平夹角称为偏角或三北方向角。偏角有以下三种。

1. 磁偏角

磁子午线与真子午线间的水平夹角称为磁偏角。

磁偏角是以真子午线为准，磁子午线在真子午线以东的为东偏，角度值为正；磁子午线在真子午线以西的为西偏，角度值为负。磁偏角是经实地测得的，偏角大小因地而异，是该图幅范围内磁偏角的平均值。

2. 坐标纵线偏角

坐标纵线与真子午线的夹角，称为坐标纵线偏角，又称为子午线收敛角。以真子午线为准，坐标纵线在真子午线以东的为东偏，角度值为正；坐标纵线在真子午线以西的为西偏，角度值为负。在每个高斯投影带中央经线以东的图幅均为东偏，以西的图幅均为西偏。距中央经线和赤道越近，偏角值越小；反之，偏角值越大，但最大不超过3°。

3. 磁坐偏角

磁子午线与坐标纵线间的夹角，称为磁坐偏角。以坐标纵线为准，磁子午线在坐标纵线以东的为东偏，角度值为正；磁子午线在坐标纵线以西的为西偏，角度值为负。它有时为磁偏角和坐标纵线偏角值之和，有时为两者之差。

第三节　现地使用地形图

地形图的使用是指利用地形图所进行的判读、量算、行进、组织计划等工作。

一、实地判定方位

实地判定方位，就是实地辨明东、西、南、北方向，确定地形图与现地的关系，是现地用图的前提。

（一）利用指北针判定

指北针携带方便，操作简单，是判定方位的基本工具。

我军现用的指北针有五一式、六二式、六五式等，虽然型号不一，但其构造原理基本相同。以六五式指北针为例，六五式指北针由磁针、刻度盘、方位玻璃框、角度摆、距离估定器、里程表和直尺等部件组成（图 7-4），可用来判定方位、标定地图、测定方位角、测定距离、坡度里程及策略图等。

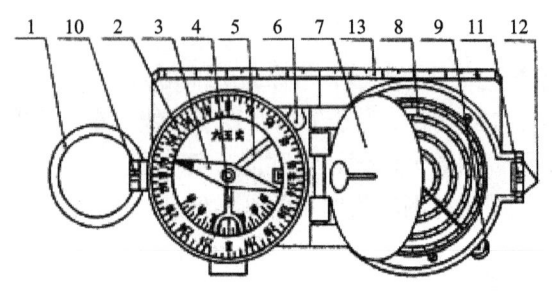

图 7-4　六五式指北针
1. 提环　2. 度盘座　3. 磁针　4. 测角器　5. 磁针托板　6. 压板　7. 反光镜
8. 里程表　9. 测轮　10. 照准　11. 准星　12. 估定器　13. 测绘尺

判定方位时，手持指北针，待磁针静止后，磁针涂有夜光剂的一端（或黑色一端）所指的方向就是北方。如果面向磁针，所指的是北方，则背后是南方，右边为东方，左边为西方。使用指北针以前，应检查磁针是否灵敏。使用过程中，不要靠近高压线和金属物体。

（二）利用北极星判定

北极星是正北方天空中最亮的一颗恒星。俗话说"找到北极星，方向自然明"。我国位于北半球，终年夜间都能看到它。

北极星位于小熊星座的末端，因小熊星座比较暗淡，所以通常根据大熊星座（即北斗七星，俗称勺子星）和仙后星座（即女帝星，又称 W 星）来寻找（图 7-5）。

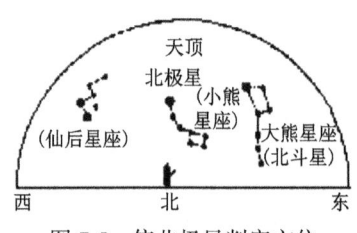

图 7-5　依北极星判定方位

大熊星座由七颗明亮的星组成，形状像一把倒扣的勺子。将勺子外端甲、乙两星的连线向勺口方向延长，约为两星距离五倍处的那颗星，就是北极星。

仙后星座由五颗明亮的星组成，形状很像一个字母 W。在字母 W 的缺口方向，约为缺口宽度两倍处的那颗星，就是北极星。

（三）利用太阳和手表判定

判定的方法要领是：在白天，则可以用手表和太阳来判别方向。将手表放平，使时针对着太阳光，然后把时针和表上的 12 时之间的夹角平分，这条平分线所指方向即为南方（本方法适用于北回归线以北、并与北京时区时间相近的地区）（图 7-6）。

需要说明的是，我国大部分地区使用的都是

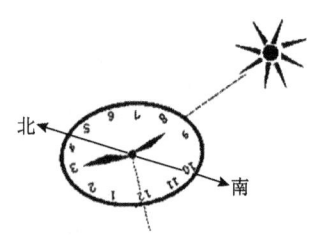

图 7-6　利用手表判定方位

北京时间（即东经120°的时间）。如果是远离东经120°的地区，采用北京时间，误差就大了。这时应将北京时间换算成当地时间。方法是以东经120°为准，在北京时间的基础上，每向东15°加1时，每向西15°减1时，然后再按上述方法判定。

（四）利用地物特征判定

有些地物、地貌由于受阳光、气候等自然条件的影响，形成某种特征，可以利用这些特征来概略地判定方位。

（1）独立大树，通常南面枝叶茂密，树皮较光滑；北面枝叶较稀少，树皮粗糙，有时还长青苔。砍伐后，树桩上的年轮，北面间隔小，南面间隔大。

（2）突出地面的物体，如土堆、土堤、田埂、独立岩石和建筑物等，南面干燥，青草茂密，冬季积雪融化较快；北面潮湿，易生青苔，积雪融化较慢。土坑、沟渠和林中空地则相反。

（3）我国大部地区，尤其是北方，庙宇、宝塔的正门多朝南方；广大农村住房的正门一般也多朝南开。

二、地图与现地对照

地图与现地对照，是通过标定地图，使地图与现地的方位一致后，将地图与现地对比，辨认并判定点位的过程。

（一）标定地图

标定的方法主要有以下几种。

（1）概略标定。在现地判定方位后，将地图的上方对向现地的北方，地图即已概略标定，这种方法简便、迅速，是要求标定精度不高时的基本标定方法。

（2）用指北针标定。用指北针标定地图，通常以磁子午线来标定。

（3）利用明显的地物、地貌点标定（图 7-7）。明显的地物点，如烟囱、小桥、独立树等；明显的地貌点，如山顶、鞍部、分水线与合水线的转弯点、明显的山背倾斜变换点（即由陡变缓或由缓变陡的明显位置）等。利用这些明显的点标定地图，前提是已知站立点的图上位置。标定时，先确定站立点在地图上的位置，再在实地选择一个地图上也有的地物点或地貌点，转动地图，使地图上的站立点和已选择的一地物点或地貌点构成的一条直线，与实地相应两点构成的一条直线概略重合，并且方向一致，地图即已标定。

（4）利用直长地物标定。直长地物是指较直且长的线状地物，如道路、沟渠、电线、围墙等。当在直长地物上或一侧运动时，可利用其标定地图。标定时，在地图上找到实地直长地物相应的符号，转动地图，使地图上的直长地物符号与实地相对应的直长地物概略重合，地图即已标定（图7-8）。

图7-7 利用明显的地物、地貌点标定　　图7-8 利用直长地物标定

（5）利用北极星标定。晴朗的夜间，可利用北极星标定地图。标定时，先找到北极星，面向北极星，平持并转动地图，使地图上方朝向北极星，地图即已标定。

（二）确定站立点在图上的位置

将自己所在位置准确地标定在地图上，称为确定站立点。确定站立点的方法有以下几种。

1. 综合分析法

用综合分析法确定站立点时，先控制对照，即对站立点附近明显地形特征综合分析。这时的控制对照是在站立点不明确的情况下进行的，但站立点所在地图上的范围是清楚的，控制对照时，应根据各明显地形点的特征及其相互关系位置。通过综合分析，是可以确定其图上位置的。

2. 后方交会法

后方交会法通常是在地形较平坦、通视较好的地段上采用。用这种方法确定站立点时，先通过控制对照，在实地较远处选择地图上也有的两个明显地形点。例如，选择远处山顶与独立房，然后标定地图，用指北针长尺边切于地图上山顶的定位点，摆动直尺，向实地相应山顶瞄准后，沿直尺边向后画方向线；用同样的方法向实地独立房瞄准后画方向线；两方向线的交点就是站立点的图上位置。在定向越野中，由于时间受限，一般不能采用直尺瞄准精确确定站立点，只能用上述原理直接目测出方向线，确定站立点的概略位置。

3. 截线法

截线法在线状地物上或一侧运动时采用。其要领是：标定地图后，在线状地物一侧较远处的实地，选择一个地图上也有的明显地形点，如图7-9所示，人在水渠一侧运动，在水渠一侧较远处选择独立房为明显地形点，将直尺切于图上独立房符号，摆动直尺，向实地独立房瞄准，直尺切于独立房的一侧与水渠符号的交点，就是站立点的图上位置。在定向越野中，同样可以直接采用目测瞄准的方法确定。

图 7-9　截线法

4. 磁方位角交会法

当在植被密集、通视不良的地段上运动时，由于地图与实地对照不便，加之看不到目标实地位置，不能从图上照准目标，可采用磁方位角交会法确定。

磁方位角交会法的方法是：首先攀登到便于通视远方的树上，在远处选定地图上也有的两个明显地形点。选择远处的独立树和三角点，并分别测出站立点到这两个目标点的磁方位角，在树下近旁标定地图，将指北针长尺边依次切于图上独立树和三角点符号的定位点上，分别以这两点为轴摆动指北针，并使磁针北端指向所测相应的磁方位角分划，然后沿长尺边画出方向线，两条方向线的交点即为站立点的图上位置。也可直接在树上概略标定地图，按后方交会法用目测方向线的方法确定站立点的图上概略位置。

第八章 救护常识

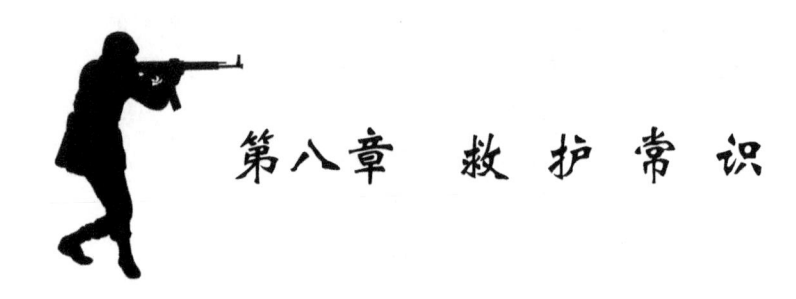

第一节 小伤痛的基本救护

一、高热时的救护

高热是常见的症状之一，高热通常指体温在39℃以上，是人体对疾病的强烈反应。如果发热过高或过久，会使人体各系统和各器官发生障碍，不能正常工作，并且会对一些重要器官造成损伤，所以应及时采取必要的降温措施。

（一）物理降温法是最常用的方法

可以用毛巾包着冰袋或冰块敷在头部，以保护脑细胞。也可以用酒精加冷水擦拭患者的颈部、腋下、手脚心、腹股沟等处。但要注意不能使体温下降太快，否则会引起虚脱。

（二）针刺十指尖，出血可泻热降温

针刺时，针和手指要干净，局部不要卡出血，以避免感染。

二、咽喉被异物卡住时的救护

现在流行一种海默立克（Heimlich）抢救手法，可以安全迅速地解除异物卡喉引起的呼吸道堵塞。步骤有以下几步。

（1）抢救者站在患者的背后，用手臂环绕患者的腰部。

（2）一手握拳，另一手抱住此拳头，将握拳的拇指侧顶在患者的胸廓下和肚脐眼之间的中点处的腹壁上。

（3）被抱住的拳头紧贴着上腹壁的位置，快速向内上方冲击压迫患者的上腹部。要用合抱的拳头冲击上腹部，不可用双臂紧紧环抱加压。一次没有成功可连续做数次，直到异物排出为止。根据不同的情况，在抢救的同时，一定要设法与外界联系，抢救时必须分秒必争。

三、冻伤时的救护

（1）先将患者移到暖和的地方，将衣物设法解开，用毛巾、被子或毛毯等让患者保温，千万不可搓揉冻伤部位。

（2）患者呼吸停止时，立刻将气道开放并进行人工呼吸；若脉搏停止跳动，则要进行心肺复苏术。

（3）在患者只有手脚冻伤的情况下，可在患者情绪稳定后，将手脚泡在温水中（37～40℃），也可同时给予温热的饮料，但不可用热水浸泡或是用火来取暖。

（4）二度冻疮如有水泡，可用消毒针穿刺，抽出液体，再涂抹冻疮膏。三度、四度冻伤则须在保暖的条件下抢救治疗。预防冻伤主要是注意保暖，增强抗寒能力。

（5）冻伤部位恢复后，要消毒患部并包扎起来，尽快送到医院治疗。

四、灼伤时的救护

（一）沸水、蒸汽烫伤

应立即剪开衣袖、裤袜，然后将湿衣服、裤袜脱去，肢体可浸于冷水中以减轻疼痛，再给创面包扎。

（二）化学烧伤、电烧伤

应立即用大量清水或3%～5%碳酸氢钠溶液冲洗创面；强碱烧伤用大量清水或1%～2%醋酸冲洗创面；生石灰烧伤应先去净石灰粉粒，再用大量清水冲洗；磷烧伤最好浸泡在流水口冲洗，除去磷颗粒，创面用湿纱布包扎或暴露创面，忌用油质敷料或药膏；电烧伤先做心肺复苏抢救生命，再处理创面，创面保护用敷料包扎，若无敷料可用清洁床单、被单、衣服等包裹转送医院。

（三）放射性照射灼伤

这是一种特殊的灼伤，救治需要采取特殊的处理方式。

五、常用的止血方法

（一）小伤口止血法

只需用清洁水或生理盐水冲洗干净，盖上消毒纱布、棉垫，再用绷带加压缠绕即可。在紧急情况下，任何清洁而合适的东西都可临时借用作止血包扎的工具，如手帕、毛巾、布条等，将血止住后送往医院处理伤口。

（二）静脉出血止血法

除上述包扎止血方法外，还需压迫伤口止血。用手或其他物体在包扎伤口上方的敷料上施加压力，使血管压扁，血流变慢，血凝块易于形成。这种压力必须持续5～15分钟才可奏效。较深的部位，如腋下、大腿根部，可将纱布填塞进伤口再加压包扎。将受伤部位抬高也有利于静脉出血的止血。

（三）动脉出血止血法

动脉出血止血法分为指压止血法、加压包扎止血法和止血带止血法三种。

指压止血法：用手指压迫出血部位的上方，用力压住血管，阻止血流。用此方法方便及时，但需位置准确。如果经过指压20～30分钟出血不停止，就应改用止血带止血法或其他方法止血。

加压包扎止血法：当发现较大伤口时，可先用纱布块或急救包填塞，再用棉团、纱布卷、毛巾等折成垫子，放在出血部位的敷料外面，用三角巾或绷带、布条加压包扎，利用其压力止血。

止血带止血法：若遇到四肢大出血的情况，可用止血带、绷带或布条紧扎出血伤口，但15分钟左右，要放松止血带几分钟，然后再扎紧伤口，以免发生肢体缺血坏死。

历史名人堂

亨利·诺尔曼·白求恩

亨利·诺尔曼·白求恩（1890—1939，图8-1），医学博士，加拿大医师、医疗创新者、人道主义者。他的胸外科医术在加拿大、英国和美国医学界享有盛名。

1938年3月31日，白求恩率领一个由加拿大人和美国人组成的医疗队来到中国延安，白求恩见到毛泽东以后，第一件事就是郑重地递交党证，然后详细说明他的工作计划，请求派他到前线去。他说："我不是为生活享受而来的！需要照顾的是伤员，不是我自己！"在晋察冀边区抗日前线，他同八路军士兵、乡村老百姓一样，穿草鞋和粗布衣裳，吃玉米棒子和山

图8-1　白求恩在救治患者

药蛋。有个翻译劝他说:"你是军区卫生顾问,贡献比我们大得多,吃好点,保证身体健康,也不算特殊。"白求恩却说:"贡献也不是银行里的存折,贡献大就应当向人民伸手要更多的利息。我是个共产主义战士,怎能向党、向人民要求特殊呢?"白求恩本着"一切为伤员着想"的原则,废寝忘食地工作,从不顾及个人安危。为了能及时抢救伤员,他总是把救护所设在离前线较近的地方。在战斗中,白求恩常常连续为伤员动手术,几十个小时不能合眼。在河间、齐会战斗中,白求恩的手术室就设在离前线几里地的一座小庙里。日寇的炸弹落在小庙后院,炸塌了庙墙,但白求恩岿然不动,连续工作了69个小时,直到为115名伤员施行手术后才转移。为了挽救伤员的生命,白求恩曾几次献血,最后甚至贡献出了自己的生命。1939年10月下旬,在涞源县抢救伤员时他左手中指被手术刀割破,后给一个外科传染病伤员做手术时受感染,仍不顾伤痛,坚决要求去战地救护。他说:"你们不要拿我当古董,要拿我当一挺机关枪使用。"随即跟医疗队到了前线。终因伤势恶化逝世。

资料来源:http://www.sohu.com/a/126715278_157506.

六、中暑后的救护

(1)移。迅速将患者移至阴凉、通风的地方,同时垫高头部,解开衣裤,以利于呼吸和散热。

(2)敷。可用冷毛巾敷头部,或将冰袋、冰块置于患者头部、腋窝、大腿根部等处。

(3)促。将患者置于4℃水中,并按摩四肢皮肤,使皮肤血管扩张,加速血液循环,促进散热。

(4)擦。四个人同时用毛巾擦浸在水中的患者身体四周,把皮肤擦红,一般擦15~30分钟即可把体温降至37~38℃,大脑未受严重损害者多能迅速清醒。

七、溺水后的救护

(1)当溺水者被救上岸后,应立即将其口腔打开,清除口腔中的水草、淤泥和口腔中的分泌物。

(2)控水。救护者一腿跪地,另一腿屈膝,将溺水者的腹部放到屈膝的大腿上,一手扶住他的头部,使他的嘴向下,另一手压他的背部,可将其腹内水排出。

(3)若是溺者已昏迷,呼吸很弱或已停止呼吸,除做上述处理外,还要进行人工呼吸。让溺者仰卧，救护者一手捏住溺者的鼻子，另一手托着他的下颚，吸一口气，然后嘴对嘴将气吹入。吹完一口气后，离开溺者的嘴，同时松开捏鼻子的手，并用手压一下溺者的胸部，帮助他呼气。这样有规律地反复进行，每分钟做14~20次，开始时可稍慢，以后可适当加快。

（4）在急救的同时，要迅速拨打120急救电话，或拦车将溺者送往医院。

第二节　重伤急救法

一、骨折急救法

（1）肢体骨折，可用夹板和木棍、竹竿等将断骨上、下方两个关节固定。若无固定物，可将受伤的上肢绑在胸部，将受伤的下肢与健肢一并绑起来，避免骨折部位移动，以减少疼痛。

（2）开放性骨折，伴有大出血者，先止血，再固定，并用干净布片或纱布覆盖伤口，然后速送医院救治。切勿将外露的断骨推回伤口内。若在包扎伤口时骨折端已自行滑回创口内，到医院后，须向医生说明，提请注意。

（3）对疑有颈椎损伤的患者，在使伤员平卧后，用沙土袋（或其他代替物）放置于头部两侧以使颈部固定不动。

（4）腰椎骨折应使伤员平卧在硬木板上，并将腰椎躯干及两下肢一同进行固定，预防瘫痪。搬运时，应数人合作，保持平稳，不能扭曲。平地搬运时，伤员头部在后；上楼、下楼、下坡时头部在上，搬运中应严密观察伤员，防止伤情突变。

（5）赶紧送往医院诊治。

二、脱臼急救法

（一）肩部脱臼

一种方法为施救者用脚撑在伤员腋下，拖动脱臼的臂部，使之复位；另一种方法为施救者屈肘90°，用作杠杆，顶住关节窝使之复位。伤者复位后，用吊索支持臂部并用绷带使之与胸部固定，好好休息。

（二）手指脱臼

拽动手指，再慢慢放松，使骨头复位。如有人握牢伤员的腕部，则效果更好。此法只可用拇指轻轻一试，如不起作用，则不可再进行下去，以防引起更严重的伤害。

（三）腭部脱臼

腭部错位通常是由于受到打击引起的。可在下牙上放好布衬垫，将患者的头部靠牢，用拇指向下压衬垫，同时，用手指使腭部错位处前后转动，这样会使其突然复位。伤者头部与下腭用绷带缠绕固定两星期，食物应松软。

三、煤气中毒急救法

（一）现场急救

（1）首先要打开门窗，将患者从房中搬出，搬到空气新鲜、流通而温暖的地方，同时，关闭煤气灶开关，将煤炉抬到室外。

（2）松解衣扣，保持呼吸道通畅，清除口鼻分泌物，如发现呼吸骤停，应立即进行口对口人工呼吸，救护者一手紧捏病人的鼻孔，另一手托起患者下颚使其头部充分后仰，并用这只手翻开患者嘴唇，救护者吸足一口气，对准患者嘴部大口吹气，吹气停止后，立即放松捏鼻的手，让气体从患者的肺部排出。如此反复进行。频率为成人每分钟14～16次，儿童每分钟18～24次，幼儿每分钟30次，直到患者出现自主呼吸或明显的死亡体征为止。

（3）给患者盖上大衣或毛毯、棉被，防止受寒引发感冒、肺炎。可用手掌按摩病人躯体，在脚和下肢处放置热水袋，促进吸入毒物的排除。

（4）对昏迷不醒者，可以用手指尖用力掐人中（鼻唇沟上1/3与下2/3交界处）、十宣（两手十指尖端，距指甲约0.1寸处）等穴位；对意识清楚的患者，可给饮服浓茶水或热咖啡。

（二）后续处理

（1）坚持早晨到公园或在阳台做深呼吸运动、扩胸运动，练太极拳，每天30分钟左右。轻型、中型中毒者应连续晨练7～14天；重型中毒者可根据后遗症情况，连续晨练3～6个月，做五禽戏、铁布衫功、八段锦等。

（2）继续服用金维他每天1～2丸，连服7～14天，或维生素C 0.1～0.2克，每天3次，亦可适量服用维生素B_1、维生素B_6、复合维生素B等。

（3）检查煤气使用情况，以防再次中毒：①检查煤气有无漏泄，安装是否合理，燃气灶是否故障，使用方法是否正确等。②冬天取暖方法是否正确，煤气管道是否畅通，室内通风是否良好等。③尽量不使用煤炉取暖，如果使用，必须遵守煤炉取暖规则，切勿马虎。④热水器应与浴池分室而建，并经常检查煤气与热水器连接管线是否完好。⑤如入室后感到有煤气味，应迅速打开门窗，并检查有无煤气漏泄或有无煤炉在室内，切勿点火。⑥经常擦拭灶具，保证灶具不至于造成人体污染,在使用煤气开关后,应用肥皂洗手,并用流水冲净。在厨房内安装排气扇或排油烟机。⑦一定要使用煤气专用橡胶软管,不能用尼龙、乙烯管或破旧管子,每半年检查一次管道通路。

第三节　其他急救法

一、被狗咬伤急救法

（1）若伤口流血不是太多,就不要急着止血,因为流出的血液可以将伤口残留的狗的唾液冲走,自然可起到一定的消毒作用。对于流血不多的伤口,要从近心端向伤口处挤压出血,以利于排毒。

（2）同时,必须在伤后的两个小时之内,尽早对伤口进行彻底清洗,以减少狂犬病的发病机会。用干净的刷子（可以是牙刷）或纱布和浓肥皂水反复刷洗伤口,尤其是伤口深部,并及时用清水冲洗,不能因疼痛而拒绝认真刷洗,刷洗时间至少要持续 30 分钟。

（3）冲洗后,再用 70%的酒精或 50°～70°的白酒涂擦伤口数次,在无麻醉条件下,涂擦时疼痛较明显,伤员应有心理准备。

（4）涂擦完毕后,伤口不必包扎,可任其裸露。

（5）对于其他部位被狗抓伤、舔吮及唾液污染的新旧伤口,均应按咬伤同等处理。

（6）经过上述伤口处理后,伤员应尽快送往附近医院或卫生防疫站接受狂犬病疫苗的注射。

二、被毒蛇咬伤急救法

（一）防止毒液扩散和吸收

（1）被毒蛇咬伤后,不要惊慌失措、奔跑走动,这样会促使毒液快速向全身扩散。

（2）伤者应立即坐下或卧下,将伤肢置于最低位置,争取在 2～3 分钟迅速用可以找到的鞋带、裤带之类的绳子在伤口上方（近心端）约 10 厘米或距离伤口上一个关节的相应部位进行结扎。

（3）结扎的程度要求既能阻断淋巴、静脉血的回流,又不妨碍动脉血的供应。结扎后每 30 分钟松解 1 次,每次松 2～3 分钟,以免影响血液循环,造成组织坏死。如果手指被咬伤可绑扎指根；手掌或前臂被咬伤可绑扎肘关节上；脚趾被咬伤可绑扎趾根部；足部或小腿被咬伤可绑扎膝关节下；大腿被咬伤可绑扎大腿根部。

（二）排除毒液

（1）结扎后，立即用凉开水、泉水、肥皂水或 1∶5000 高锰酸钾溶液冲洗伤口及周围皮肤，以洗掉伤口外表的毒液，减轻蛇毒中毒。

（2）如果伤口内有毒牙残留，应迅速用小刀或碎玻璃片等其他尖锐物挑出，使用前最好用火烧一下消毒。

（3）以牙痕为中心做十字切开，长 1～1.5 厘米，深至皮下，要避开静脉，然后用手从肢体的近心端向伤口方向及伤口周围反复挤压，促使毒液从切开的伤口排出体外，边挤压边用清水冲洗伤口，冲洗挤压排毒须持续 20～30 分钟。

（4）冲洗后，伤口处要用七层消毒纱布覆盖，进行湿润，并将伤肢继续置于低位，有利于毒液继续流出。周围实在没有水，可用人尿代替，但不可用酒精或酒冲洗伤口。但如遇五步蛇、蝰蛇咬伤或咬伤后继续流血者一般不宜切开伤口，以防止出血不止。

（5）如果随身带有茶杯，可对伤口做拔火罐处理，先在茶杯内点燃一小团纸，然后迅速将杯口扣在伤口上，使杯口紧贴伤口周围皮肤，利用杯内产生的负压吸出毒液。

（6）如无茶杯，也可用嘴吮吸伤口排毒，但吮吸者的口腔、嘴唇必须无破损、无龋齿，否则有中毒的危险。吸出的毒液随即吐掉，吸后要用清水漱口。

（三）灼烧、冰敷法

（1）切开、冲洗后，每次用火柴 6～8 枚，放于伤口处，反复烧灼 2～3 次。蛇毒遇到高热，即发生凝固而遭到破坏，失去毒性作用。在野外被毒蛇咬伤或急救条件较困难的情况下，也可单独用火烧伤口进行急救。

（2）用冰块、冷泉水或井水泡浸伤肢，从而可减慢蛇毒的吸收。

（3）排毒完成后，伤口要湿敷以利于毒液流出。必须注意，蛇毒是剧毒物，只需极小量即可致人死亡，所以绝不能因惧怕疼痛而拒绝对伤口切开排毒的处理。若身边备有蛇药可立即口服以解内毒。患者如口渴，可给足量清水饮用，切不可给酒精类饮料，以防毒素扩散加快。

三、触电急救法

（一）立即切断电源

（1）关闭电源总开关。当电源开关离触电地点较远时，可用绝缘工具（如绝缘手钳、干燥木柄的斧等）将电线切断。切断的电线应妥善放置，以防误触。

（2）当带电的导线误落在触电者身上时，可用绝缘物体（如干燥的木棒、竹竿等）将导线移开，也可用干燥的衣服、毛巾、绳子等拧成带子套在触电者身上，将其拉出。

（3）救护人员注意穿上胶底鞋或站在干燥的木板上，想方设法使伤员脱离电源。高压线需移开10米方能接近伤员。

（二）现场急救

（1）如触电者神志清醒，但又心慌、呼吸急促、面色苍白，应让触电者躺平，就地安静休息，不要使其走动，以减轻心脏负担，同时严密观察其呼吸和脉搏的变化。

（2）如触电者神志不清，有心跳但呼吸停止或呼吸极微弱，应及时用仰头举颏法使气道开放，并进行口对口人工呼吸。此时，如不及时进行人工呼吸，将会因缺氧过久而导致心跳停止。

（3）若触电者神志丧失、心跳停止、呼吸极微弱，应立即进行心肺复苏。不能认为有极微弱的呼吸就只做胸外按压，因为这种微弱的呼吸起不到气体交换的作用。

（4）当触电者心跳、呼吸均停止时，应立即进行心肺复苏术，在搬移或送往医院途中仍应按心肺复苏术的规定进行有效的急救。

（5）若触电者心跳、呼吸均停止，伴有其他伤害时，应先迅速进行心肺复苏术，然后再处理外伤。伴有颈椎骨折的触电者，在开放气道时，应使其头部后仰，以免引起高位截瘫，此时可应用托顿法。

（6）已恢复心跳的伤员，千万不要随意搬动，应该等医生到达或等伤员完全清醒后再搬动，以防再次发生心室颤动，导致心脏停搏。

参考文献

陈舟, 2009. 面向未来的国家安全与国防. 北京：国防大学出版社.
冯长松, 2013. 中国人民解放军管理史. 北京：国防大学出版社.
胡金波, 张政文, 2016. 军事理论教程. 南京：南京大学出版社.
刘志辉, 2017. 平易近人——习近平的语言力量（军事卷）. 上海：上海交通大学出版社.
全国军事术语管理委员会, 军事科学院, 2011. 中国人民解放军军语. 北京：军事科学出版社.
王威, 杨德宇, 张亚利, 2016. 大学军事教程——知军事 观天下. 北京：国防大学出版社.
肖汉涛, 2010. 国防在我心中. 北京：长征出版社.
杨新, 李有祥, 2015. 大学军事教程. 南京：东南大学出版社.
《思想道德与法律基础》编写组, 2015. 思想道德修养与法律基础. 北京：高等教育出版社.